食品企业合规管理

赵岩　曲艺　主编

李健　主审

SHIPIN QIYE
HEGUI GUANLI

化学工业出版社

·北京·

内容简介

《食品企业合规管理》编写围绕食品行业合规化发展及食品类专业学生能力培养，充分融合合规及安全管理岗位职业能力需求，以提升学生专业能力、开发学生社会能力等为目的，以培养企业合规和安全管理技能人才为服务目标，以合规管理工作内容为导向，采用模块-项目式体例，内容包括食品生产及经营许可资质合规、食品原材料合规、食品生产过程合规、食品经营过程合规、食品进出口合规及食品企业风险管理六大模块，准确对应食品企业合规管理的岗位能力需求，将实际案例融入教学内容中，激发学生学习兴趣，提升学生岗位认知。本书有机融入思政与职业素养内容，体现立德树人根本任务；配套数字资源，可扫描二维码学习；电子课件可从 www.cipedu.com.cn 下载参考。

本教材适用于职业教育食品智能加工技术、食品检验检测技术、食品质量与安全等食品类、营养及餐饮类专业学生学习，也可作为其他专业学生的选修或拓展课参考用书，还可供食品相关行业培训使用。

图书在版编目（CIP）数据

食品企业合规管理 / 赵岩，曲艺主编. -- 北京：化学工业出版社，2025. 8. --（职业教育食品类专业系列教材）. -- ISBN 978-7-122-48187-0

Ⅰ. D922. 16

中国国家版本馆 CIP 数据核字第 2025SY6496 号

责任编辑：迟　蕾　李植峰　　　文字编辑：药欣荣
责任校对：田睿涵　　　　　　　装帧设计：王晓宇

出版发行：化学工业出版社
　　　　　（北京市东城区青年湖南街 13 号　邮政编码 100011）
印　装：北京科印技术咨询服务有限公司数码印刷分部
787mm×1092mm　1/16　印张 13½　字数 315 千字
2025 年 9 月北京第 1 版第 1 次印刷

购书咨询：010-64518888　　　　　售后服务：010-64518899
网　址：http://www.cip.com.cn
凡购买本书，如有缺损质量问题，本社销售中心负责调换。

定　价：46.00 元　　　　　　　　　　版权所有　违者必究

《食品企业合规管理》编审人员

主　编：赵　岩　曲　艺

副主编：马艳梅　杨　雪

编　者：

赵　岩（黑龙江职业学院）

曲　艺（黑龙江职业学院）

马艳梅（黑龙江职业学院）

杨　雪（烟台富美特信息科技股份有限公司）

唐丽新（黑龙江职业学院）

刘熠楠（黑龙江职业学院）

孔霜霜（烟台富美特信息科技股份有限公司）

主　审：李　健

在当今全球化和高度竞争的食品行业中，合规管理已成为企业实现可持续发展的核心要素。近年来，随着我国食品安全相关法律、法规和标准的日趋严格，以及消费者对食品质量与安全关注度的持续提升，食品生产及经营者需要更为准确地理解标准法规的具体要求，并及时调整管理策略，以确保生产经营的食品安全。对于未来有志于从事食品行业管理工作的学生而言，更好地理解合规管理的意义，承担起食品安全管控的重要责任，不仅是社会的迫切需求，更是自身职业发展的必然要求。

2021 年 7 月 26 日，《食品合规管理体系　要求及实施指南》（Q/FMT 0002S—2021）在国家标准委企业标准信息公共服务平台公开发布。该企业标准的发布，填补了食品生产企业合规管理体系建设的空白，明确了食品生产企业食品合规管理体系建设的基本要求，从而方便食品生产企业建设、实施食品合规管理体系并提升食品合规管理水平。该标准的发布进一步加强了各级政府和食品安全监管职能部门以及食品生产经营者的食品安全监管，便于食品企业更好地履行其法定义务。目前，该标准已被 Q/FMT 0002S—2024 代替。一个有效的合规管理体系能够帮助企业识别和预防潜在的风险，避免因违规行为而产生的法律责任、财务损失和声誉损害。因此，合规管理已经成为食品企业管理的核心组成部分，是企业战略规划和日常运营不可或缺的一环。

为更好地帮助食品行业从业人员系统性地掌握食品合规管理相关内容，依托国家骨干高职院校黑龙江职业学院教改成果，组织高职院校教师和行业专家共同编写本书。本书特色如下。

1. 产教融合，模块化设计创新

教材以"模块-项目式"结构重构教学内容，六大核心模块（食品生产及经营许可资质合规、食品原材料合规、食品生产过程合规、食品经营过程合规、食品进出口合规、食品企业风险管理）覆盖食品企业全链条合规场景，精准对接岗位能力需求。每个模块以"技能＋知识"目标为纲，通过真实案例（串联法规解析与实践操作），打破传统理论灌输模式，实现"学用一体"。

2. 课程思政深度浸润，案例双路径解析

首创"案例驱动＋思政解析"双轨模式，将 30 余个行业典型案例转化为育人载体。例如，通过"免罚与重罚对比案"剖析合规价值，融入诚信经营、社会责任等思政元素；在"原材料合规"中嵌入药食同源文化，强化文化自信。思政与职业素养目标专栏明确职业操守要求，使思政教育具象化、场景化。

3. 数字资源赋能，虚实结合促学

重难知识点配套扫码即学的动态资源库，构建"纸质教材＋云端拓展"立体化学习体系。例如，模块五"食品进出口合规"嵌入各国监管机制流程图，模块三"食品生产过程合规"提供虚拟车间操作演示,提升学习沉浸感与岗位适配性。

4. 动态更新机制,校企协同共建

依托校企编写团队(高职教师＋行业专家),以最新法规为基准,建立"标注版本＋反馈通道"的更新机制,确保内容时效性。教材明确标注标准时效,预留校企协同修订空间,形成"编用互促"的生态闭环。

本教材力求"合规为基、案例为脉、思政为魂、数字为翼",开创了食品合规教育领域"理实虚"三维融合的新范式,为培养懂法规、精业务、重责任的复合型人才提供了创新性解决方案。

本教材适用于职业教育食品类、营养及餐饮类专业学生学习,也可作为其他专业学生的选修或拓展课参考用书,还可供食品相关行业培训使用。

由于食品标准法律法规体系庞大,并伴随政策文件不断更新,本教材基于现行有效标准和法规编写。书中难免存在不足之处,敬请各位读者提出宝贵意见和建议。

编者

2025.3

模块四 食品经营过程合规 102

模块一
食品生产及经营许可资质合规

思政与职业素养目标

1. 掌握许可证申办流程，提升合规操作能力。

2. 养成主动核查资质有效性的风险防范习惯。

3. 强化法治意识，明确无证生产对公共安全的危害，树立"持证合法经营是底线"的职业信念。

4. 培养社会责任担当，理解企业资质合规对消费者健康与国家食品安全战略的深远意义。

项目一 食品生产及经营合规管理体系

【技能目标】　能够策划食品合规管理体系，组建食品合规团队、搭建体系框架、制定体系文件；准确识别食品行业的合规义务、分析评价合规风险、制定合规控制措施；对食品合规管理体系进行分析评价，实现持续改进。

【知识目标】　熟悉食品合规管理体系术语定义，体系建立的原则、适用范围、体系内容框架；重点掌握资质合规、过程合规及产品合规的要求；掌握食品合规管理内容的三个步骤。

案例导入

【案例】上海某店销售的蛋糕抽检被检测出防腐剂各自用量占其最大使用比例之和项目不符合《食品安全国家标准 食品添加剂使用标准》（GB 2760—2024）标准要求，检验结论为"不合格"。调查发现该店建立了食品进货查验记录制度，如实记录了蛋糕的名称、规格、数量、生产日期或者生产批号、保质期、进货日期，以及供货者名称、地址、联系方式等内容，并保存相关凭证。当地监管部门认定该店履行了进货查验义务，不知道所采购的食品不符合食品安全国家标准，并能如实说明蛋糕的进货来源，依法对该店免予行政处罚。

同样是销售不安全的食品，为什么一个受到处罚，一个免予处罚？

【案例解析】依据《中华人民共和国食品安全法》（以下简称《食品安全法》）第五十三条、第一百二十四条、第一百三十六条的规定，食品经营者采购食品，应当查验供货者的许可证和食品出厂检验合格证或者其他合格证明，并建立食品进货查验记录制度，如实记录详细信息，并保存相关凭证。经营不符合食品安全标准的产品要进行相关处罚，情节严重的吊销许可证。而履行了进货查验等义务，有充分证据证明其不知道所采购的食品不符合食品安全标准，并能如实说明其进货来源的，可以免予处罚。

【思政解析】通过以上案例分析，食品经营者是否履行了合规义务，这决定了是否受到处罚。由此可见，正确履行义务不但能避免食品安全问题的发生，还能规避被行政处罚的风险。知规、懂规，准确执行法规要求，食品的合规管理至关重要。食品合规是食品安全的底线，按照相关监管要求及标准进行食品生产和经营，是确保食品安全的前提，是提升企业食品质量、提供营养健康产品的基本前提。食品合规需要一套系统、有效并适合的管理方法去防范和控制风险。

食品合规管理体系就是用于消除食品生产经营合规风险、防范合规管理漏洞，普及并落实基本的法律法规标准要求，夯实企业合规底线的一种预防式的管理工具。

一、食品合规管理体系基础知识

主要包含术语定义、体系适用范围、体系建立原则、体系内容及框架、体系核心内容。

1. 术语定义

（1）食品合规　食品生产经营者的生产经营行为符合食品相关法律法规、规章、标准、行业准则和企业章程、规章制度以及国际条约、规则等规定的全部要求和承诺。

（2）食品合规管理体系　为保证食品合规，在对合规风险进行识别、分析和评价的基础之上，建立的架构、职责、策划、运行、规则、目标等相互关联或相互作用的完整要素，包括为食品合规管理体系方针和目标的建立与实施而进行的一系列闭环的系统化管理活动。

（3）合规风险　因食品生产经营企业未能达到食品合规要求可能遭受的法律制裁、监管处罚、经济损失和声誉危机等风险。

2. 体系适用范围

（1）食品生产企业　包括所有纳入生产许可范围的 32 个大类的食品生产企业；也包括未实施生产许可管理但是却实施了相应生产管理的畜禽屠宰分割企业和水产品分割冷冻加工企业等。

（2）餐饮企业　包括所有实施食品生产经营许可的餐饮服务企业。

3. 体系建立原则

（1）诚信原则　诚信是食品合规管理体系的基本原则，任何人员不应有任何形式的虚假、隐瞒或恶性的非诚信行为。

（2）独立性原则　所有人员都有独立汇报和举报食品合规管理隐患的权利。

（3）全员参与原则　食品合规，是企业全体人员共同的义务，所以必须要全员参与。

（4）完整性原则　食品合规管理体系是个持续改进、不断完善的动态闭环系统，是一系列活动的有机组合，是一套系统化的管理体系，是个 PDCA 循环。

（5）透明化原则　所有的合规义务、责任及合规管理工作应是透明的，任何人在食品合规管理工作中都不应有任何徇私舞弊行为，应履行各自的食品合规责任和义务。

（6）持续改进原则　合规管理工作是持续的，不管是法规的要求，还是企业自身的要求都是越来越高的，只有通过不断反复地自查、管理评审、外审、改进才能适应内外不断变化的环境。

4. 体系内容及框架

（1）体系的主要内容　食品合规管理体系明确了食品生产经营企业食品合规管理体系建设的总要求，组织框架、角色、职责和权限，食品合规管理内容、管理制度，食品合规管理内容的监视、测量、分析和评价，食品合规内部审核、管理评审、食品合规演练和改进。

（2）体系的框架 对体系框架结构的理解可以借鉴 PDCA 结构模型。体系的框架如图 1-1 所示。

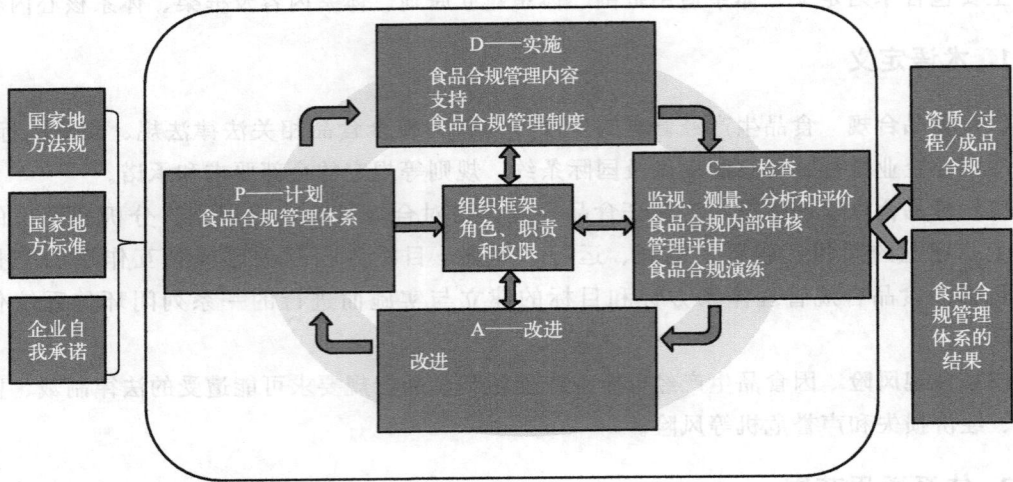

图 1-1 食品合规管理体系框架

食品合规管理体系通过对法律法规、标准、企业承诺的输入，经过 PDCA 大循环，输出的就是企业资质、过程、成品（包括服务）的合规，以及食品合规管理体系的预期结果。

① 计划（Plan）：主要包括策划、培训并宣传食品合规方针目标及合规文化；策划食品合规管理体系的内容；以及食品合规风险的控制措施与改进策划。

② 实施（Do）：主要包括建立和完善食品合规管理制度并运行，如合规绩效考核制度、合规风险或隐患举报和汇报制度、合规案件调查制度、合规管理问责制度、食品合规报告制度，以及食品合规管理体系核心内容、食品合规义务的识别、合规风险分析与评价、合规风险控制点的控制措施部分。

③ 检查（Check）：监视、测量、分析和评价，食品合规内部审核，管理评审，食品合规演练，通过这几项内容检验体系运行的适用性、充分性和有效性。

④ 改进（Action）：包含了对不符合项的分析、评价以及纠正措施等。组织框架、角色、职责和权限作为食品合规管理体系的保障贯穿于 PDCA 的全过程。

通过 PDCA 模型，食品生产经营企业可以更系统地进行食品合规管理，并持续改进，实现合规管理的螺旋上升，达到企业的整体持续合规。

5. 体系核心内容

（1）核心内容概述 食品合规管理体系的核心内容包括资质合规、生产过程合规和产品合规。

对食品生产经营企业的资质合规义务进行识别和分析，落实相应的控制措施和合规管理体系要求。

对食品生产过程涉及的食品合规义务进行识别和分析，并落实相应的控制措施和合规管理体系要求。

对终产品的质量安全指标进行食品合规义务识别和分析，并落实相应的控制措施，确保食品的质量安全及标签的合规。

(2) 合规义务识别　合规义务识别主要从资质合规、过程合规和产品合规三个方面进行。

① 资质合规

a. 食品加工企业的资质合规包括：营业执照、相应食品类别的生产许可证、特殊食品注册或备案资质等。

其相应的合规义务主要包括：依法取得相应的证照、在批准的许可范围内进行生产、特殊食品依法注册或备案、证照依法管理（申请、变更、延续、注销、补办）等。

b. 食品经营企业的资质合规包括：营业执照及相应食品类别的经营许可证（包括餐饮服务类）、食用盐的专营许可证等。

其相应的合规义务主要包括：依法取得相应的证照、在批准的许可范围内进行经营、证照依法管理（申请、变更、延续、注销、补办）等。

② 过程合规：食品企业生产经营过程的全程合规，从供应商选择、生产过程到产品销售等各环节进行食品合规义务的识别，包括以下过程的合规义务识别。

a. 原辅材料采购过程合规义务识别。相应的合规义务主要包括：供应商资质、物料进货查验标准、不得采购非法或者禁止物料、合格证明及验收证明等。

b. 生产过程合规义务识别。相应的合规义务主要包括：生产或餐饮制作过程、工艺流程、质量检验、卫生控制、设备、非法添加等食品欺诈、区域设置、人员卫生、环境控制、记录管理、文件要求等。

c. 检验（包括原辅材料、半成品和成品）过程合规义务识别。相应的合规义务主要包括：检验人员、标准、过程、记录等。

d. 贮存（包括原辅材料、半成品及成品）过程合规义务识别。相应的合规义务主要包括：贮存环境（必要时含制冷和通风）、食品防护、防止交叉污染、贮存卫生等。

e. 运输（包括原辅材料和成品）过程合规义务识别。相应的合规义务主要包括：运输工具的资质、条件、防护、卫生及检查等。

f. 经销过程的合规义务识别。相应的合规义务主要包括：销售记录、经营资质、经销过程等。

g. 其他涉及过程合规的义务，也需要符合相关法律法规和食品安全标准的要求。

上述过程也包括食品（含餐饮服务）经营过程中合规义务的识别，只要相应的活动涉及上述内容，就需要进行相应的识别。

③ 产品合规：依据相应的食品安全国家标准和产品执行标准等要求，对相应产品指标及配料进行合规义务识别，包括使用范围、使用量及含量的合规性义务，确保食品成品合规。

相应的合规义务主要包括：原辅材料的使用范围及添加比例、产品的指标、产品标签、广告及网页宣传、成品的其他技术要求及参数等。

④ 合规风险分析与评价：针对识别的合规义务，对每个合规风险点产生风险的可能性、影响程度（后果严重程度），利用风险分析的原则进行合规风险的分析与评价。合规风险分

析与评价的矩阵图如图 1-2 所示。

图 1-2　合规风险分析与评价的矩阵图

可能性方面：1 表示基本不可能发生合规风险，2 表示略有可能发生合规风险，3 表示可能发生合规风险，4 表示很有可能发生合规风险，5 表示发生合规风险的可能性很大。

影响程度方面：1 表示基本不会产生负面影响，2 表示可能有经济损失但不涉及食品安全和质量合规的负面影响，3 表示有经济损失但不涉及食品安全负面影响，4 表示产生较大经济损失或品牌损失并涉及食品安全的负面影响，5 表示产生食用危害或涉及企业生存和刑事责任的负面影响。

矩阵图中，横轴是某个义务条款如果没有履行到位对企业的影响程度，纵轴是发生这种风险的可能性。数值越大，那么它代表的影响程度越大，风险可能性越高。通过可能性和影响程度在矩阵图中的组合，落定的区域，来判定风险等级。

感叹号区域为严重合规风险区、斜线区域为重大合规风险区、方块形区域为较大合规风险区、三角形区域为一般合规风险区、圆形区域为较小合规风险区、菱形区域为极小合规风险区。

结合上述合规风险矩阵图，对涉及食品合规风险进行合规风险分析，并将感叹号和斜线区域的合规风险点列为合规义务核心风险控制点，将方块形和三角形区域的合规风险点列为合规义务的关键风险控制点，也可以将三角形和圆形区域列为普通风险控制点，菱形区域可以根据需要进行适宜的控制。

对于失控的合规风险，需要重新进行合规风险分析与评价，必要时上升一个风险等级控制，或升级控制措施。

⑤ 合规风险点控制措施：企业需要对合规风险点制定并实施有效的控制措施，预防或杜绝合规风险的产生。控制措施包括合规风险点可能产生的原因分析、控制对象、控制方法、监控频率及控制人员，见表 1-1。

表 1-1　合规风险点控制措施

控制要素	核心合规风险点	关键合规风险点	普通合规风险点	一般合规风险点
合规风险产生原因	分析合规风险产生的原因，识别并明确直接原因、主要原因及次要原因	分析合规风险产生的原因，识别并明确直接原因、主要原因及次要原因	分析合规风险产生的原因，识别并明确直接原因、主要原因及次要原因	分析合规风险产生的原因，识别并明确直接原因、主要原因及次要原因
控制对象	以直接原因、主要原因和次要原因为主要控制对象	以直接原因、主要原因和次要原因为主要控制对象	以直接原因、主要原因和次要原因为主要控制对象	以直接原因、主要原因和次要原因为主要控制对象

续表

控制要素	核心合规风险点	关键合规风险点	普通合规风险点	一般合规风险点
控制方法	监视	监视、测量、例行检查等手段	监视、测量、例行检查等手段	监视、测量、例行检查等手段
监控频率	连续监控	连续监控	连续监控或抽检	抽检或评估分析
控制人员	合规组长监控,法定代表人或负责人审核批准;当合规组长与公司注册的负责人或法定代表人是同一人时,则由公司的第二负责人进行监控,合规组长进行审核批准	合规小组人员或部门主管级人员亲自负责,合规组长审核批准	合规小组人员或区域负责人负责	专人负责
纠偏措施	按治理小组制定的纠偏措施执行	按治理小组制定的纠偏措施执行	按治理小组制定的纠偏措施执行	按治理小组制定的纠偏措施执行
记录	形成完整的记录	形成完整的记录	形成完整的记录	形成完整的记录

依据表 1-1 对不同等级的风险点,制定控制对象、控制方法、监控频率、控制人员及纠偏措施原则。风险等级不同,监控人员及频率也不同,等级越高,需要监控的人员知识水平及考量会更具体全面,频率更高,监控措施也会越严格。

二、食品合规管理体系策划

建立食品合规管理体系前需进行体系策划,体系策划内容主要包括:建立企业食品合规管理组织框架,确定食品合规管理内容,建立食品合规管理体系架构,宣传、培训食品合规方针、目标及合规文化,维护食品合规管理体系运行与改进。

建立体系策划单,按照策划单进行实施,策划单可以按照"5W1H"的方式建立。表1-2 为食品合规管理体系策划单。

表 1-2 食品合规管理体系策划单

要素	做什么（What）	在哪里（Where）	谁去做（Who）	为什么（Why）	什么时间（When）	怎么做（How）
建立组织框架	成立合规团队	办公室	谁牵头,谁去做	保障体系运行	确定完成时间	讨论/制定文件
培训	体系相关培训	办公室/生产经营地	谁牵头,谁去做	保障体系运行	确定完成时间	讲课/示范
合规内容确定	合规范围、风险及控制措施	办公室/生产经营地	谁牵头,谁去做	保障体系运行	确定完成时间	讨论/制定文件
建立体系架构	方针、目标、文化、文件	办公室/生产经营地	谁牵头,谁去做	保障体系运行	确定完成时间	讨论/制定文件
体系评价	内审、管理评审、演练	办公室/生产经营地	谁牵头,谁去做	保障体系运行	确定完成时间	审核/讨论/制定文件

续表

要素	做什么 (What)	在哪里 (Where)	谁去做 (Who)	为什么 (Why)	什么时间 (When)	怎么做 (How)
改进	不符合改进	办公室/生产 经营地	谁牵头， 谁去做	保障体系运行	确定完成时间	变更/讨论/ 制定文件

1. 成立食品合规管理团队

（1）合规管理团队成立的原则 建立食品合规管理组织框架（图1-3），并赋予食品合规管理的职责和权限，确保所有的合规管理不受经济或其他因素的影响。同时对于相关人员或岗位明确相应的问责制度，确保食品合规治理的独立性、权威性。

治理小组和最高管理者应结合食品生产经营企业的组织划分，由涉及食品合规的所有部门及总经理组成相应的食品合规管理组织框架，并分配相关角色，明确其相应的职责和权限。

（2）建立食品合规治理小组 食品合规治理小组（图1-4）需明确小组组长及组员。小组组长由公司法定代表人或负责人任命或直接担任，并制定文件。组员是由涉及食品合规管理的所有部门相关人员组成。确保食品合规治理小组组长和合规治理小组独立履行食品合规管理的职责和义务。同时明确相应的问责制度。

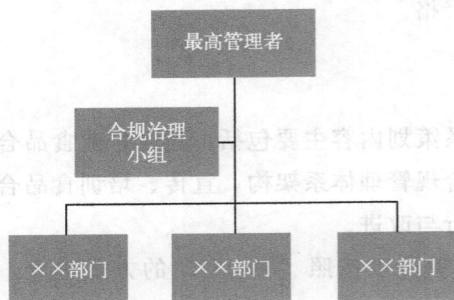

图 1-3　合规管理组织框架　　　　　　　图 1-4　合规治理小组组成

（3）明确职责和权限

① 食品合规治理小组组长职责和权限

a. 分配足够且适当的资源来制定、实施、评估及维护食品合规管理体系及绩效成果。

b. 确保食品合规管理体系所需的过程得到建立、实施和保持；必要时，如实地向法定代表人、负责人和监管部门汇报本企业食品合规管理体系的有效性、适用性及运行现状，汇报本企业的食品安全风险、预警机制。

c. 组织并领导食品合规治理小组的工作，建立并实施有效的管理制度，并通过相应的教育、培训等方式提高全体成员的专业知识、技能和能力。

d. 建立并维护问责制度，包括绩效考评和结果考核。

② 食品合规治理小组职责和权限：食品合规治理小组在组长的领导下，负责组织食品合规管理体系的运行。包括以下的职责和权限：

a. 在相应资源支持下，识别、评估所有食品合规义务，并将合规义务转化为可执行的方针、程序及制度。识别并评估合规风险，包括相关方的合规风险。

b. 记录食品合规风险的评估过程及结果。

c. 使食品合规管理体系符合相应的合规管理目标。

d. 监视和测量食品合规行为及结果。

e. 建立食品合规绩效指标，并监视和测量合规绩效，以识别食品合规管理体系中的所有问题。

f. 分析绩效以识别需要采取的纠偏行动。

g. 建立适当的合规报告和文件化的体系。

h. 确保按计划定期进行食品合规管理体系的内审和管理评审。

i. 为员工提供或组织持续培训，确保所有相关员工得到定期培训。

j. 使员工能够得到与食品合规相关的法律法规、标准、程序、参考资料等资源或文件。

k. 就食品合规相关事宜向组织提供食品合规相关客观合理的建议或意见。

l. 有权监督所有人员的合规义务和责任，对引发食品合规风险的人员有权进行监督与调查。

③ 管理层的职责范围

a. 配合并支持合规管理团队，并鼓励员工配合并支持合规管理团队的工作。

b. 确保其职责范围内的所有员工都遵守组织的食品合规义务、方针、程序及制度。

c. 识别并沟通职责范围内的食品合规风险。

d. 将合规义务纳入职责范围内的业务实践和程序。

e. 参加并支持食品合规培训。

f. 提高员工履行合规义务的意识，并指导员工满足培训和能力要求。

g. 鼓励并支持员工提出食品合规问题，防范任何形式的合规风险。

h. 积极参与食品合规有关事件和问题的管理和解决。

i. 与合规管理团队合作，确保一旦发生不合规事件或结果，有必要的纠正措施予以实施。

j. 监督业务相关方的行为，以确保其符合相应的食品合规义务。

④ 员工职责和权限（包括管理者在内的所有员工）

a. 履行组织的合规义务、方针、程序和制度，包括职责范围内的规范及操作要求等。

b. 支持并参与食品合规管理体系的培训与学习。

c. 直接接触食品的人员，应进行健康体检，并取得合法有效的健康证明。

d. 有权汇报所有食品合规问题、合规风险及疑虑。

（4）培训考核 对合规管理团队及相关人员进行食品合规管理体系知识及职责权限等内容的培训。培训内容涉及体系知识、核心内容及实施、食品安全基础知识、体系搭建、验证及演练、持续改进等。表 1-3 为食品合规管理体系培训计划。

表 1-3 食品合规管理体系培训计划

序号	培训项目	培训内容	培训对象
1	食品合规管理体系	食品合规管理体系介绍	企业负责人、体系相关人员
2	核心内容及实施	合规义务的识别、分析与评价；合规风险的控制	体系相关人员

序号	培训项目	培训内容	培训对象
3	食品安全基础知识 （基础法律法规及企业 需要遵守的相关法律法规）	食品安全法	全员
		食品生产/经营许可管理办法	全员
		通用类国家标准 （GB 2760/GB 2761/GB 14880 等）	相关人员
		食品标签（GB 28050/GB 7718 等）	标签相关人员
		卫生规范类国家标准（GB 14881 等）	生产、质量等相关人员
		配料及产品合规性审核	配料相关人员
		企业需要遵守的相关法律法规	相关人员
4	体系搭建	方针目标、合规文化等体系文件制定及 组织框架建立	企业负责人、体系相关人员
		企业合规文化的管理方案	全员
		企业相关制度和记录建立、管理及优化 （体系要求建立的文件）	体系相关人员
5	验证及演练	内审、管理评审、合规演练	企业负责人、体系相关人员
		内审员培训	体系内审员
6	持续改进	纠正预防措施及实施	体系相关人员
		认证前的准备工作	体系相关人员

2. 食品合规管理内容

食品合规管理的内容包括资质合规、生产过程合规和产品合规。要实现以上内容合规分为三步实施，第一步义务识别，第二步风险分析与评估，第三步控制措施的制定及落实。

（1）义务识别

① 识别法规标准清单并拆解：根据企业所属的业态、生产经营的产品类别及产品标准、生产过程、物料等相关方面对法律法规和标准进行识别。

企业需将与产品相关的所有法规、标准、政策、通告、解读等进行收集汇总。法规标准清单的收集要考虑食品行业通用的相关法规、标准；与企业所在的业态及产品类别相关的法规、标准；企业所在地的地方规定、通知、要求等。同时要考虑强制性规定及企业承诺的自愿性规定。尤其要关注法规及标准变更。识别法规清单是合规管理至关重要的一步，一定要识别全面，不得出现遗漏，如果有遗漏、缺失，合规体系将不全面，并有可能失控。必要时可借助第三方的力量。

识别出法规标准清单后，将所有法规标准按照条款逐条拆解，避免出现遗漏。按照条款规定逐条分析，识别出该条款是否为企业要履行的义务。

② 法规条款的合规内容分类：将识别出的企业义务条款进行分析，按照条款要求的内容进行分类，如配料合规、标签合规等，填写在该条款的合规内容项目下。

③ 合规义务管控智慧云：主要是收集整理所涉及食品安全的合规条款，识别相应的合规义务，评估相应的合规风险，并匹配相应的食品合规内容的关键管理要求，从而形成食品

合规管控智慧云（图1-5）。通过合规管控智慧云，可以依据企业的业态（如生产还是经营）、行业（如乳制品还是肉制品等）对责任主体和行业属性进行筛选。通过筛选，就可以确定企业应遵循的所有标准法规义务条款。如果要想了解单个合规内容要求，也可以一键筛选出来。

图1-5　食品合规义务管控智慧云

（2）风险分析与评估　依据合规风险分析与评估的矩阵图，对各条款的合规义务进行分析和评估。将识别的合规义务逐条进行分析，对合规义务发生风险的可能性进行打分，根据未履行合规义务的影响程度打分。

合规风险的可能性和影响程度分值组合后依据落在矩阵图内区域的形状来判定合规义务的风险等级。每个合规义务经过分析和评估后，形成了对应的合规风险等级。

通过风险分析与评估，明确合规风险的红线有哪些，重点风险有哪些，从而进行合理的资源分配。将最重要的资源放置在最需要的地方，进行资源合理利用，达到整体合规。

（3）控制措施的制定及落实

① 筛选同类合规内容：将所有法规条款中同类别的合规内容项目进行筛选、汇总，列出此类别合规内容的项目中所有的法规条款。

② 风险控制措施的制定及落实：按照风险控制措施原则，并结合同类别合规内容的所有法规标准条款要求，对企业的文件、制度、记录及控制措施进行梳理，来制定和落实风险控制措施。

如果企业现有的控制措施能满足某项合规内容中法规标准条款的要求，并符合控制措施的原则，说明企业风险控制措施是有效的，需持续按照风险控制措施执行。

如果企业没有控制措施或者现有的控制措施不能满足某项合规内容中法规标准条款的要求，就需要根据相应的法规标准条款具体要求重新评估法规风险，改进现有的措施并落实。经过评估后，确定满足合规要求，按照新的措施落地执行，使每个合规内容及合规风险都有适宜有效的文件制度或者措施来保障。

企业可以通过合规管理三步骤——合规义务识别、风险分析与评价、控制措施的制定及落实来实现合规的管理。但是法规是不断更新的，标准是不断完善的，根据来自内部和外部的变更、风险等，食品企业还需要对合规的实施进行评估和监控，三个步骤不断完善、优化、改进来实现食品企业的持续合规。

3. 建立体系架构

建立体系架构主要包括两个方面，一是食品合规架构建立，二是文件架构建立。

(1) 食品合规架构建立　围绕食品合规管理，可建立相适应的合规文化。企业通过制定合规文化手册，在企业内部进行必要的宣传，从而逐渐让所有人员认可本企业的食品合规文化，进而认可公司的文化理念。在合规活动中进一步树立诚信守法的价值观，巩固食品合规的思想基础和文化基础，从而自觉地约束自己的行为和思想，合理地实施食品合规管理。对于食品合规管理文化，最重要的是要建立食品合规管理体系的方针和目标。

① 食品合规方针：食品合规管理方针是由最高管理者发布的食品合规的宗旨和方向。它是企业方针的一个组成部分，与企业的宗旨相适应，在各层级得到充分的沟通和理解，是指导事业向前发展的纲领，为企业合规发展指明方向。

食品合规方针的制定要联系实际，有实质的内容和含义，避免口号化，文字严谨、准确、简练、易于明白。图 1-6 对食品合规方针进行了举例。

② 食品合规目标：食品合规目标是在一定时期内，围绕食品合规，由食品生产经营企业制定并通过努力能实现的结果。食品合规目标由组织确定，与方针保持一致，以实现特定的结果。企业制定合规目标时，从时间维度考虑，可制定长期、中期、短期目标；从空间维度考虑，制定企业的合规目标可将目标继续分解至各层级、部门、员工层面。

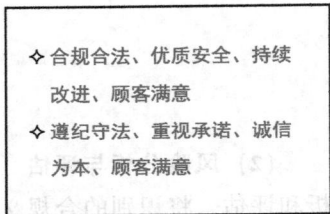

> ◇ 合规合法、优质安全、持续
>   改进、顾客满意
> ◇ 遵纪守法、重视承诺、诚信
>   为本、顾客满意

图 1-6　食品合规方针示例

目标的设定还要遵循三个原则。一是一致性，长期、中期、短期目标应该是相结合的，各层级的各岗位的目标应该是相结合的，各部门之间的目标也应该是相互联系、相互配合，为总目标服务的；二是目标的设计原则，应该是明确的，并能够可衡量、可达成，目标和目标之间有关联性，要有时间的限制；三是目标的实现不能只依赖少数人，食品合规管理体系的目标提倡全员参与。

③ 合规方针目标的体现：食品合规方针目标确定后，要在全员中践行，可以通过培训、内部宣传等方式实现。培训方式可以是制度学习、内部会议、外部培训、知识考核；内部宣传可以通过文化上墙、宣传视频、宣传手册、宣传标语等方式，实现全员了解、掌握、践行，为企业的食品合规而努力。

(2) 文件架构建立

① 体系文件建立：企业以食品合规管理体系为依据制定的文件架构一般分为四层，图1-7 给出了文件的基本架构。

a. 管理手册。管理手册包含食品合规管理体系的范围，以及方针目标。其还可以包含公司的组织架构情况、食品合规治理小组组成情况，以及各个部门和主要岗位的职责和权

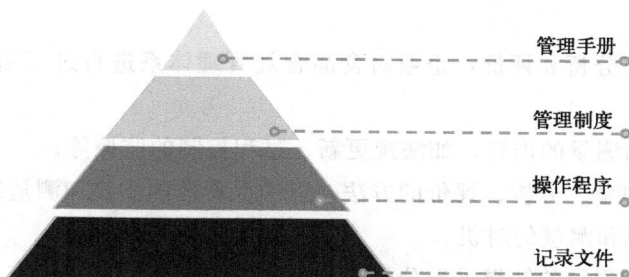

图 1-7　文件架构建立

限；食品合规管理体系的总要求，文件的要求、记录的要求，以及其他制度的基本要求；必要时，也可以形成职能分配表。

b. 管理制度。管理制度包含两类。一类是管理体系中采用的全部要素的要求和规定，包括合规绩效考核制度、合规风险或隐患举报和汇报制度、合规案件调查制度、合规管理问责制度、食品合规报告制度、监视测量、内审、管理评审等制度。另一类是为保障食品合规，依据合规义务管控措施制定的文件要求如验收管理程序、放行管理程序、人员管理程序等。

c. 操作程序。操作程序是手册和管理制度的支持性文件，这类文件主要是针对具体的某个作业过程的规定，比如检验的、生产的、工艺的、设备等的操作指导书。

d. 记录文件。企业记录文件是对上述文件的执行过程及结果、预期变更等信息的保留，保证可追溯性，如项目计划、合同协议、原始记录、统计报表、分析评价报告等。

② 体系文件管理：食品合规管理体系文件的制定，具有全面性，涵盖体系及法规标准强制的要求；与企业实际相结合，是可实施的，有指导作用，并有约束力。

对于食品合规管理体系所要求的文件（包括外来文件）应予以控制。文件控制应确保：

a. 文件发布前得到审核与批准，以确保文件的适宜性及准确性。

b. 必要时，对文件的评审与更新，需要再次审核与批准。

c. 文件修订的原因、修订人等信息及状态需要得到及时记录。

d. 文件清晰、准确，易于识读、理解，并保持有效的状态。

e. 文件的培训及分发也需要得到有效的控制。

f. 作废文件需要标记清晰并进行有效的控制，防止作废文件的误用。

食品合规管理体系所涉及的记录（包括但不限于法规、标准要求必须记录的信息），必须及时准确地记录，以提供符合要求和食品合规管理体系有效运行的证据。并维护和保持记录的完整性和清晰度，易于识读和检索。记录的贮存、保护、检索及处置需要按相应的程序进行控制。

③ 体系文件培训：体系文件建立以后，对相关人员进行培训，保证所有人员都能了解职责权限内需要掌握及执行的体系文件要求。

4. 体系评价及持续改进

体系评价包括过程中的监视、测量分析和评价，内部审核，管理评审以及合规演练，通过对评价中发现的问题进行改善，实现持续改进。

(1) 体系评价

① 监视、测量、分析和评价：企业对食品合规管理体系进行过程监控，以确保食品合规目标的实现。

a. 需要被监控和测量的内容，如法规更新、过程控制的监控等。

b. 确定监视、测量、分析、评价的方法，以确保有效的监控和测量结果。

c. 确定进行监视和测量的时机。

d. 确定对监视和测量的结果进行分析和评价的时机。

企业应保留文件化的信息，作为结果的证据。企业应对合规绩效和食品合规管理体系的有效性进行评价。

② 内部审核：企业应按计划安排内部审核，以验证食品合规管理体系运行是否有效。

a. 策划内部审核方案，包括审核的目的、准则、范围、方法、频率，审核时间，审核过程，或区域状况、以往结果的应用，记录的要求，实施审核和报告结果，措施的跟踪和验证。

b. 内部审核计划的制定与实施，包括内审的范围、方法、职责和分工要求。

c. 选择拥有初级、中级和高级食品合规技能等级证书或同类能力以上的人员进行内部审核，内审人员不允许审核自己部门或岗位的食品合规管理体系要素，以确保内部审核的客观公正。

d. 内部审核报告要提交给相关管理层；保留内部评审的记录，作为实施审核方案和审核结果的证据。

③ 管理评审：食品合规治理小组和最高管理者应组织评审食品合规管理体系，以确保食品合规管理体系的适用性、有效性。应输出文件化的管理评审结果，管理评审的结果应包括与持续改进有关的决定、食品合规管理体系更新与修订。

管理评审的输入包括：

a. 法律法规更新情况。

b. 合规目标定位有效性和实现程度。

c. 组织结构、人员和资源是否合适。

d. 食品合规管理体系所需的内部问题和外部问题的变更。

e. 食品合规管理体系所需的文件更新情况。

f. 食品合规内外部审核汇报的问题及改进措施的实施情况。

g. 内外部食品合规投诉或举报的问题。

h. 前期管理评审落实的问题及改进措施的实施情况。

i. 持续改进的机会等。

管理评审的输出包括：

a. 对合规目标的评价。

b. 对管理体系业绩予以评价，并对管理体系改进的建议（包括资源需求）提出解决措施。

c. 根据食品合规投诉或举报信息，采取纠正和预防措施，以满足食品合规的要求。

d. 对体系文件有效性评价，必要时对体系文件提出健全和完善的办法。

e. 对提出的纠正和预防措施落实到实施部门。

④ 食品合规演练：食品合规治理小组应定期组织食品合规演练。合规演练包括过程合规演练和产品合规演练。检验合规管理流程及个人合规知识与能力。演练报告包括食品合规演练计划、实施及演练结果总结，并及时向合规治理组长汇报。演练的流程如图1-8所示。

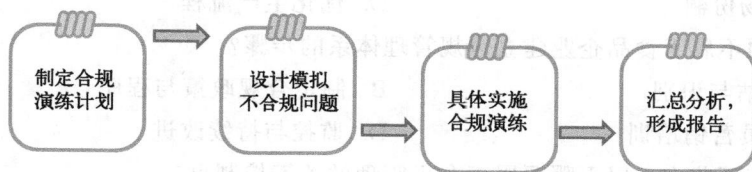

图1-8　食品合规演练的流程

（2）持续改进　企业应保持持续改进食品合规管理体系的适用性、充分性和有效性。当企业确定需要对食品合规管理体系进行变更时，变更应有计划地进行。

① 企业应考虑的因素

a. 持续改进的目的及其可能产生的后果。

b. 合规管理体系的设计和运行有效性。

c. 有足够的资源。

d. 职责和权限的分配或重新分配。

② 不符合项和不合规纠正措施

a. 当发生不符合或不合规时，组织应对不符合或不合规作出反应，适用时

采取措施控制和纠正，管理后果。

评价是否需要采取措施消除不符合或不合规的原因，以使不符合或不合规不再发生和不在其他地方发生，通过评审不符合项或不合规项，确定不符合或不合规的原因；确定是否存在或发生潜在的不符合或不合规。

实施任何必要的措施；评审所采取纠正措施的有效性；必要时，更新食品合规管理体系。

b. 应保留文件化的信息，作为以下事项的证据：

不符合/不合规的性质和随后采取的任何措施；任何纠正措施的后果。

c. 分析不符合/不合规所得的信息能用于：

评估产品合规性；改进产品或流程；对员工进行再培训；对相关方进行再评估；对潜在不合规提供早期预警；对过程控制进行重新设计或评审。

课后拓展训练

【判断题】

1. 食品企业合规管理体系仅需关注国家法律法规，无须参考行业标准或国际标准。
（　　）

2. 食品生产经营企业必须每年至少进行一次全面的内部合规审核。（　　）

3. 食品标签信息与产品实际成分不一致属于食品生产合规问题，但不涉及经营合规。
（　　）

【单项选择题】

1. 食品合规管理体系的核心目标是：

A. 提高企业利润   B. 保障食品安全与合法性

C. 扩大市场份额   D. 优化生产流程

2. 以下哪项不属于食品企业建立合规管理体系的步骤？

A. 风险评估与识别   B. 制定合规政策与程序

C. 开展全员营销培训   D. 监控与持续改进

3. 食品生产环节中，以下哪项属于合规管理的关键控制点？

A. 原材料供应商资质审核   B. 产品广告宣传策略

C. 销售渠道利润率   D. 物流配送速度

项目二　食品企业食品生产许可合规管理

【技能目标】 能够准确判定食品生产许可的发证单元，组织企业各部门准备食品生产许可证材料，审核食品生产许可申报材料并纠正其中的问题，能够根据相关流程要求提交申报材料，并根据监管机构意见进行修订或补正，组织迎接食品生产许可现场审核。

【知识目标】 熟悉《食品安全法》中有关食品生产许可的规定，掌握《食品生产许可管理办法》《食品生产许可审查通则》、各类食品生产许可审查细则、食品生产许可分类目录中的规定，掌握食品生产许可申报材料整理要求与办理流程。

案例导入

【案例】 2019年，原告（销售方）、被告（生产方）签订《经销授权合同书》，约定被告授权原告在＊＊区域销售＊＊酒（浓香型），提供其生产的＊＊酒给原告销售。合同签订后，被告提供了500箱＊＊酒给原告，总价计39000元，原告按照约定支付了货款39000元。原告按照被告的授权在＊＊区域销售＊＊酒，但是在＊＊酒进入市场时，原告发现被告没有食品生产许可证，不具备食品生产资格，该酒依法属于禁止在市场销售的产品。

【案例解析】 被告负有举证证明其取得相应的食品生产许可证的责任，但其未能提供证据，应承担不利的后果。依照《中华人民共和国合同法》第六十条、第九十四条、第九十七条、第一百零七条、第一百一十三条、第一百三十条、第一百四十八条，《中华人民共和国民事诉讼法》第六十四条、第一百四十四条，《最高人民法院关于适用〈中华人民共和国民事诉讼法〉的解释》第九十条之规定，判决双方解除合同，原告退还被告货物，被告返还原告货款并赔偿原告6000元损失等。

【思政解析】 被告未取得食品生产许可证的行为违背了《食品安全法》对市场主体"四

个最严"的基本要求，反映出部分企业法治意识淡薄、社会责任感缺失的问题。法院依法判决既维护了契约正义，也彰显了法律对民生安全的底线守护，引导市场主体树立"合法经营是立身之本"的价值理念。社会主义市场经济本质上是法治经济，企业必须将诚信守法作为发展基石，自觉维护消费者权益。公民积极运用法律维权更体现了新时代法治意识的提升，共同构筑起食品安全的全民防线。

一、《食品安全法》有关食品生产许可的规定

1. 食品生产许可

《食品安全法》第三十五、三十七、三十九、四十一条规定：

——国家对食品生产经营实行许可制度。从事食品生产、食品销售、餐饮服务，应当依法取得许可。但是，销售食用农产品和仅销售预包装食品的，不需要取得许可。仅销售预包装食品的，应当报所在地县级以上地方人民政府食品安全监督管理部门备案。

县级以上地方人民政府食品安全监督管理部门应当依照《中华人民共和国行政许可法》的规定，审核申请人提交的本法第三十三条第一款第一项至第四项规定要求的相关资料，必要时对申请人的生产经营场所进行现场核查；对符合规定条件的，准予许可；对不符合规定条件的，不予许可并书面说明理由。

——利用新的食品原料生产食品，或者生产食品添加剂新品种、食品相关产品新品种，应当向国务院卫生行政部门提交相关产品的安全性评估材料。国务院卫生行政部门应当自收到申请之日起六十日内组织审查；对符合食品安全要求的，准予许可并公布；对不符合食品安全要求的，不予许可并书面说明理由。

——国家对食品添加剂生产实行许可制度。从事食品添加剂生产，应当具有与所生产食品添加剂品种相适应的场所、生产设备或者设施、专业技术人员和管理制度，并依照本法第三十五条第二款规定的程序，取得食品添加剂生产许可。生产食品添加剂应当符合法律、法规和食品安全国家标准。

——生产食品相关产品应当符合法律、法规和食品安全国家标准。对直接接触食品的包装材料等具有较高风险的食品相关产品，按照国家有关工业产品生产许可证管理的规定实施生产许可。食品安全监督管理部门应当加强对食品相关产品生产活动的监督管理。

2. 违反《食品安全法》的法律责任

《食品安全法》第一百二十二条规定：

违反本法规定，未取得食品生产经营许可从事食品生产经营活动，或者未取得食品添加剂生产许可从事食品添加剂生产活动的，由县级以上人民政府食品安全监督管理部门没收违法所得和违法生产经营的食品、食品添加剂以及用于违法生产经营的工具、设备、原料等物品；违法生产经营的食品、食品添加剂货值金额不足一万元的，并处五万元以上十万元以下罚款；货值金额一万元以上的，并处货值金额十倍以上二十倍以下罚款。

明知从事前款规定的违法行为，仍为其提供生产经营场所或者其他条件的，由县级以上人

民政府食品安全监督管理部门责令停止违法行为，没收违法所得，并处五万元以上十万元以下罚款；使消费者的合法权益受到损害的，应当与食品、食品添加剂生产经营者承担连带责任。

二、食品生产许可证办理的具体相关规定

主要包含《食品生产许可管理办法》、《食品生产许可审查通则》、各类食品生产许可审查细则、《食品生产许可分类目录》中的规定。

1. 食品生产许可管理办法

2020 年 1 月 2 日，国家市场监督管理总局发布了新版《食品生产许可管理办法》，于 2020 年 3 月 1 日起施行，旨在规范食品、食品添加剂生产许可活动，加强食品生产监督管理，保障食品安全。

**食品生产许可
管理办法**

(1)《食品生产许可管理办法》的职责

根据《食品生产许可管理办法》第四、五、六、七条规定：

食品生产许可实行一企一证原则，即同一个食品生产者从事食品生产活动，应当取得一个食品生产许可证。

市场监督管理部门按照食品的风险程度，结合食品原料、生产工艺等因素，对食品生产实施分类许可。

国家市场监督管理总局负责监督指导全国食品生产许可管理工作。

县级以上地方市场监督管理部门负责本行政区域内的食品生产许可监督管理工作。

省、自治区、直辖市市场监督管理部门可以根据食品类别和食品安全风险状况，确定市、县级市场监督管理部门的食品生产许可管理权限。

保健食品、特殊医学用途配方食品、婴幼儿配方食品、婴幼儿辅助食品、食盐等食品的生产许可，由省、自治区、直辖市市场监督管理部门负责。

(2) 根据《食品生产许可管理办法》办理食品生产许可流程

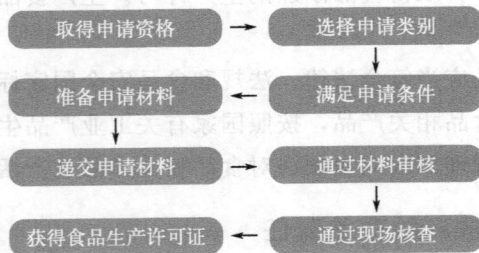

取得申请资格 → 选择申请类别

准备申请材料 ← 满足申请条件

递交申请材料 → 通过材料审核

获得食品生产许可证 ← 通过现场核查

(3) 食品生产许可申请条件

①《食品生产许可管理办法》第十条、第十一条规定

申请食品生产许可，应当先行取得营业执照等合法主体资格。

申请食品生产许可，应当按照以下食品类别提出：粮食加工品，食用油、油脂及其制品，调味品，肉制品，乳制品，饮料，方便食品，饼干，罐头，冷冻饮品，速冻食品，薯类和膨化食品，糖果制品，茶叶及相关制品，酒类，蔬菜制品，水果制品，炒货食品及坚果制品，蛋制品，可可及焙烤咖啡产品，食糖，水产制品，淀粉及淀粉制品，糕点，豆制品，蜂

产品，保健食品，特殊医学用途配方食品，婴幼儿配方食品，特殊膳食食品，其他食品等。

②《食品生产许可管理办法》第十二条规定

申请食品生产许可，应当符合下列条件：

具有与生产的食品品种、数量相适应的食品原料处理和食品加工、包装、贮存等场所，保持该场所环境整洁，并与有毒、有害场所以及其他污染源保持规定的距离；

具有与生产的食品品种、数量相适应的生产设备或者设施，有相应的消毒、更衣、盥洗、采光、照明、通风、防腐、防尘、防蝇、防鼠、防虫、洗涤以及处理废水、存放垃圾和废弃物的设备或者设施；保健食品生产工艺有原料提取、纯化等前处理工序的，需要具备与生产的品种、数量相适应的原料前处理设备或者设施；

有专职或者兼职的食品安全专业技术人员、食品安全管理人员和保证食品安全的规章制度；

具有合理的设备布局和工艺流程，防止待加工食品与直接入口食品、原料与成品交叉污染，避免食品接触有毒物、不洁物；

法律、法规规定的其他条件。

(4) 申请食品生产许可提交材料

①《食品生产许可管理办法》第十三条规定　申请食品生产许可，应当向申请人所在地县级以上地方市场监督管理部门提交下列材料：

食品生产许可申请书；

食品生产设备布局图和食品生产工艺流程图；

食品生产主要设备、设施清单；

专职或者兼职的食品安全专业技术人员、食品安全管理人员信息和食品安全管理制度。

②《食品生产许可管理办法》第十四条规定　申请保健食品、特殊医学用途配方食品、婴幼儿配方食品等特殊食品的生产许可，还应当提交与所生产食品相适应的生产质量管理体系文件以及相关注册和备案文件。

③《食品生产许可管理办法》第十五、十六条规定　从事食品添加剂生产活动，应当依法取得食品添加剂生产许可。申请食品添加剂生产许可，应当具备与所生产食品添加剂品种相适应的场所、生产设备或者设施、食品安全管理人员、专业技术人员和管理制度。

申请食品添加剂生产许可，应当向申请人所在地县级以上地方市场监督管理部门提交下列材料：

食品添加剂生产许可申请书；

食品添加剂生产设备布局图和生产工艺流程图；

食品添加剂生产主要设备、设施清单；

专职或者兼职的食品安全专业技术人员、食品安全管理人员信息和食品安全管理制度。

(5) 食品生产许可申请受理

《食品生产许可管理办法》第十八条、第十九条规定　申请人申请生产多个类别食品的，由申请人按照省级市场监督管理部门确定的食品生产许可管理权限，自主选择其中一个受理部门提交申请材料。受理部门应当及时告知有相应审批权限的市场监督管理部门，组织联合审查。

县级以上地方市场监督管理部门对申请人提出的食品生产许可申请，本法第十九条规定：应当根据下列情况分别作出处理：

申请事项依法不需要取得食品生产许可的，应当即时告知申请人不受理；

申请事项依法不属于市场监督管理部门职权范围的，应当即时作出不予受理的决定，并告知申请人向有关行政机关申请；

申请材料存在可以当场更正的错误的，应当允许申请人当场更正，由申请人在更正处签名或者盖章，注明更正日期；

申请材料不齐全或者不符合法定形式的，应当当场或者在5个工作日内一次告知申请人需要补正的全部内容。当场告知的，应当将申请材料退回申请人；在5个工作日内告知的，应当收取申请材料并出具收到申请材料的凭据。逾期不告知的，自收到申请材料之日起即为受理；

申请材料齐全、符合法定形式，或者申请人按照要求提交全部补正材料的，应当受理食品生产许可申请。

(6) 食品生产许可申请材料审查

《食品生产许可管理办法》第二十一条规定　县级以上地方市场监督管理部门应当对申请人提交的申请材料进行审查。需要对申请材料的实质内容进行核实的，应当进行现场核查。

对首次申请许可或者增加食品类别的变更许可的，根据食品生产工艺流程等要求，核查试制食品的检验报告。开展食品添加剂生产许可现场核查时，可以根据食品添加剂品种特点，核查试制食品添加剂的检验报告和复配食品添加剂配方等。

(7) 现场核查、审查决定、发证、有效期和注销等时限

《食品生产许可管理办法》第二十一条规定　现场核查应当由食品安全监管人员进行，根据需要可以聘请专业技术人员作为核查人员参加现场核查。核查人员不得少于2人。核查人员应当出示有效证件，填写食品生产许可现场核查表，制作现场核查记录，经申请人核对无误后，由核查人员和申请人在核查表和记录上签名或者盖章。申请人拒绝签名或者盖章的，核查人员应当注明情况。

市场监督管理部门可以委托下级市场监督管理部门，对受理的食品生产许可申请进行现场核查。特殊食品生产许可的现场核查原则上不得委托下级市场监督管理部门实施。

《食品生产许可管理办法》规定了审查与决定许可的时限，包括：第二十一条第六款规定核查人员应当自接受现场核查任务之日起5个工作日内，完成对生产场所的现场核查；第二十二条规定监管部门受理申请到作出行政许可决定时限为10个工作日，特殊情况延长时限为5个工作日；第二十三条规定监管部门作出生产许可决定到发证时限为5个工作日。

《食品生产许可管理办法》规定了申请注销许可的时限，申请注销时限为20个工作日。

食品生产许可证发证日期为许可决定做出的日期，有效期为5年。

(8) 许可证管理

《食品生产许可管理办法》第二十八条、第二十九条、第三十条、第三十一条规定：

食品生产许可证分为正本、副本。

食品生产许可证应当载明：生产者名称、社会信用代码、法定代表人（负责人）、住所、生产地址、食品类别、许可证编号、有效期、发证机关、发证日期和二维码。示例见图1-9。

食品生产者应当妥善保管食品生产许可证，不得伪造、涂改、倒卖、出租、出借、转让。

图 1-9　食品生产许可证示例一

食品生产者应当在生产场所的显著位置悬挂或者摆放食品生产许可证正本。

现有食品生产许可证编号由 SC 和 14 位阿拉伯数字组成。数字从左至右依次为：3 位食品类别编码、2 位省（自治区、直辖市）代码、2 位市（地）代码、2 位县（区）代码、4 位顺序码、1 位校验码。示例见表 1-4。

表 1-4　生产许可证代码示例

	组成	3 位食品类别编码	2 位省(自治区、直辖市)代码	2 位市(地)代码	2 位县(区)代码	4 位顺序码	1 位校验码
SC	示例	107	37	01	81	0001	4
	来源	第 1 位 1 代表食品(2 代表食品添加剂)第 2~3 位代表食品分类目录食品类别编号	各具体区域行政区划代码			系统随机分配	系统随机分配

食品生产许可证的副本和正本具有同等的法律效力。示例见图 1-10。

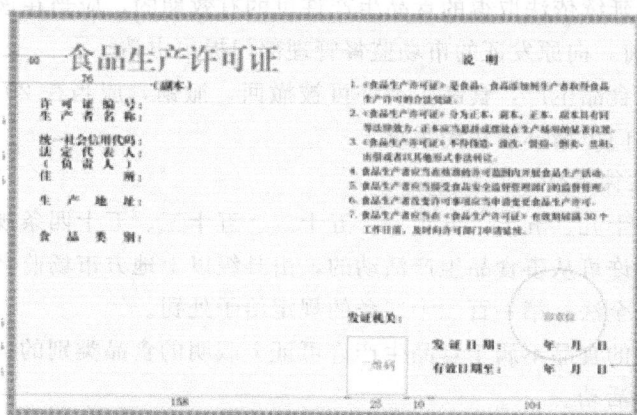

图 1-10　食品生产许可证示例二

食品生产许可证副页上应当载明食品明细。生产保健食品、特殊医学用途配方食品、婴幼儿配方食品的，还应当载明产品或者产品配方的注册号或者备案登记号；接受委托生产保健食品的，还应当载明委托企业名称及住所等相关信息。示例见图 1-11。

图 1-11　食品生产许可证副页示例

(9) 变更、延续与注销

①《食品生产许可管理办法》第三十二条、第三十四条、第四十条规定：

食品生产许可证有效期内，食品生产者名称、现有设备布局和工艺流程、主要生产设备设施、食品类别等事项发生变化，需要变更食品生产许可证载明的许可事项的，食品生产者应当在变化后 10 个工作日内向原发证的市场监督管理部门提出变更申请。

食品生产者的生产场所迁址的，应当重新申请食品生产许可。

食品生产许可证副本载明的同一食品类别内的事项发生变化的，食品生产者应当在变化后 10 个工作日内向原发证的市场监督管理部门报告。

食品生产者的生产条件发生变化，不再符合食品生产要求，需要重新办理许可手续的，应当依法办理。

食品生产者需要延续依法取得的食品生产许可的有效期的，应当在该食品生产许可有效期届满 30 个工作日前，向原发证的市场监督管理部门提出申请。

食品生产者终止食品生产，食品生产许可被撤回、撤销，应当在 20 个工作日内向原发证的市场监督管理部门申请办理注销手续。

② 违反办法的法律责任

根据本办法第四十九、五十、五十一、五十二、五十三、五十四条规定。

未取得食品生产许可从事食品生产活动的，由县级以上地方市场监督管理部门依照《中华人民共和国食品安全法》第一百二十二条的规定给予处罚。

食品生产者生产的食品不属于食品生产许可证上载明的食品类别的，视为未取得食品生产许可从事食品生产活动。

许可申请人隐瞒真实情况或者提供虚假材料申请食品生产许可的，由县级以上地方市场监督管理部门给予警告。申请人在 1 年内不得再次申请食品生产许可。

被许可人以欺骗、贿赂等不正当手段取得食品生产许可的，由原发证的市场监督管理部门

食品经营许可证的变更、延续、补办

撤销许可，并处 1 万元以上 3 万元以下罚款。被许可人在 3 年内不得再次申请食品生产许可。

违反本办法第三十一条第一款规定，食品生产者伪造、涂改、倒卖、出租、出借、转让食品生产许可证的，由县级以上地方市场监督管理部门责令改正，给予警告，并处 1 万元以下罚款；情节严重的，处 1 万元以上 3 万元以下罚款。

违反本办法第三十一条第二款规定，食品生产者未按规定在生产场所的显著位置悬挂或者摆放食品生产许可证的，由县级以上地方市场监督管理部门责令改正；拒不改正的，给予警告。

违反本办法第三十二条第一款规定，食品生产许可证有效期内，食品生产者名称、现有设备布局和工艺流程、主要生产设备设施等事项发生变化，需要变更食品生产许可证载明的许可事项，未按规定申请变更的，由原发证的市场监督管理部门责令改正，给予警告；拒不改正的，处 1 万元以上 3 万元以下罚款。

违反本办法第三十二条第二款规定，食品生产者的生产场所迁址后未重新申请取得食品生产许可从事食品生产活动的，由县级以上地方市场监督管理部门依照《中华人民共和国食品安全法》第一百二十二条的规定给予处罚。

违反本办法第三十二条第三款、第四十条第一款规定，食品生产许可证副本载明的同一食品类别内的事项发生变化，食品生产者未按规定报告的，食品生产者终止食品生产，食品生产许可被撤回、撤销或者食品生产许可证被吊销，未按规定申请办理注销手续的，由原发证的市场监督管理部门责令改正；拒不改正的，给予警告，并处 5000 元以下罚款。

食品生产者违反本办法规定，有《中华人民共和国食品安全法实施条例》第七十五条第一款规定的情形的，依法对单位的法定代表人、主要负责人、直接负责的主管人员和其他直接责任人员给予处罚。

被吊销生产许可证的食品生产者及其法定代表人、直接负责的主管人员和其他直接责任人员自处罚决定作出之日起 5 年内不得申请食品生产经营许可，或者从事食品生产经营管理工作、担任食品生产经营企业食品安全管理人员。

（10）其他规定

《食品生产许可管理办法》第五十六条、第五十七条、第五十八条、第五十九条、第六十条规定：

取得食品经营许可的餐饮服务提供者在其餐饮服务场所制作加工食品，不需要取得本办法规定的食品生产许可。

食品添加剂的生产许可管理原则、程序、监督检查和法律责任，适用本办法有关食品生产许可的规定。

对食品生产加工小作坊的监督管理，按照省、自治区、直辖市制定的具体管理办法执行。

各省、自治区、直辖市市场监督管理部门可以根据本行政区域实际情况，制定有关食品生产许可管理的具体实施办法。

市场监督管理部门制作的食品生产许可电子证书与印制的食品生产许可证书具有同等法律效力。

2. 《食品生产许可审查通则》

食品生产许可审查包括申请材料审查和现场核查。

（1）材料审查 申请、变更、延续食品生产许可的提交材料，本通则第九至第十三条规定：

申请人申请食品生产许可的，应当提交食品生产许可申请书（可通过电子方式提交，与纸质材料具有同等效力）、食品生产设备布局图、食品生产工艺流程图、食品生产主要设备设施清单、食品安全管理制度目录以及法律法规规定的其他材料（如原产地证明、成分分析报告等）。申请保健食品、特殊医学用途配方食品、婴幼儿配方食品的生产许可，还应当提交与所生产食品相适应的生产质量管理体系文件、相应的产品注册和备案文件。

申请变更的，应当提交食品生产许可变更申请书、变更食品生产许可事项有关的材料以及法律法规规定的其他材料。食品生产许可证副本载明的同一食品类别内的事项发生变化的，申请人声明工艺设备布局和工艺流程、主要生产设备设施等事项发生变化的，需提交新版布局图、流程图及合理性说明、更新设备清单并附技术参数。申请人声明其他生产条件发生变化，可能影响食品安全的，需提交风险分析报告。保健食品、特殊医学用途配方食品、婴幼儿配方食品的生产企业申请变更的，还应当就申请人变化事项提交变更事项对应的修订版生产质量管理体系文件，涉及产品配方或工艺变更的，需更新产品注册或备案文件。

申请延续的，应当提交食品生产许可延续申请书、申请人生产条件是否发生变化的声明（若声明生产条件未变化，可免于现场核查；若声明生产条件或周边环境可能影响食品安全，需提交相关证明材料并接受现场核查）、延续食品生产许可事项有关的材料以及法律法规规定的其他材料。保健食品、特殊医学用途配方食品、婴幼儿配方食品的生产企业申请延续食品生产许可的，还应当就申请人变化事项提供与所生产食品相适应的生产质量管理体系运行情况的自查报告，以及最新产品注册或备案文件，若生产条件变化涉及特殊工艺，需提交专项验证报告。

进行食品生产许可申请的申请人要做到，本通则第九条规定要求。

申请人应当配备食品安全管理人员及专业技术人员，并定期进行培训和考核，定期培训与考核记录需纳入食品安全管理制度，并在申请材料中提供培训计划及实施证明。

申请人及从事食品生产管理工作的食品安全管理人员应当未受到从业禁止，且需在申请材料中提交法定代表人和管理人员无违法记录的声明文件。

食品生产加工场所及其周围环境平面图、食品生产加工场所各功能区间布局平面图、食品生产设备布局图、食品生产工艺流程图等图表清晰，生产场所、主要设备设施布局合理、工艺流程符合审查细则和所执行标准规定的要求。食品生产加工场所及其周围环境平面图、食品生产加工场所各功能区间布局平面图、工艺设备布局图应当按比例标注。

（2）现场核查

① 本通则第十五条 规定下列情形，应当组织现场核查：

申请生产许可的，应当组织现场核查。

申请变更的，现有设备布局和工艺流程、主要生产设备设施、食品类别等事项发生变化的，应当对变化情况组织现场核查；其他生产条件发生变化，可能影响食品安全的，也应当就变化情况组织现场核查。

申请延续的，申请人声明生产条件发生变化，可能影响食品安全的，应当组织对变化情况进行现场核查。

申请变更、延续的，审查部门决定需要对申请材料内容、食品类别、与相关审查细则及执行标准要求相符情况进行核实的，应当组织现场核查。

申请人的生产场所迁出原发证的市场监督管理部门管辖范围的，应当重新申请食品生产许可，迁入地许可机关应当依照本通则的规定组织申请材料审查和现场核查。

申请人食品安全信用信息记录载明监督抽检不合格、监督检查不符合、发生过食品安全事故，以及其他保障食品安全方面存在隐患的。

法律、法规和规章规定需要实施现场核查的其他情形。

② 现场核查内容，本通则第十七条至第二十三规定。

现场核查范围主要包括生产场所、设备设施、设备布局和工艺流程、人员管理、管理制度及其执行情况，以及按规定需要查验试制产品检验合格报告。

在生产场所方面，核查申请人提交的材料是否与现场一致，其生产场所周边和厂区环境、布局和各功能区划分、厂房及生产车间相关材质等是否符合有关规定和要求。申请人在生产场所外建立或者租用外设仓库的，应当承诺符合《食品、食品添加剂生产许可现场核查评分记录表》中关于库房的要求，并提供相关影像资料。必要时，核查组可以对外设仓库实施现场核查。

在设备设施方面，核查申请人提交的生产设备设施清单是否与现场一致，生产设备设施材质、性能等是否符合规定并满足生产需要；申请人自行对原辅料及出厂产品进行检验的，是否具备审查细则规定的检验设备设施，性能和精度是否满足检验需要。

在设备布局和工艺流程方面，核查申请人提交的设备布局图和工艺流程图是否与现场一致，设备布局、工艺流程是否符合规定要求，并能防止交叉污染。实施复配食品添加剂现场核查时，核查组应当依据有关规定，核查复配食品添加剂配方组成、有害物质及致病菌是否符合食品安全国家标准。

在人员管理方面，核查申请人是否配备申请材料所列明的专职或兼职食品安全管理人员及专业技术人员；是否建立生产相关岗位的培训及从业人员健康管理制度；从事接触直接入口食品工作的食品生产人员是否取得健康证明。

在管理制度方面，核查申请人的进货查验记录、生产过程控制制度、检验管理制度、食品安全自查制度、食品安全追溯制度、不合格品管理制度、食品安全事故处置方案及审查细则规定的其他保证食品安全的管理制度是否齐全，内容是否符合法律法规等相关规定。

在试制产品检验合格报告方面，现场核查时，核查组可以根据食品生产工艺流程等要求，按申请人生产食品所执行的食品安全标准和产品标准核查试制食品检验合格报告。

实施食品添加剂生产许可现场核查时，可以根据食品添加剂品种，按申请人生产食品添加剂所执行的食品安全标准核查试制食品添加剂检验合格报告。

试制产品检验合格报告可以由申请人自行检验，或者委托有资质的食品检验机构出具。

试制产品检验报告的具体要求按审查细则的有关规定执行。

③ 现场核查结果，本通则第二十三条规定。

现场核查按照《食品、食品添加剂生产许可现场核查评分记录表》的项目得分进行判定。核查项目单项得分无0分项且总得分率≥85％的，该食品类别及品种明细判定为通过现场核查；核查项目单项得分有0分项或者检查项目总得分率＜85％的，该食品类别及品种明细判定为未通过现场核查。

④ 审查结果与检查整改，本通则第三十一条至第三十四条规定。

核查组应当自接受现场核查任务之日起 5 个工作日内完成现场核查，并将《食品、食品添加剂生产许可核查材料清单》所列的许可相关材料上报委派其实施现场核查的市场监督管理部门。

对于判定结果为通过现场核查的，申请人应当在 1 个月内对现场核查中发现的问题进行整改，并将整改结果向负责对申请人实施食品安全日常监督管理的市场监督管理部门书面报告。第三十四条，申请人的日常监管部门应当在申请人取得食品生产许可后 3 个月内对获证企业开展一次监督检查。对已实施现场核查的企业，重点检查现场核查中发现问题的整改情况；对申请人声明生产条件未发生变化的延续换证企业，重点检查生产条件保持情况。

3. 食品生产许可分类目录

食品生产许可分类目录见表 1-5。

表 1-5　食品生产许可分类目录

食品、食品添加剂类别	类别编号	类别名称	品种明细	备注
粮食加工品	0101	小麦粉	1. 通用：特制一等小麦粉、特制二等小麦粉、标准粉、普通粉、高筋小麦粉、低筋小麦粉、全麦粉、其他 2. 专用：营养强化小麦粉、面包用小麦粉、面条用小麦粉、饺子用小麦粉、馒头用小麦粉、发酵饼干用小麦粉、酥性饼干用小麦粉、蛋糕用小麦粉、糕点用小麦粉、自发小麦粉、专用全麦粉、小麦胚(胚片、胚粉)、其他	
	0102	大米	大米、糙米类产品(糙米、留胚米等)、特殊大米(免淘米、蒸谷米、发芽糙米等)、其他	
	0103	挂面	1. 普通挂面 2. 花色挂面 3. 手工面	
	0104	其他粮食加工品	1. 谷物加工品：高粱米、黍米、稷米、小米、黑米、紫米、红线米、小麦米、大麦米、裸大麦米、莜麦米(燕麦米)、荞麦米、薏仁米、八宝米类、混合杂粮类、其他 2. 谷物碾磨加工品：玉米馇、玉米粉、燕麦片、汤圆粉(糯米粉)、莜麦粉、玉米自发粉、小米粉、高粱粉、荞麦粉、大麦粉、青稞粉、杂面粉、大米粉、绿豆粉、黄豆粉、红豆粉、黑豆粉、豌豆粉、芸豆粉、蚕豆粉、黍米粉(大黄米粉)、稷米粉(糜子面)、混合杂粮粉、其他 3. 谷物粉类制成品：生湿面制品、生干面制品、米粉制品、其他	
食用油、油脂及其制品	0201	食用植物油	菜籽油、大豆油、花生油、葵花籽油、棉籽油、亚麻籽油、油茶籽油、玉米油、米糠油、芝麻油、棕榈油、橄榄油、食用植物调和油、其他	
	0202	食用油脂制品	食用氢化油、人造奶油(人造黄油)、起酥油、代可可脂、植脂奶油、粉末油脂、植脂末、其他	
	0203	食用动物油脂	猪油、牛油、羊油、鸡油、鸭油、鹅油、骨髓油、水生动物油脂、其他	

食品、食品添加剂类别	类别编号	类别名称	品种明细	备注
调味品	0301	酱油	酱油	
	0302	食醋	1. 食醋 2. 甜醋	
	0303	味精	1. 谷氨酸钠(99%味精) 2. 加盐味精 3. 增鲜味精	
	0304	酱类	稀甜面酱、甜面酱、大豆酱(黄酱)、蚕豆酱、豆瓣酱、大酱、其他	
	0305	调味料	1. 液体调味料:鸡汁调味料、牛肉汁调味料、烧烤汁、鲍鱼汁、香辛料调味汁、糟卤、调味料酒、液态复合调味料、其他 2. 半固体(酱)调味料:花生酱、芝麻酱、辣椒酱、番茄酱、风味酱、芥末酱、咖喱卤、油辣椒、火锅蘸料、火锅底料、排骨酱、叉烧酱、香辛料酱(泥)、复合调味酱、其他 3. 固体调味料:鸡精调味料、鸡粉调味料、畜(禽)粉调味料、风味汤料、酱油粉、食醋粉、酱粉、咖喱粉、香辛料粉、复合调味粉、其他 4. 食用调味油:香辛料调味油、复合调味油、其他 5. 水产调味品:蚝油、鱼露、虾酱、鱼子酱、虾油、其他	
	0306	食盐	1. 食用盐:普通食用盐(加碘)、普通食用盐(未加碘)、低钠食用盐(加碘)、低钠食用盐(未加碘)、风味食用盐(加碘)、风味食用盐(未加碘)、特殊工艺食用盐(加碘)、特殊工艺食用盐(未加碘) 2. 食品生产加工用盐	
肉制品	0401	热加工熟肉制品	1. 酱卤肉制品:酱卤肉类、糟肉类、白煮类、其他 2. 熏烧烤肉制品 3. 肉灌制品:灌肠类、西式火腿、其他 4. 油炸肉制品 5. 熟肉干制品:肉松类、肉干类、肉脯、其他 6. 其他熟肉制品	
	0402	发酵肉制品	1. 发酵灌制品 2. 发酵火腿制品	
	0403	预制调理肉制品	1. 冷藏预制调理肉类 2. 冷冻预制调理肉类	
	0404	腌腊肉制品	1. 肉灌制品 2. 腊肉制品 3. 火腿制品 4. 其他肉制品	
乳制品	0501	液体乳	1. 巴氏杀菌乳 2. 高温杀菌乳 3. 调制乳 4. 灭菌乳 5. 发酵乳	《食品安全国家标准　高温杀菌乳》发布前可按经备案的企业标准许可

食品、食品添加剂类别	类别编号	类别名称	品种明细			备注
乳制品	0502	乳粉	1. 全脂乳粉 2. 脱脂乳粉 3. 部分脱脂乳粉 4. 调制乳粉 5. 乳清粉			
	0503	其他乳制品	1. 炼乳 2. 奶油 3. 稀奶油 4. 无水奶油 5. 干酪 6. 再制干酪 7. 特色乳制品 8. 浓缩乳			
饮料	0601	包装饮用水	1. 饮用天然矿泉水 2. 饮用纯净水 3. 饮用天然泉水 4. 饮用天然水 5. 其他饮用水			
	0602	碳酸饮料（汽水）	果汁型碳酸饮料、果味型碳酸饮料、可乐型碳酸饮料、其他型碳酸饮料			
	0603	茶类饮料	1. 原茶汁：茶汤/纯茶饮料 2. 茶浓缩液 3. 茶饮料 4. 果汁茶饮料 5. 奶茶饮料 6. 复合茶饮料 7. 混合茶饮料 8. 其他茶（类）饮料			
	0604	果蔬汁类及其饮料	1. 果蔬汁(浆)：果汁、蔬菜汁、果浆、蔬菜浆、复合果蔬汁、复合果蔬浆、其他 2. 浓缩果蔬汁(浆) 3. 果蔬汁(浆)类饮料：果蔬汁饮料、果肉饮料、果浆饮料、复合果蔬汁饮料、果蔬汁饮料浓浆、发酵果蔬汁饮料、水果饮料、其他			
	0605	蛋白饮料	1. 含乳饮料 2. 植物蛋白饮料 3. 复合蛋白饮料			
	0606	固体饮料	1. 风味固体饮料 2. 蛋白固体饮料 3. 果蔬固体饮料 4. 茶固体饮料 5. 咖啡固体饮料 6. 可可粉固体饮料 7. 其他固体饮料：植物固体饮料、谷物固体饮料、食用菌固体饮料、其他			

食品、食品添加剂类别	类别编号	类别名称	品种明细	备注
饮料	0607	其他饮料	1. 咖啡(类)饮料 2. 植物饮料 3. 风味饮料 4. 运动饮料 5. 营养素饮料 6. 能量饮料 7. 电解质饮料 8. 饮料浓浆 9. 其他类饮料	
方便食品	0701	方便面	1. 油炸方便面 2. 热风干燥方便面 3. 其他方便面	
	0702	其他方便食品	1. 主食类:方便米饭、方便粥、方便米粉、方便米线、方便粉丝、方便湿米粉、方便豆花、方便湿面、凉粉、其他 2. 冲调类:麦片、黑芝麻糊、红枣羹、油茶、即食谷物粉、其他	
	0703	调味面制品	调味面制品	
饼干	0801	饼干	酥性饼干、韧性饼干、发酵饼干、压缩饼干、曲奇饼干、夹心(注心)饼干、威化饼干、蛋圆饼干、蛋卷、煎饼、装饰饼干、水泡饼干、其他	
罐头	0901	畜禽水产罐头	火腿类罐头、肉类罐头、牛肉罐头、羊肉罐头、鱼类罐头、禽类罐头、肉酱类罐头、其他	
	0902	果蔬罐头	1. 水果罐头:桃罐头、橘子罐头、菠萝罐头、荔枝罐头、梨罐头、其他 2. 蔬菜罐头:食用菌罐头、竹笋罐头、莲藕罐头、番茄罐头、豆类罐头、其他	
	0903	其他罐头	其他罐头:果仁类罐头、八宝粥罐头、其他	
冷冻饮品	1001	冷冻饮品	1. 冰淇淋 2. 雪糕 3. 雪泥 4. 冰棍 5. 食用冰 6. 甜味冰 7. 其他冷冻饮品	
速冻食品	1101	速冻面米制品	1. 生制品:速冻饺子、速冻包子、速冻汤圆、速冻粽子、速冻面点、速冻其他面米制品、其他 2. 熟制品:速冻饺子、速冻包子、速冻粽子、速冻其他面米制品、其他	
	1102	速冻调制食品	1. 生制品(具体品种明细) 2. 熟制品(具体品种明细)	
	1103	速冻其他食品	速冻其他食品	

食品、食品添加剂类别	类别编号	类别名称	品种明细	备注
薯类和膨化食品	1201	膨化食品	1. 焙烤型 2. 油炸型 3. 直接挤压型 4. 花色型	
	1202	薯类食品	1. 干制薯类 2. 冷冻薯类 3. 薯泥(酱)类 4. 薯粉类 5. 其他薯类	
糖果制品	1301	糖果	1. 硬质糖果 2. 奶糖糖果 3. 夹心糖果 4. 酥质糖果 5. 焦香糖果(太妃糖果) 6. 充气糖果 7. 凝胶糖果 8. 胶基糖果 9. 压片糖果 10. 流质糖果 11. 膜片糖果 12. 花式糖果 13. 其他糖果	
	1302	巧克力及巧克力制品	1. 巧克力 2. 巧克力制品	
	1303	代可可脂巧克力及代可可脂巧克力制品	1. 代可可脂巧克力 2. 代可可脂巧克力制品	
	1304	果冻	果汁型果冻、果肉型果冻、果味型果冻、含乳型果冻、其他型果冻	
茶叶及相关制品	1401	茶叶	1. 绿茶:龙井茶、珠茶、黄山毛峰、都匀毛尖、其他 2. 红茶:祁门工夫红茶、小种红茶、红碎茶、其他 3. 乌龙茶:铁观音茶、武夷岩茶、凤凰单枞茶、其他 4. 白茶:白毫银针茶、白牡丹茶、贡眉茶、其他 5. 黄茶:蒙顶黄芽茶、霍山黄芽茶、君山银针茶、其他 6. 黑茶:普洱茶(熟茶)散茶、六堡茶散茶、其他 7. 花茶:茉莉花茶、珠兰花茶、桂花茶、其他 8. 袋泡茶:绿茶袋泡茶、红茶袋泡茶、花茶袋泡茶、其他 9. 紧压茶:普洱茶(生茶)紧压茶、普洱茶(熟茶)紧压茶、六堡茶紧压茶、白茶紧压茶、花砖茶、黑砖茶、茯砖茶、康砖茶、沱茶、紧茶、金尖茶、米砖茶、青砖茶、其他紧压茶	

食品、食品添加剂类别	类别编号	类别名称	品种明细	备注
茶叶及相关制品	1402	茶制品	1. 茶粉：绿茶粉、红茶粉、其他 2. 固态速溶茶：速溶红茶、速溶绿茶、其他 3. 茶浓缩液：红茶浓缩液、绿茶浓缩液、其他 4. 茶膏：普洱茶膏、黑茶膏、其他 5. 调味茶制品：调味茶粉、调味速溶茶、调味茶浓缩液、调味茶膏、其他 6. 其他茶制品：表没食子儿茶素没食子酸酯、绿茶茶氨酸、其他	
	1403	调味茶	1. 加料调味茶：八宝茶、三泡台、枸杞绿茶、玄米绿茶、其他 2. 加香调味茶：柠檬红茶、草莓绿茶、其他 3. 混合调味茶：柠檬枸杞茶、其他 4. 袋泡调味茶：玫瑰袋泡红茶、其他 5. 紧压调味茶：荷叶茯砖茶、其他	
	1404	代用茶	1. 叶类代用茶：荷叶、桑叶、薄荷叶、苦丁茶、其他 2. 花类代用茶：杭白菊、金银花、重瓣红玫瑰、其他 3. 果实类代用茶：大麦茶、枸杞子、决明子、苦瓜片、罗汉果、柠檬片、其他 4. 根茎类代用茶：甘草、牛蒡根、人参（人工种植）、其他 5. 混合类代用茶：荷叶玫瑰茶、枸杞菊花茶、其他 6. 袋泡代用茶：荷叶袋泡茶、桑叶袋泡茶、其他 7. 紧压代用茶：紧压菊花、其他	
酒类	1501	白酒	1. 白酒 2. 白酒（液态） 3. 白酒（原酒）	
	1502	葡萄酒及果酒	1. 葡萄酒：原酒、加工灌装 2. 冰葡萄酒：原酒、加工灌装 3. 其他特种葡萄酒：原酒、加工灌装 4. 发酵型果酒：原酒、加工灌装	
	1503	啤酒	1. 熟啤酒 2. 生啤酒 3. 鲜啤酒 4. 特种啤酒	
	1504	黄酒	黄酒：原酒、加工灌装	
	1505	其他酒	1. 配制酒：露酒、枸杞酒、枇杷酒、其他 2. 其他蒸馏酒：白兰地、威士忌、俄得克、朗姆酒、水果白兰地、水果蒸馏酒、其他 3. 其他发酵酒：清酒、米酒（醪糟）、奶酒、其他	
	1506	食用酒精	食用酒精	
蔬菜制品	1601	酱腌菜	调味榨菜、腌萝卜、腌豇豆、酱渍菜、虾油渍菜、盐水渍菜、其他	

食品、食品添加剂类别	类别编号	类别名称	品种明细	备注
蔬菜制品	1602	蔬菜干制品	1. 自然干制蔬菜 2. 热风干燥蔬菜 3. 冷冻干燥蔬菜 4. 蔬菜脆片 5. 蔬菜粉及制品	
	1603	食用菌制品	1. 干制食用菌 2. 腌渍食用菌	
	1604	其他蔬菜制品	其他蔬菜制品	
水果制品	1701	蜜饯	1. 蜜饯类 2. 凉果类 3. 果脯类 4. 话化类 5. 果丹(饼)类 6. 果糕类	
	1702	水果制品	1. 水果干制品:葡萄干、水果脆片、荔枝干、桂圆、椰干、大枣干制品、其他 2. 果酱:苹果酱、草莓酱、蓝莓酱、其他	
炒货食品及坚果制品	1801	炒货食品及坚果制品	1. 烘炒类:炒瓜子、炒花生、炒豌豆、其他 2. 油炸类:油炸青豆、油炸琥珀桃仁、其他 3. 其他类:水煮花生、糖炒花生、糖炒瓜子仁、裹衣花生、咸干花生、其他	
蛋制品	1901	蛋制品	1. 再制蛋类:皮蛋、咸蛋、糟蛋、卤蛋、咸蛋黄、其他 2. 干蛋类:巴氏杀菌鸡全蛋粉、鸡蛋黄粉、鸡蛋白片、其他 3. 冰蛋类:巴氏杀菌冻鸡全蛋、冻鸡蛋黄、冰鸡蛋白、其他 4. 其他类:热凝固蛋制品、其他	
可可及焙烤咖啡产品	2001	可可制品	可可粉、可可脂、可可液块、可可饼块、其他	
	2002	焙炒咖啡	焙炒咖啡豆、咖啡粉、其他	
食糖	2101	糖	1. 白砂糖 2. 绵白糖 3. 赤砂糖 4. 冰糖:单晶体冰糖、多晶体冰糖 5. 方糖 6. 冰片糖 7. 红糖 8. 其他糖:具体品种明细	
水产制品	2201	干制水产品	虾米、虾皮、干贝、鱼干、干燥裙带菜、干海带、干紫菜、干海参、其他	
	2202	盐渍水产品	盐渍藻类、盐渍海蜇、盐渍鱼、盐渍海参、其他	

续表

食品、食品添加剂类别	类别编号	类别名称	品种明细	备注
水产制品	2203	鱼糜及鱼糜制品	冷冻鱼糜、冷冻鱼糜制品	
	2204	冷冻水产制品	冷冻调理制品、冷冻挂浆制品、冻煮制品、冻油炸制品、冻烧烤制品、其他	
	2205	熟制水产品	烤鱼片、鱿鱼丝、烤虾、海苔、鱼松、鱼肠、鱼饼、调味鱼（鱿鱼）、即食海参（鲍鱼）、调味海带（裙带菜）、其他	
	2206	生食水产品	腌制生食水产品、非腌制生食水产品	
	2207	其他水产品	其他水产品	
淀粉及淀粉制品	2301	淀粉及淀粉制品	1. 淀粉：谷类淀粉（大米、玉米、高粱、麦、其他）、薯类淀粉（木薯、马铃薯、甘薯、芋头、其他）、豆类淀粉（绿豆、蚕豆、豇豆、豌豆、其他）、其他淀粉（藕、荸荠、百合、蕨根、其他） 2. 淀粉制品：粉丝、粉条、粉皮、虾味片、凉粉、其他	
	2302	淀粉糖	葡萄糖、饴糖、麦芽糖、异构化糖、低聚异麦芽糖、果葡糖浆、麦芽糊精、葡萄糖浆、其他	
糕点	2401	热加工糕点	1. 烘烤类糕点：酥类、松酥类、松脆类、酥层类、酥皮类、松酥皮类、糖浆皮类、硬皮类、水油皮类、发酵类、烤蛋糕类、烘糕类、烫面类、其他类 2. 油炸类糕点：酥皮类、水油皮类、松酥类、酥层类、水调类、发酵类、其他类 3. 蒸煮类糕点：蒸蛋糕类、印模糕类、韧糕类、发糕类、松糕类、粽子类、水油皮类、片糕类、其他类 4. 炒制类糕点 5. 其他类：发酵面制品（馒头、花卷、包子、豆包、饺子、发糕、馅饼、其他）、油炸面制品（油条、油饼、炸糕、其他）、非发酵面米制品（窝头、烙饼、其他）、其他	
	2402	冷加工糕点	1. 熟粉糕点：热调软糕类、冷调韧糕类、冷调松糕类、印模糕类、其他类 2. 西式装饰蛋糕类 3. 上糖浆类 4. 夹心（注心）类 5. 糕团类 6. 其他类	
	2403	食品馅料	月饼馅料、其他	
豆制品	2501	豆制品	1. 发酵豆制品：腐乳（红腐乳、酱腐乳、白腐乳、青腐乳）、豆豉、纳豆、豆汁、其他 2. 非发酵豆制品：豆浆、豆腐、豆腐泡、熏干、豆腐脑、豆腐干、腐竹、豆腐皮、其他 3. 其他豆制品：素肉、大豆组织蛋白、膨化豆制品、其他	

续表

食品、食品添加剂类别	类别编号	类别名称	品种明细	备注
蜂产品	2601	蜂蜜	蜂蜜	
	2602	蜂王浆（含蜂王浆冻干品）	蜂王浆、蜂王浆冻干品	
	2603	蜂花粉	蜂花粉	
	2604	蜂产品制品	蜂产品制品	
保健食品	2701	片剂	具体品种	
	2702	粉剂	具体品种	
	2703	颗粒剂	具体品种	
	2704	茶剂	具体品种	
	2705	硬胶囊剂	具体品种	
	2706	软胶囊剂	具体品种	
	2707	口服液	具体品种	
	2708	丸剂	具体品种	
	2709	膏剂	具体品种	
	2710	饮料	具体品种	
	2711	酒剂	具体品种	
	2712	饼干类	具体品种	
	2713	糖果类	具体品种	
	2714	糕点类	具体品种	
	2715	液体乳类	具体品种	
	2716	原料提取物	具体品种	
	2717	复配营养素	具体品种	
	2718	其他类别	具体品种	
特殊医学用途配方食品	2801	特殊医学用途配方食品	1. 全营养配方食品 2. 特定全营养配方食品：糖尿病全营养配方食品，呼吸系统病全营养配方食品，肾病全营养配方食品，肿瘤全营养配方食品，肝病全营养配方食品，肌肉衰减综合征全营养配方食品，创伤、感染、手术及其他应激状态全营养配方食品，炎性肠病全营养配方食品，食物蛋白过敏全营养配方食品，难治性癫痫全营养配方食品，胃肠道吸收障碍、胰腺炎全营养配方食品，脂肪酸代谢异常全营养配方食品，肥胖、减脂手术全营养配方食品，其他 3. 非全营养配方食品：营养素组件配方食品，电解质配方食品，增稠组件配方食品，流质配方食品，氨基酸代谢障碍配方食品，其他	产品 （注册批准文号）

食品、食品添加剂类别	类别编号	类别名称	品种明细	备注
特殊医学用途配方食品	2802	特殊医学用途婴儿配方食品	特殊医学用途婴儿配方食品:无乳糖配方或低乳糖配方食品、乳蛋白部分水解配方食品、乳蛋白深度水解配方或氨基酸配方食品、早产/低出生体重婴儿配方食品、氨基酸代谢障碍配方食品、婴儿营养补充剂、其他	产品（注册批准文号）
婴幼儿配方食品	2901	婴幼儿配方乳粉	1. 婴儿配方乳粉:湿法工艺、干法工艺、干湿法复合工艺 2. 较大婴儿配方乳粉:湿法工艺、干法工艺、干湿法复合工艺 3. 幼儿配方乳粉:湿法工艺、干法工艺、干湿法复合工艺	产品（配方注册批准文号）
特殊膳食食品	3001	婴幼儿谷类辅助食品	1. 婴幼儿谷物辅助食品:婴幼儿米粉、婴幼儿小米米粉、其他 2. 婴幼儿高蛋白谷物辅助食品:高蛋白婴幼儿米粉、高蛋白婴幼儿小米米粉、其他 3. 婴幼儿生制类谷物辅助食品:婴幼儿面条、婴幼儿颗粒面、其他 4. 婴幼儿饼干或其他婴幼儿谷物辅助食品:婴幼儿饼干、婴幼儿米饼、婴幼儿磨牙棒、其他	
	3002	婴幼儿罐装辅助食品	1. 泥（糊）状罐装食品:婴幼儿果蔬泥、婴幼儿肉泥、婴幼儿鱼泥、其他 2. 颗粒状罐装食品:婴幼儿颗粒果蔬泥、婴幼儿颗粒肉泥、婴幼儿颗粒鱼泥、其他 3. 汁类罐装食品:婴幼儿水果汁、婴幼儿蔬菜汁、其他	
	3003	其他特殊膳食食品	其他特殊膳食食品:辅助营养补充品、运动营养补充品、孕妇及乳母营养补充食品、其他	
其他食品	3101	其他食品	其他食品:具体品种明细	
食品添加剂	3201	食品添加剂	食品添加剂产品名称:使用 GB 2760、GB 14880 或卫生健康委（原卫生计生委）公告规定的食品添加剂名称;标准中对不同工艺有明确规定的应当在括号中标明;不包括食品用香精和复配食品添加剂	
	3202	食品用香精	食品用香精:液体、乳化、浆（膏）状、粉末（拌和、胶囊）	
	3203	复配食品添加剂	复配食品添加剂明细（使用 GB 26687 规定的名称）	

4. 食品生产许可审查细则

为了做好食品生产许可审查工作，依据《中华人民共和国食品安全法》及其实施条例、《食品生产许可管理办法》等有关法律法规规章的规定，制定食品生产许可审查细则。审查细则是按照"3"中提到的《食品生产许可分类目录》中大类来进行分类制定的，是每类食品生产许可证办理应遵守的详细规定。

课后拓展训练

【判断题】

1. 食品生产许可证的申请只需提交书面材料即可通过，无须现场核查。（ 　 ）

2. 食品生产企业在生产设备布局发生重大调整时，可直接变更生产流程，无须向监管部门申请变更许可。（ 　 ）

3. 食品生产许可证有效期内，企业若未发生重大违规行为，即使未通过年度监督检查仍可保留许可证。（ 　 ）

【单项选择题】

1. 食品生产许可的基本法律依据是：

A.《广告法》

B.《食品安全法》

C.《消费者权益保护法》

D.《反不正当竞争法》

2. 食品生产许可证申请流程中，以下哪一环节是必经步骤？

A. 市场推广方案提交

B. 生产车间现场核查

C. 产品包装设计备案

D. 原材料采购合同公示

3. 以下哪种情形需要重新申请食品生产许可证？

A. 企业法定代表人变更

B. 生产地址迁移至其他省份

C. 产品包装标签颜色调整

D. 新增一条同类产品生产线

模块二
食品原材料合规

思政与职业素养目标

1. 熟练运用原料溯源技术，确保可追溯性。

2. 提升对原料标准的精准把控能力。

3. 践行生态文明理念，推动绿色供应链建设。

4. 树立诚信意识，抵制原料掺假、以次充好等失信行为。

5. 养成尊重法律、恪守职业道德的品格，培养认识和发现问题的能力，培养团队协调及沟通交流能力。

项目一　原材料合规管理

【技能目标】　能够判定食品识别哪些原辅料需要申报新食品原料、新食品添加剂。

【知识目标】　掌握食品原辅料相关规定，包括新食品原料、普通食品原料、保健食品原料、食品添加剂、食品营养强化剂、药食同源物质、易非法添加的非食用物质等。

案例导入

【案例】2019年，方某在某淘宝店铺购买了川贝冰糖柠檬膏15瓶。收到该产品后方某发现该产品未获得保健食品的相关批准文号，不是保健食品，却添加了保健食品原料川贝，方某随后向重庆市北碚区人民法院提起诉讼。法院根据原卫生部发布的卫法监发〔2002〕51号公告《关于进一步规范保健食品原料管理的通知》，确定可用于保健食品的物品名单中包括川贝母，根据卫监督函〔2009〕326号《关于普通食品中有关原料问题的批复》的规定，原卫生部2002年公布的《可用于保健食品的物品名单》所列物品仅限用于保健食品，结合《食品安全法》的相关规定，最终判决被告该淘宝店铺退还原告方磊货款并支付十倍赔偿金。

【案例解析】食品原料的合规判定需要按照相关的法律法规进行。我国允许使用的食品原料主要包括普通食品原料、药食同源物质、可食用菌种、食品添加剂、食品营养强化剂、保健食品原料以及国家卫生部门批准使用的新食品原料等。对于不在上述范围内的物质，要想用于食品中，需要进行新食品原料的申报或者食品添加剂新品种的申报。

【思政解析】在实际生产销售中，食品原料合规性直接关乎食品安全，受到国家监管部门和消费者的高度重视。

一、食品原料基本要求

《中华人民共和国食品安全法》作为食品行业最重要的法律，对食品原料进行了基本要求。

其中，第三十四条规定，禁止生产经营下列食品、食品添加剂、食品相关产品：

（一）用非食品原料生产的食品或者添加食品添加剂以外的化学物质和其他可能危害人体健康物质的食品，或者用回收食品作为原料生产的食品；

（二）致病性微生物，农药残留、兽药残留、生物毒素、重金属等污染物质以及其他危害人体健康的物质含量超过食品安全标准限量的食品、食品添加剂、食品相关产品；

（四）超范围、超限量使用食品添加剂的食品。

食品配料的基本要求

第三十七条规定，利用新的食品原料生产食品，或者生产食品添加剂新品种、食品相关产品新品种，应当向国务院卫生行政部门提交相关产品的安全性评估材料。

第三十八条规定，生产经营的食品中不得添加药品，但是可以添加按照传统既是食品又是中药材的物质。

第四十条规定，食品生产经营者应当按照食品安全国家标准使用食品添加剂。

二、食品原料具体要求

《食品安全法》对食品原料做了基本要求，相关监管部门为规范食品原料管理还制定了一系列相关的具体要求，包括对普通食品原料、药食同源物质、可食用菌种、保健食品原料、食品营养强化剂等的要求。

1. 普通食品原料

一般《中国食物成分表》、已有食品标准、传统使用习惯等原料，以及国家卫生部门批准作为普通食品管理的原料等可以作为普通食品原料使用。

2. 药食同源物质

目前，国务院卫生行政部门共发布了 4 批次既是食品又是中药材名单，共计 106 种物质。

(1)《卫生部关于进一步规范保健食品原料管理的通知》（卫法监发〔2002〕51 号） 附件 1 中列出了既是食品又是药品的物品名单，也就是药食同源物质。其主要是在中国传统上有食用习惯、民间广泛食用，但又在中医临床中使用的 87 种物质。具体名单如下：

丁香、八角茴香、刀豆、小茴香、小蓟、山药、山楂、马齿苋、乌梢蛇、乌梅、木瓜、火麻仁、代代花、玉竹、甘草、白芷、白果、白扁豆、白扁豆花、龙眼肉（桂圆）、决明子、百合、肉豆蔻、肉桂、余甘子、佛手、杏仁（甜、苦）、沙棘、牡蛎、芡实、花椒、赤小豆、阿胶、鸡内金、麦芽、昆布、枣（大枣、酸枣、黑枣）、罗汉果、郁李仁、金银花、青果、鱼腥草、姜（生姜、干姜）、枳椇子、枸杞子、栀子、砂仁、胖大海、茯苓、香橼、香薷、桃仁、桑叶、桑椹、橘红、桔梗、益智仁、荷叶、莱菔子、莲子、高良姜、淡竹叶、淡豆豉、菊花、菊苣、黄芥子、黄精、紫苏、紫苏籽、葛根、黑芝麻、黑胡椒、槐米、槐花、蒲公英、蜂蜜、榧子、酸枣仁、鲜白茅根、鲜芦根、蝮蛇、橘皮、薄荷、薏苡仁、薤白、覆盆子、藿香。

(2)《关于当归等 6 种新增按照传统既是食品又是中药材的物质公告》（2019 年第 8 号） 将当归、山奈、西红花（在香辛料和调味品中又称"藏红花"）、草果、姜黄、荜茇 6 种物质列入按照传统既是食品又是中药材的物质目录。

(3)《关于对党参等 9 种新增按照传统既是食品又是中药材的物质公告》（2023 年第 9 号） 将党参、肉苁蓉（荒漠）、铁皮石斛、西洋参、黄芪、灵芝、山茱萸、天麻、杜仲叶 9 种物质列入按照传统既是食品又是中药材的物质目录。

(4)《关于地黄等 4 种新增按照传统既是食品又是中药材的物质公告》（2024 年第 4 号） 将地黄、麦冬、天冬、化橘红 4 种物质列入按照传统既是食品又是中药材的物质目录。

3. 可食用菌种

根据国家卫生行政部门对可食用菌种的管理，可食用菌种包括可用于食品的菌种、可用于婴幼儿食品的菌种以及可用于保健食品的菌种。

(1) 可用于食品的菌种 卫生健康委于 2022 年关于《可用于食品的菌种名单》和《可用于婴幼儿食品的菌种名单》更新的公告规定：传统上用于食品生产加工的菌种允许继续使用；名单以外的、新菌种按照《新食品原料安全性审查管理办法》执行；用于婴幼儿食品的菌种按《可用于婴幼儿食品的菌种名单》执行。

截至 2025 年 4 月，可用于食品的菌种名单如下：

编号	更新后的菌种名称		原用菌种名称	
	菌种	拉丁名称	菌种	拉丁名称
一	双歧杆菌属	*Bifidobacterium*	双歧杆菌属	*Bifidobacterium*
1	青春双歧杆菌	*Bifidobacterium adolescentis*	青春双歧杆菌	*Bifidobacterium adolescentis*
2	动物双歧杆菌动物亚种	*Bifidobacterium animalis* subsp. *animalis*	动物双歧杆菌（乳双歧杆菌）	*Bifidobacterium animalis*（*Bifidobacterium lactis*）
3	动物双歧杆菌乳亚种	*Bifidobacterium animalis* subsp. *lactis*		
4	两歧双歧杆菌	*Bifidobacterium bifidum*	两歧双歧杆菌	*Bifidobacterium bifidum*
5	短双歧杆菌	*Bifidobacterium breve*	短双歧杆菌	*Bifidobacterium breve*
6	长双歧杆菌长亚种	*Bifidobacterium longum* subsp. *longum*	长双歧杆菌	*Bifidobacterium longum*
7	长双歧杆菌婴儿亚种	*Bifidobacterium longum* subsp. *infantis*	婴儿双歧杆菌	*Bifidobacterium infantis*
二	乳杆菌属	*Lactobacillus*	乳杆菌属	*Lactobacillus*
1	嗜酸乳杆菌	*Lactobacillus acidophilus*	嗜酸乳杆菌	*Lactobacillus acidophilus*
2	卷曲乳杆菌	*Lactobacillus crispatus*	卷曲乳杆菌	*Lactobacillus crispatus*
3	德氏乳杆菌保加利亚亚种	*Lactobacillus delbrueckii* subsp. *bulgaricus*	德氏乳杆菌保加利亚亚种（保加利亚乳杆菌）	*Lactobacillus delbrueckii* subsp. *bulgaricus*
4	德氏乳杆菌乳亚种	*Lactobacillus delbrueckii* subsp. *lactis*	德氏乳杆菌乳亚种	*Lactobacillus delbrueckii* subsp. *lactis*
5	格氏乳杆菌	*Lactobacillus gasseri*	格氏乳杆菌	*Lactobacillus gasseri*
6	瑞士乳杆菌	*Lactobacillus helveticus*	瑞士乳杆菌	*Lactobacillus helveticus*
7	约氏乳杆菌	*Lactobacillus johnsonii*	约氏乳杆菌	*Lactobacillus johnsonii*
8	马乳酒样乳杆菌马乳酒样亚种	*Lactobacillus kefiranofaciens* subsp. *kefiranofaciens*	马乳酒样乳杆菌马乳酒样亚种	*Lactobacillus kefiranofaciens* subsp. *kefiranofaciens*
三	乳酪杆菌属	*Lacticaseibacillus*	乳杆菌属	*Lactobacillus*

续表

编号	更新后的菌种名称		原用菌种名称	
	菌种	拉丁名称	菌种	拉丁名称
1	干酪乳酪杆菌	*Lacticaseibacillus casei*	干酪乳杆菌	*Lactobacillus casei*
2	副干酪乳酪杆菌	*Lacticaseibacillus paracasei*	副干酪乳杆菌	*Lactobacillus paracasei*
3	鼠李糖乳酪杆菌	*Lacticaseibacillus rhamnosus*	鼠李糖乳杆菌	*Lactobacillus rhamnosus*
四	黏液乳杆菌属	*Limosilactobacillus*	乳杆菌属	*Lactobacillus*
1	发酵黏液乳杆菌	*Limosilactobacillus fermentum*	发酵乳杆菌	*Lactobacillus fermentum*
2	罗伊氏黏液乳杆菌	*Limosilactobacillus reuteri*	罗伊氏乳杆菌	*Lactobacillus reuteri*
五	乳植杆菌属	*Lactiplantibacillus*	乳杆菌属	*Lactobacillus*
1	植物乳植杆菌	*Lactiplantibacillus plantarum*	植物乳杆菌	*Lactobacillus plantarum*
六	联合乳杆菌属	*Ligilactobacillus*	乳杆菌属	*Lactobacillus*
1	唾液联合乳杆菌	*Ligilactobacillus salivarius*	唾液乳杆菌	*Lactobacillus salivarius*
七	广布乳杆菌属	*Latilactobacillus*	乳杆菌属	*Lactobacillus*
1	弯曲广布乳杆菌	*Latilactobacillus curvatus*	弯曲乳杆菌	*Lactobacillus curvatus*
2	清酒广布乳杆菌	*Latilactobacillus sakei*	清酒乳杆菌	*Lactobacillus sakei*
八	链球菌属	*Streptococcus*	链球菌属	*Streptococcus*
1	唾液链球菌嗜热亚种	*Streptococcus salivarius* subsp. *thermophilus*	嗜热链球菌	*Streptococcus thermophilus*
九	乳球菌属	*Lactococcus*	乳球菌属	*Lactococcus*
1	乳酸乳球菌乳亚种	*Lactococcus lactis* subsp. *lactis*	乳酸乳球菌乳酸亚种	*Lactococcus lactis* subsp. *lactis*
2	乳酸乳球菌乳亚种（双乙酰型）	*Lactococcus lactis* subsp. *lactis biovar diacetylactis*	乳酸乳球菌双乙酰亚种	*Lactococcus lactis* subsp. *diacetylactis*
3	乳脂乳球菌	*Lactococcus cremoris*	乳酸乳球菌乳脂亚种	*Lactococcus lactis* subsp. *cremoris*
十	丙酸杆菌属	*Propionibacterium*	丙酸杆菌属	*Propionibacterium*
1	费氏丙酸杆菌谢氏亚种	*Propionibacterium freudenreichii* subsp. *shermanii*	费氏丙酸杆菌谢氏亚种	*Propionibacterium freudenreichii* subsp. *shermanii*
十一	丙酸菌属	*Acidipropionibacterium*	丙酸杆菌属	*Propionibacterium*
1	产丙酸丙酸菌	*Acidipropionibacterium acidipropionici*	产丙酸丙酸杆菌	*Propionibacterium acidipropionici*
十二	明串珠菌属	*Leuconostoc*	明串珠菌属	*Leuconostoc*

编号	更新后的菌种名称		原用菌种名称	
	菌种	拉丁名称	菌种	拉丁名称
1	肠膜明串珠菌肠膜亚种	*Leuconostoc mesenteroides* subsp. *mesenteroides*	肠膜明串珠菌肠膜亚种	*Leuconostoc mesenteroides* subsp. *mesenteroides*
十三	片球菌属	*Pediococcus*	片球菌属	*Pediococcus*
1	乳酸片球菌	*Pediococcus acidilactici*	乳酸片球菌	*Pediococcus acidilactici*
2	戊糖片球菌	*Pediococcus pentosaceus*	戊糖片球菌	*Pediococcus pentosaceus*
十四	魏茨曼氏菌属	*Weizmannia*	芽孢杆菌属	*Bacillus*
1	凝结魏茨曼氏菌	*Weizmannia coagulans*	凝结芽孢杆菌	*Bacillus coagulans*
十五	动物球菌属	*Mammaliicoccus*	葡萄球菌属	*Staphylococcus*
1	小牛动物球菌	*Mammaliicoccus vitulinus*	小牛葡萄球菌	*Staphylococcus vitulinus*
十六	葡萄球菌属	*Staphylococcus*	葡萄球菌属	*Staphylococcus*
1	木糖葡萄球菌	*Staphylococcus xylosus*	木糖葡萄球菌	*Staphylococcus xylosus*
2	肉葡萄球菌	*Staphylococcus carnosus*	肉葡萄球菌	*Staphylococcus carnosus*
十七	克鲁维酵母属	*Kluyveromyces*	克鲁维酵母属	*Kluyveromyces*
1	马克斯克鲁维酵母	*Kluyveromyces marxianus*	马克斯克鲁维酵母	*Kluyveromyces marxianus*

(2) 可用于婴幼儿食品的菌种　卫生部公告 2011 年第 25 号公布了《可用于婴幼儿食品的菌种名单》，后续多次对其进行了新增。截至 2025 年 5 月，可用于婴幼儿食品的菌种如下（＊仅限用于 1 岁以上幼儿的食品）：

编号	更新后的菌种名称		原用菌种名称	
	菌株	拉丁名称	菌株	拉丁名称
1	嗜酸乳杆菌 NCFM	*Lactobacillus acidophilus* NCFM	嗜酸乳杆菌 NCFM	*Lactobacillus acidophilus* NCFM
2	动物双歧杆菌乳亚种 Bb-12	*Bifidobacterium animalis* subsp. *lactis* Bb-12	动物双歧杆菌 Bb-12	*Bifidobacterium animalis* Bb-12
3	动物双歧杆菌乳亚种 HN019	*Bifidobacterium animalis* subsp. *lactis* HN019	乳双歧杆菌 HN019	*Bifidobacterium lactis* HN019
4	动物双歧杆菌乳亚种 Bi-07	*Bifidobacterium animalis* subsp. *lactis* Bi-07	乳双歧杆菌 Bi-07	*Bifidobacterium lactis* Bi-07
5	鼠李糖乳酪杆菌 GG	*Lacticaseibacillus rhamnosus* GG	鼠李糖乳杆菌 LGG	*Lactobacillus rhamnosus* LGG
6	鼠李糖乳酪杆菌 HN001	*Lacticaseibacillus rhamnosus* HN001	鼠李糖乳杆菌 HN001	*Lactobacillus rhamnosus* HN001

编号	更新后的菌种名称		原用菌种名称	
	菌株	拉丁名称	菌株	拉丁名称
7	鼠李糖乳酪杆菌 MP108	*Lacticaseibacillus rhamnosus* MP108	鼠李糖乳杆菌 MP108	*Lactobacillus rhamnosus* MP108
8	罗伊氏黏液乳杆菌 DSM 17938	*Limosilactobacillus reuteri* DSM 17938	罗伊氏乳杆菌 DSM 17938	*Lactobacillus reuteri* DSM 17938
9	发酵黏液乳杆菌 CECT 5716	*Limosilactobacillus fermentum* CECT 5716	发酵乳杆菌 CECT 5716	*Lactobacilus fermentum* CECT 5716
10	短双歧杆菌 M-16V	*Bifidobacterium breve* M-16V	短双歧杆菌 M-16V	*Bifidobacterium breve* M-16V
11	瑞士乳杆菌 R0052	*Lactobacillus helveticus* R0052	瑞士乳杆菌 R0052	*Lactobacillus helveticus* R0052
12	长双歧杆菌婴儿亚种 R0033	*Bifidobacterium longum* subsp. *infantis* R0033	婴儿双歧杆菌 R0033	*Bifidobacterium infantis* R0033
13	两歧双歧杆菌 R0071	*Bifidobacterium bifidum* R0071	两歧双歧杆菌 R0071	*Bifidobacterium bifidum* R0071
14	长双歧杆菌长亚种 BB536	*Bifidobacterium longum* subsp. *longum* BB536	长双歧杆菌长亚种 BB536	*Bifidobacterium longum* subsp. *longum* BB536

(3) 可用于保健食品的菌种 2005 年 5 月，国家食品药品监督管理局发布的《关于印发〈营养素补充剂申报与审评规定（试行）〉等 8 个相关规定的通告》中规定：以真菌、益生菌类为原料生产保健食品应符合《真菌类保健食品申报与审评规定》和《益生菌类保健食品申报与审评规定》，但不包括那些经过基因修饰的菌种。原卫生部公布《可用于保健食品的真菌菌种名单》及《可用于保健食品的益生菌菌种名单》（卫法监发〔2001〕84 号）。具体名单如下：

① 可用于保健食品的真菌菌种名单（共 11 种）：酿酒酵母、产朊假丝酵母、乳酸克鲁维酵母、卡氏酵母、蝙蝠蛾拟青霉、蝙蝠蛾被毛孢、灵芝、紫芝、松杉灵芝、红曲霉、紫红曲霉。

② 可用于保健食品的益生菌菌种名单（共 9 种）：两歧双歧杆菌、婴儿双歧杆菌、长双歧杆菌、短双歧杆菌、青春双歧杆菌、保加利亚乳杆菌、嗜酸乳杆菌、嗜热链球菌、干酪乳杆菌干酪亚种。

4. 保健食品原料

首先，普通食品中可用的原料，保健食品也同样可以使用。另外，保健食品原料还有其特定的一些规定，包括可用于保健食品的物品名单、保健食品禁用物品名单、保健食品原料目录等。

(1) 可用于保健食品的物品名单 卫法监发〔2002〕51 号《卫生部关于进一步规范保健食品原料管理的通知》附件 2 中列出了可用于保健食品的物品名单，包括以下物品：

人参、人参叶、人参果、三七、土茯苓、大蓟、女贞子、山茱萸、川牛膝、川贝母、川芎、马鹿胎、马鹿茸、马鹿骨、丹参、五加皮、五味子、升麻、天门冬、天麻、太子参、巴戟天、木香、木贼、牛蒡子、牛蒡根、车前子、车前草、北沙参、平贝母、玄参、生地黄、生何首乌、白及、白术、白芍、白豆蔻、石决明、石斛（需提供可使用证明）、地骨皮、当归、竹茹、红花、红景天、西洋参、吴茱萸、怀牛膝、杜仲、杜仲叶、沙苑子、牡丹皮、芦荟、苍术、补骨脂、诃子、赤芍、远志、麦门冬、龟甲、佩兰、侧柏叶、制大黄、制何首乌、刺五加、刺玫果、泽兰、泽泻、玫瑰花、玫瑰茄、知母、罗布麻、苦丁茶、金荞麦、金樱子、青皮、厚朴、厚朴花、姜黄、枳壳、枳实、柏子仁、珍珠、绞股蓝、胡芦巴、茜草、荜茇、韭菜子、首乌藤、香附、骨碎补、党参、桑白皮、桑枝、浙贝母、益母草、积雪草、淫羊藿、菟丝子、野菊花、银杏叶、黄芪、湖北贝母、番泻叶、蛤蚧、越橘、槐实、蒲黄、蒺藜、蜂胶、酸角、墨旱莲、熟大黄、熟地黄、鳖甲。

（2）保健食品禁用物品名单　卫法监发〔2002〕51 号《卫生部关于进一步规范保健食品原料管理的通知》附件 3 列出了保健食品禁用物品名单，包括以下物品：

八角莲、八里麻、千金子、土青木香、山莨菪、川乌、广防己、马桑叶、马钱子、六角莲、天仙子、巴豆、水银、长春花、甘遂、生天南星、生半夏、生白附子、生狼毒、白降丹、石蒜、关木通、农吉痢、夹竹桃、朱砂、米壳（罂粟壳）、红升丹、红豆杉、红茴香、红粉、羊角拗、羊踯躅、丽江山慈姑、京大戟、昆明山海棠、河豚、闹羊花、青娘虫、鱼藤、洋地黄、洋金花、牵牛子、砒石（白砒、红砒、砒霜）、草乌、香加皮（杠柳皮）、骆驼蓬、鬼臼、莽草、铁棒槌、铃兰、雪上一枝蒿、黄花夹竹桃、斑蝥、硫黄、雄黄、雷公藤、颠茄、藜芦、蟾酥。

（3）保健食品原料目录　保健食品原料目录是指制定的保健食品原料的信息列表，应当包括原料名称、用量及其对应的功效。保健食品原料目录中的原料、用量、功效是一一对应的关系。列入保健食品原料目录的原料及用量和对应的功效只能用于保健食品生产，不能用于其他食品生产。

2016 年我国发布的《保健食品原料目录（一）》，主要规定了营养素补充剂原料名称和每日用量，正式启动了维生素矿物质类产品的备案工作。2020 年，国家市场监督管理总局等部门又发布了《保健食品原料目录　营养素补充剂（2020 年版）》，对上述目录（一）进行了修订，增加了 β-胡萝卜素等原料（化合物名称），自 2021 年 3 月 1 日起施行。同时，为了推动保健食品原料目录制定，国家市场监督管理总局等部门还发布了《关于发布辅酶 Q_{10} 等五种保健食品原料目录的公告》，将辅酶 Q_{10}、褪黑素、螺旋藻、破壁灵芝孢子粉、鱼油五个原料纳入保健食品原料目录，这是首批纳入目录的功能性保健食品原料。2023 年，市场监管总局会同国家卫生健康委、国家中医药管理局制修订并发布了《保健食品原料目录　营养素补充剂》（2023 年版）、《允许保健食品声称的保健功能目录　营养素补充剂》（2023 年版）、《保健食品原料目录　大豆分离蛋白》《保健食品原料目录　乳清蛋白》四个保健食品目录。《保健食品原料目录 营养素补充剂》（2023 年版）新增了二十二碳六烯酸（DHA）、"酪蛋白磷酸肽＋钙"、氯化高铁血红素，更新了部分原料及化合物的标准依据；《允许保健食品声称的保健功能目录　营养素补充剂》（2023 年版）增加了补充 n-3 多不饱和脂肪酸的保健功能及其释义。《保健食品原料目录　大豆分离蛋白》《保健食品原料目录　乳

清蛋白》规定了原料名称、每日用量、适宜人群、不适宜人群、对应功效以及原料技术
要求等内容。

5. 食品营养强化剂使用标准

GB 14880—2012 标准中明确了食品营养强化剂的定义，食品营养强化剂是指为了增加
食品的营养成分（价值）而加入到食品中的天然或人工合成的营养素和其他营养成分。

（1）使用营养强化剂的要求

① 营养强化剂的使用不应导致人群食用后营养素及其他营养成分摄入
过量或不均衡，不应导致任何营养素及其他营养成分的代谢异常。

② 营养强化剂的使用不应鼓励和引导与国家营养政策相悖的食品消费
模式。

食品营养强化剂
的基本要求

③ 添加到食品中的营养强化剂应能在特定的储存、运输和食用条件下
保持质量的稳定。

④ 添加到食品中的营养强化剂不应导致食品一般特性如色泽、滋味、气味、烹调特性
等发生明显不良改变。

⑤ 不应通过使用营养强化剂夸大强化食品中某一营养成分的含量或作用误导和欺骗消
费者。

（2）可强化食品类别的选择要求
① 应选择目标人群普遍消费且容易获得的食品进行强化。
② 作为强化载体的食品消费量应相对比较稳定。
③ 我国居民膳食指南中提倡减少食用的食品不宜作为强化的载体。

（3）营养强化剂的使用规定
① 营养强化剂在食品中的使用范围、使用量应符合 GB 14880—2012 附录 A 的要求。
② 允许使用的化合物来源应符合 GB 14880—2012 附录 B 的规定。
③ 特殊膳食用食品中营养素及其他营养成分的含量按相应的食品安全国家标准执行，
允许使用的营养强化剂及化合物来源应符合 GB 14880—2012 附录 C 和（或）相应产品标准
的要求。

④ 附录 C 共两个表格，其中表 C.1 规定了允许用于特殊膳食用食品（即附录 D 中 13.0
类下的食品）的营养强化剂及化合物来源名单，表 C.2 规定了仅允许用于部分特殊膳食用
食品的其他营养成分及使用量。

课后拓展训练

【判断题】

1. 食品企业采购进口原料时，只需提供供应商资质证明，无须向海关或监管部门备案。
（　　）

2. 食品原料的检验只需在采购时进行抽样检测，使用前无须再次核查。（　　）

3. 食品原料的储存条件（如温度、湿度）不符合规定仅会影响原料质量，不会直接导

致食品安全问题。（　　）

【单项选择题】

1. 以下哪项不属于食品原料采购合规的必要步骤？

A. 审核供应商的生产许可证

B. 索取原料检验合格证明

C. 签订原料采购合同

D. 优先选择运输成本最低的供应商

2. 根据《食品安全法》，以下哪种物质禁止作为食品原料使用？

A. 食品添加剂（在国家标准允许范围内）

B. 非食用化学物质

C. 天然香辛料

D. 符合标准的转基因原料（经批准）

3. 食品原料标签中必须包含的内容是：

A. 原料生产企业的广告语

B. 原料的保质期和贮存条件

C. 原料的推荐食用方法

D. 原料生产企业的股东信息

项目二　新食品原料管理及申报

【技能目标】　能够组织编写、审核、提交和补正新食品原料、食品添加剂新品种申报相关材料。

【知识目标】　掌握新食品原料种类并清晰了解新食品原料相关法律依据及其申报流程。

案例导入

【案例】国家食品安全风险评估中心受国家卫生健康委员会委托，根据《中华人民共和国食品安全法》和《新食品原料安全性审查管理办法》的规定，桃胶等4种新食品原料已通过专家评审委员会技术审查，现公开征求意见，请于2023年5月23日前将意见反馈至我中心，逾期将不予处理。

【案例解析】桃胶是以蔷薇科桃属植物的桃树分泌的胶状物为原料，经采摘、分选、晾晒、清洗、干燥等工艺制成。主要成分为膳食纤维、水分和蛋白质等。桃胶在我国湖北、江苏及浙江等地区有一定的食用历史，食用方式主要有做汤、粥、羹、甜品等。本产品推荐食用量为≤30g/d。根据《中华人民共和国食品安全法》和《新食品原料安全性审查管理办法》规定，国家卫生健康委员会委托审评机构依照法定程序，组织专家对桃胶的安全性评估材料审查并通过。新食品原料生产和使用应当符合公告内容以及食品安全相关法规要求。

【思政解析】鉴于桃胶在婴幼儿、孕妇、哺乳期妇女及经期妇女人群中的食用安全性资料不足，从风险预防原则考虑，上述人群不宜食用，标签及说明书中应当标注不适宜人群。该原料的食品安全指标按照公告规定执行。通过公开征求意见，更好地管理了新食品的申报，并针对其风险预防进行了详细的考量，更好地保护了食品安全和人民健康。

一、新食品原料的定义和属性

1. 定义

新食品原料是指在我国无传统食用习惯的以下物品：

① 动物、植物和微生物；

② 从动物、植物和微生物中分离的成分；

③ 原有结构发生改变的成分；

④ 其他新研制的食品原料。

2. 属性

新食品原料属性，第一是食品原料属性，即符合应当有的营养要求，而且无毒、无害，对人体健康不造成任何急性、亚急性、慢性或者其他潜在危害。第二是在我国无传统食用习惯，一般是指三十年。

以下情形不属于新食品原料的申报范围：

① 不具有食品原料特性；

② 已列入《食品安全国家标准 食品添加剂使用标准》（GB 2760）、《食品安全国家标准 食品营养强化剂使用标准》（GB 14880）的；

③ 国家卫生行政部门已作出不予行政许可决定的；

④ 其他不符合有关法律、法规规定和新食品原料管理要求的。

二、新食品原料许可的法规依据

1. 相关法律

法律包括《食品安全法》和《中华人民共和国行政许可法》（简称《行政许可法》）。

《食品安全法》第三十七条规定：利用新的食品原料生产食品，或者生产食品添加剂新品种、食品相关产品新品种，应当向国务院卫生行政部门提交相关产品的安全性评估材料。国务院卫生行政部门应当自收到申请之日起六十日内组织审查；对符合食品安全要求的，准予许可并公布；对不符合食品安全要求的，不予许可并书面说明理由。第九十三条规定：进口利用新的食品原料生产的食品，依照本法第三十七条的规定办理。

新食品原料安全性评估材料审查和许可的具体程序按照《行政许可法》等有关规定执行。

2. 部门规章

其包括《卫生行政许可管理办法》《新食品原料安全性审查管理办法》。

《新食品原料安全性审查管理办法》较为核心，由原国家卫生和计划生育委员会1号令颁布实施，规范了新食品原料安全性评估材料审查工作，从新食品原料的定义、许可范围、申请人、主要负责机构、申请材料目录、许可流程、公告要求等方面进行了规定。

3. 规范性文件

其主要包括《新食品原料申报与受理规定》《新食品原料安全性审查规程》和《国家卫生计生委食品安全相关行政许可评审专家管理办法》。

《新食品原料安全性审查规程》是针对材料受理以后，新食品原料受理和许可的主要负责部门对安全性评估材料开展审查的相关要求，包括专家评审要求、现场核查要求以及审查和批准等。《新食品原料申报与受理规定》主要对申请材料的一般要求、材料的编制要求、审核与受理等方面进行了详细的规定。《国家卫生计生委食品安全相关行政许可评审专家管理办法》，则规定了评审专家的聘用与管理，以保证评审工作的公平、公正和科学。

三、新食品原料申请和许可流程介绍

1. 相关主体

新食品原料的申请人是指拟从事新食品原料生产、使用或者进口的单位或者个人。

新食品原料的申报

评估审查机构包括卫生健康委和食品安全风险评估中心。

卫生健康委负责新食品原料安全性评估材料的审查和许可工作；食品安全风险评估中心负责新食品原料的申报受理、组织开展安全性评估材料的审查等具体工作。

2. 新食品原料申请和许可的流程

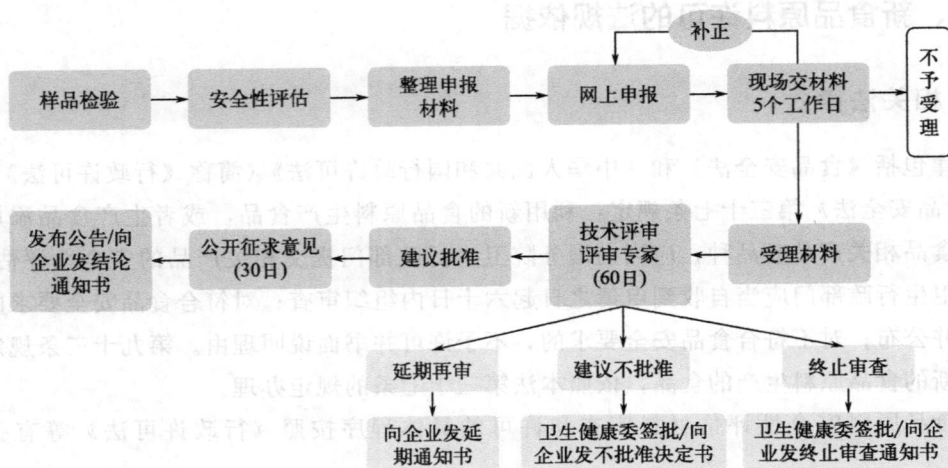

　　首先是申报材料的准备（包括样品检验、安全性评估、卷宗整理），然后网上申报；网上申报完成后，进行现场提交材料，5个工作日内，对不属于新食品原料申报和受理范围的，出具不予受理决定书；申请材料需要补正的，要求申请人进行补正；材料齐全、符合规定的，予以受理。材料受理以后，风险评估中心在60日内组织专家进行技术评审，必要时组织专家进行现场核查。技术评审结论分为4类，分别为延期再审、建议不批准、终止审查和建议批准。建议批准以后，风险评估中心报卫生健康委核准，然后由卫生健康委公开征求意见，最后批准、发布公告。

3. 重点审查内容

　　（1）专家评审　从专家库中随机抽选专家组成专家评审委员会，两个月组织一次评审会议，采用主任委员负责制，然后分组审核申报材料（可分为毒理、卫生、标准、工艺），同时企业进行15分钟的现场答辩，专家书写评审意见，讨论确定评审结论。

　　评审委员会至少由9名专家组成，一般包括食品、营养、医学、药学等专业的专家。

　　（2）现场核查　技术评审过程中，评审委员会认为需要对生产工艺进行现场核查的，审评机构可以组织专家对新食品原料研制及生产现场进行核查，并出具现场核查意见，专家对所出具的现场核查意见负责。参加现场核查的专家不再参加该产品审查表决。省级卫生监督机构配合实施。

　　现场核查团：专家库随机选出的3名以上专家＋省级卫生监督机构1~2名专家。

　　现场审查内容包括生产环境、生产规模、生产过程、投料记录、质量控制措施等。

　　（3）审查结论

　　① 建议批准公告：专家评审委员对符合食品安全要求的，做出"建议批准"结论，卫生健康委对"建议批准"的原料进行公开征求意见，之后对审查建议进行审批，准予许可的向社会公告。

　　② 终止审查：具有实质等同的，实质等同是指与食品或者已经公布的新食品原料在种属、来源、生物学特征、主要成分、使用部位、使用量、使用范围和应用人群等方面相同，所采用的工艺和质量要求基本一致，可以视为同等安全。

　　③ 建议不批准：不具有食品原料特性，不符合应当有的营养要求，安全性不能保证的，申报材料或样品不真实的，其他不符合我国有关法律、法规规定的，做出"建议不批准"结论并书面说明理由。

　　④ 延期再审：需修改、补充材料，现场核查，进行验证性试验，进一步论证或者其他延期再审的情况。

　　批准公告的内容一般包括中英文名称、基本信息、生产工艺简述、食用量、质量规格要求以及其他需要说明的情况（例如适用人群、使用范围、警示标识等）。

四、新食品原料申报材料要求

1. 申请材料的一般要求

　　包括以下内容：

① 原件 1 份，复印件 4 份。

② 申请材料除检验报告及官方证明文件外，原件应逐页加盖申请单位公章或骑缝章。

③ 个人申请人逐页盖名章或签字，并提供申请人身份证复印件。

④ 外文应译为规范的中文，文献资料可提供中文摘要，译文附在相应的外文资料前。

⑤ 申请材料应按照顺序装订成册，逐页标明页码，各项间应当有区分标志。

2. 新食品原料申报材料清单

(1) 新食品原料申报材料　包括以下几个部分内容：

① 申请表。

② 新食品原料研制报告。

③ 安全性评估报告。

④ 生产工艺。

⑤ 执行的相关标准（包括安全要求、质量规格、检验方法等）。

⑥ 标签及说明书。

⑦ 国内外研究利用情况和相关安全性评估资料。

⑧ 申报委托书（委托代理申报时提供）。

⑨ 有助于评审的其他资料。

⑩ 另附未启封最小包装的样品 1 件或者原料 30g。

(2) 申请进口新食品原料的　除了提交第七条规定的材料外，还应当提交以下材料：

① 进口新食品原料出口国（地区）相关部门或者机构出具的允许该产品在本国（地区）生产或者销售的证明材料。

② 进口新食品原料生产企业所在国（地区）有关机构或者组织出具的对生产企业审查或者认证的证明材料。

3. 新食品原料申报材料具体要求

(1) 研制报告　应当包括下列内容：

① 新食品原料的研发背景、目的和依据。

② 新食品原料名称：包括商品名、通用名、化学名（包括化学物统一编码）、英文名、拉丁名等。

③ 新食品原料来源

a. 动物和植物类：产地、食用部位、形态描述、生物学特征、品种鉴定和鉴定方法及依据等。

b. 微生物类：分类学地位、生物学特征、菌种鉴定和鉴定方法及依据等资料。

c. 从动物、植物、微生物中分离的成分以及原有结构发生改变的食品成分：动物、植物、微生物的名称和来源等基本信息，新成分的理化特性和化学结构等资料。

原有结构发生改变的食品成分还应提供该成分结构改变前后的理化特性和化学结构等资料。

d. 其他新研制的食品原料：来源、主要成分的理化特性和化学结构，相同或相似的物质用于食品的情况等。

④ 新食品原料主要营养成分及含量，可能含有的天然有害物质（如天然毒素或抗营养因子等）。

⑤ 新食品原料食用历史：国内外人群食用的区域范围、食用人群、食用量、食用时间及不良反应资料。

⑥ 新食品原料使用范围和使用量及相关确定依据。

⑦ 新食品原料推荐摄入量和适宜人群及相关确定依据。

⑧ 新食品原料与食品或已批准的新食品原料具有实质等同性的，还应当提供上述内容的对比分析资料。

（2）安全性评估报告

① 成分分析报告：包括主要成分和可能的有害成分检测结果及检测方法。

② 卫生学检验报告：3 批有代表性样品的污染物和微生物的检测结果及方法。

③ 毒理学评价报告

a. 国内外均无传统食用习惯的（不包括微生物类），原则上应当进行急性经口毒性试验、三项遗传毒性试验、90 天经口毒性试验、致畸试验和生殖毒性试验、慢性毒性和致癌试验及代谢试验。

b. 仅在国外个别国家或国内局部地区有食用习惯的（不包括微生物类），原则上进行急性经口毒性试验、三项遗传毒性试验、90 天经口毒性试验、致畸试验和生殖毒性试验；若有关文献材料及成分分析未发现有毒性作用且人群长期食用历史而未发现有害作用的新食品原料，可以先评价急性经口毒性试验、三项遗传毒性试验、90 天经口毒性试验和致畸试验。

c. 已被多个国家批准广泛使用的（不包括微生物类），在提供安全性评价材料的基础上，原则上进行急性经口毒性试验、三项遗传毒性试验、28 天经口毒性试验。

d. 国内外均无食用习惯的微生物，应当进行急性经口毒性试验/致病性试验、三项遗传毒性试验、90 天经口毒性试验、致畸试验和生殖毒性试验。仅在国外个别国家或国内局部地区有食用习惯的微生物类，应当进行急性经口毒性试验/致病性试验、三项遗传毒性试验、90 天经口毒性试验；已在多个国家批准食用的微生物类，可进行急性经口毒性试验/致病性试验、二项遗传毒性试验。

大型真菌的毒理学试验按照植物类新食品原料进行。

e. 根据新食品原料可能的潜在危害，选择必要的其他敏感试验或敏感指标进行毒理学试验，或者根据专家评审委员会的评审意见，验证或补充毒理学试验。

④ 微生物耐药性试验报告和产毒能力试验报告。

⑤ 安全性评估意见：按照危害因子识别、危害特征描述、暴露评估、危险性特征描述的原则和方法进行。

其中，卫生学检验报告、毒理学评价报告、微生物耐药性和产毒能力试验报告应由我国具有食品检验资质的检验机构出具；进口食品的毒理学评价报告和微生物耐药性和产毒能力试验报告可由国外符合良好实验室规范的实验室出具。安全性评估意见应当由有资质的风险评估技术机构出具。

（3）生产工艺 应当包括下列内容：

① 动物、植物类：对于未经加工处理的或经过简单物理加工的，简述物理加工的生产

工艺流程及关键步骤和条件，非食用部分去除或可食部位择取方法；野生、种植或养殖规模、生长情况和资源的储备量，可能对生态环境的影响；采集点、采集时间、环境背景及可能的污染来源；农业投入品使用情况。

② 微生物类：发酵培养基组成、培养条件和各环节关键技术参数等；菌种的保藏、复壮方法及传代次数；对经过驯化或诱变的菌种，还应提供驯化或诱变的方法及驯化剂、诱变剂等研究性资料。

③ 从动物、植物和微生物中分离的和原有结构发生改变的食品成分：详细、规范的原料处理、提取、浓缩、干燥、消毒灭菌等工艺流程图和说明，各环节关键技术参数及加工条件，使用的原料、食品添加剂及加工助剂的名称、规格和质量要求，生产规模以及生产环境的区域划分。

原有结构发生改变的食品成分还应提供结构改变的方法原理和工艺技术等。

④ 其他新研制的食品原料：详细的工艺流程图和说明，主要原料和配料及助剂，可能产生的杂质及有害物质等。

(4) 执行的相关标准 应当包括新食品原料的感观、理化、微生物等的质量和安全指标，检测方法以及编制说明。

(5) 标签及说明书 应当包括下列新食品原料名称、主要成分、使用方法、使用范围、推荐食用量、保质期等；必要的警示性标示，包括使用禁忌与安全注意事项等。

进口新食品原料还应提供境外使用的标签及说明书。

(6) 国内外的研究利用情况和相关安全性评估资料 应当包括下列内容：

① 国内外批准使用和市场销售应用情况。

② 国际组织和其他国家对该原料的安全性评估资料。

③ 在科学杂志期刊公开发表的相关安全性研究文献资料。

(7) 申报代理的委托书 应当符合下列要求：

① 载明委托申报的新食品原料名称、受委托单位名称、委托事项和委托日期，并加盖委托单位的公章或由法定代表人签名。

② 委托书载明申报多个新食品原料的，首次申报时已提供证明文件原件的，在申报其他新食品原料时可提供复印件，并注明本次申报的内容。

③ 申报委托书应当经真实性公证。

④ 申报委托书如为外文，应当译成规范的中文，中文译文应当经中国公证机关公证。

(8) 进口新食品原料的证明材料 应当符合下列要求：

① 出口国（地区）相关部门或者机构出具的允许该产品在本国（地区）生产或者销售的证明材料，应当由政府主管部门、行业协会出具。无法提供原件的可提供复印件，复印件须由出具单位确认或由中国驻该国使（领）馆确认。

② 生产企业所在国（地区）有关机构或者组织出具的对生产企业审查或者认证的证明材料，应当由政府主管部门、行业协会出具。无法提供文件原件的，可提供复印件，复印件须由出具单位确认或由中国驻该国使（领）馆确认。

③ 应当载明新食品原料名称、申请人名称、出具文件的单位名称并加盖单位印章或法定代表人（或其授权人）签名及文件出具日期。

④ 所载明的新食品原料名称和申请单位名称应当与所申请的内容一致。

⑤ 一份证明文件载明多个新食品原料的应当同时申请，其中一个新食品原料提供原件，其他可提供复印件，并提供书面说明，指明证明文件所在的申报产品。

⑥ 证明文件如为外文，应译为规范的中文，中文译文应当由中国公证机关公证。

⑦ 凡证明文件载明有效期的，申请人应在其有效期内提出申请。

无法提交证明材料的，可由国家卫生行政部门组织专家进行现场核查。

五、食品添加剂新品种管理及申报

1. 食品添加剂新品种定义

① 未列入食品安全国家标准的食品添加剂品种〔这里的食品安全国家标准指的是《食品安全国家标准　食品添加剂使用标准》（GB 2760—2024）以及《食品安全国家标准　食品营养强化剂使用标准》（GB 14880—2012）〕。

② 未列入原卫生部、原卫生计生委以及国家卫生健康委公告允许使用的食品添加剂品种。

③ 扩大使用范围或者用量的食品添加剂品种。

对于未列入食品安全国家标准和未列入国家卫生健康委（原卫计委、原卫生部）公告允许使用的食品添加剂品种，例如亮黑在我国没有被批准作为食品添加剂使用，如果欲在我国作为食品添加剂使用的话，应当作为食品添加剂新品种进行申报；而对于扩大范围或者用量的食品添加剂品种，主要是指上述标准或公告中允许使用的食品添加剂品种，但是欲使用的食品类别没有列在已批准的使用范围中，或者欲使用的食品添加剂最大使用量超过了已经批准的量，也应该作为食品添加剂新品种进行申报，待批准后方可进行使用。

食品添加剂应当在技术上确有必要且经过风险评估证明安全可靠。

2. 食品添加剂新品种许可的法规依据

（1）相关法律　包括《中华人民共和国食品安全法》和《行政许可法》。

《中华人民共和国食品安全法》第三十七条和九十三条规定：生产或者进口食品添加剂新品种，应当向国务院卫生行政部门提交相关产品的安全性评估材料。国务院卫生行政部门应当自收到申请之日起六十日内组织审查；对符合食品安全要求的，准予许可并公布；对不符合食品安全要求的，不予许可并书面说明理由。而食品添加剂新品种许可的具体程序按照《行政许可法》等有关规定执行。

（2）部门规章　包括《卫生行政许可管理办法》（卫生部令第 38 号）以及《食品添加剂新品种管理办法》（卫生部令第 73 号）。

《食品添加剂新品种管理办法》对食品添加剂新品种管理提出了总体要求，从食品添加剂新品种的范畴、食品添加剂的基本要求、使用原则、申请人、主要负责机构、申报所需资料、许可程序、公告要求等方面进行了规定。

（3）规范性文件　主要有《食品添加剂新品种申报与受理规定》以及《关于规范食品添加剂新品种许可管理的公告》。

《食品添加剂新品种申报和受理规定》主要对申请材料的一般要求、材料的编制要求、

食品添加剂的
基本要求

审核与受理等方面进行了详细的规定。

《关于规范食品添加剂新品种许可管理的公告》进一步规范了食品添加剂新品种的行政许可管理，对技术必要性材料、食品添加剂质量规格要求、食品添加剂现场审核、验证食品添加剂新品种产品标准、食品添加剂新品种公告内容、鼓励对食品添加剂新品种提出建议等作出了规定。

3. 食品添加剂新品种申报的相关主体

食品添加剂新品种的申请人，指申请食品添加剂新品种生产、经营、使用或者进口的单位或者个人。

食品添加剂新品种的审评审批机构包括：

国家卫生健康委员会政务大厅，它是添加剂新品种的材料接收机构、主要负责申报材料的接收等工作；

国家食品安全风险评估中心，主要负责申报资料的受理、组织技术审评、征求意见以及起草批准文件等工作；

国家卫生健康委，它是食品添加剂新品种的审批决定机构，主要根据技术审评结论做出是否批准的许可决定。

4. 食品添加剂新品种申报许可流程

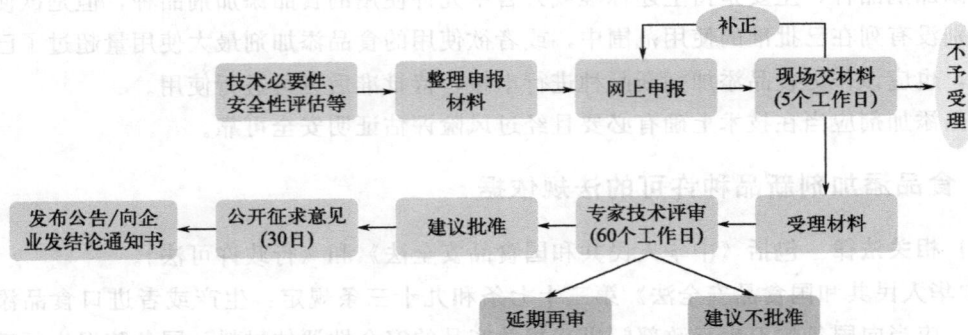

首先是申报材料的准备（主要包括技术上确有必要和使用效果资料、安全性评估、卷宗整理等），然后网上进行申报；网上申报完成后，进行现场提交材料，食品安全风险评估中心会在5个工作日内出具受理意见，对于不属于食品添加剂新品种申报和受理范围的，出具不予受理决定书；对于申请材料需要补正的，要求申请人进行补正；对于材料齐全、符合规定的，则予以受理。申报材料受理以后，风险评估中心在60日内组织专家进行技术评审，必要时组织专家进行现场核查。技术评审结论分为3类，分别为延期再审、建议不批准以及建议批准。专家建议批准以后，风险评估中心公开征求意见上报卫生健康委进行核准，由卫生健康委做出是否批准的决定。

5. 申报相关事项介绍

（1）关于专家评审 专家评审是从专家库中随机抽选专家组成专家评审委员会，两个月组织一次评审会议，然后分组审核申报材料，同时对于完全新的品种企业需进行 10～20min 的现场答辩，专家书写评审意见，讨论确定评审结论。

评审委员会一般由医学、农业、食品、营养、工艺等方面的专家组成。

（2）关于现场核查 技术评审过程中，评审委员会认为需要对生产工艺进行现场核查的，审评机构可以组织专家对食品添加剂新品种研制及生产现场进行核实、评价。

现场核查团：挑选 2～3 名专家，对添加剂新品种研制及生产现场进行现场核实、评价。

现场审查内容主要包括：研制单位的基本情况；生产所用的原料、来源和投料记录；按申报资料工艺流程图核查样品生产工艺过程及记录；如需对检验结果进行验证检验的，抽取样品进行验证检验等。

（3）关于审评结论 审评结论分为建议批准、建议不批准以及延期再审。

建议批准：专家评审委员会对符合食品添加剂新品种要求的，做出"建议批准"结论，国家食品安全风险评估中心对"建议批准"的食品添加剂进行公开征求意见，之后上报卫生健康委进行核准，准予许可的向社会进行公告。

建议不批准：例如不能证明其安全性的；缺乏技术必要性的；违反食品添加剂使用原则的；申报材料不真实的情形。

还有一种审评结论是延期再审，主要是指需修改、补充材料、现场核查、进一步论证或者其他延期再审的情况。

（4）关于批准公告及相关时限 批准公告的内容包括添加剂的中文名称、英文名称、功能、用量及适用范围、质量规格要求等。

相关时限中涉及的受理时限为 5 个工作日，技术审评时限为 60 个工作日（注意：审评过程中所需的检验、检测、专家评审等，不计入时限），征求意见时限为 30 日，行政审批时限为 20 个工作日。

6. 食品添加剂新品种申报材料一般要求

① 提交原件 1 份，复印件 4 份，申报资料电子文件光盘 1 份以及样品 1 份。

② 材料应当完整、清晰，前后内容表述一致；外文应当译为规范的中文，文献资料可提供中文摘要，并将译文附在相应的外文资料前；按照顺序排列，逐页标明页码，使用明显的标志区分，并装订成册。

③ 除申请表、官方证明文件外，所有资料应逐页加盖申请人印章（可以是骑缝章）；申报资料电子文件光盘的封面应当加盖申请人印章。

④ 提交营业执照复印件 1 份；如为个人申报应提交申办人身份证明文件复印件 1 份。

7. 食品添加剂新品种申报材料清单

① 申请表。

② 通用名称、功能分类，用量和使用范围。

③ 证明技术上确有必要和使用效果的资料或者文件。

④ 质量规格要求、生产使用工艺和检验方法，食品中该添加剂的检验方法或者相关情况说明。

⑤ 安全性评估资料，包括生产原料或者来源、化学结构和物理特性、生产工艺、毒理学安全性评价资料或者检验报告、质量规格检验报告。

⑥ 标签或说明书样稿。

⑦ 其他国家（地区）、国际组织允许生产和使用等有助于安全性评估的资料。

申请食品添加剂扩大用量、使用范围的，可以免于提交第⑤项资料。

申请首次进口食品添加剂新品种的，除提交以上的资料外，还应当提交以下资料：

⑧ 出口国（地区）相关部门或者机构出具的允许该添加剂在本国（地区）生产或者销售的证明文件。

⑨ 生产企业所在国（地区）有关机构或者组织出具的对生产企业审查或者认证的证明文件。

⑩ 受委托申请人应提交委托申报的委托书。

⑪ 中文译文应有中国公证机关的公证。

申请人应当提交第②、③、④项不涉及商业秘密，可以向社会公开的内容。

申请人提交申报资料时，应当提交申请人的工商登记证明复印件 1 份。如属于个人申报，应当提交申办人身份证明文件的复印件 1 份。

同一申请人同时申请多个食品添加剂新品种的，应按照不同品种分别申报。

申报资料中除申请表、检验报告以及第⑧、⑨、⑩、⑪项的资料外，所有资料应逐页加盖申请人印章（可以是骑缝章）。申报资料电子文件光盘的封面应当加盖申请人印章。

8. 食品添加剂新品种申报材料具体要求

(1) 申请表 该申请表经由申请人通过国家卫生健康委员会政务大厅卫生行政许可网上申报系统进行在线申请并打印。

(2) 通用名称、功能分类，用量和使用范围 食品添加剂新品种的通用名称应当为规范的中文名称或简称以及英文名称；功能分类应当为现行食品添加剂国家标准规定的类别；用量按照规定采用 g/kg（g/L）为单位，添加剂的使用范围则可以参考现行食品添加剂国家标准中的食品范围。

(3) 关于证明技术上确有必要和使用效果的资料或者文件 技术必要性材料需提供：一是食品添加剂的功能类别及作用机理；二是在拟添加的食品中添加与否的效果对比；三是与同一功能类别的食品添加剂使用效果的对比资料；四是其他有关技术上确有必要的资料。其中，食品中添加与否的效果对比以及与同一功能类别的食品添加剂使用效果的对比应采用实验的方式进行。这里需要说明的是，对于申请食品用香料新品种的，可免于提交上述第二、三项资料。

(4) 关于质量规格要求 应当提交以下质量规格材料：一是食品添加剂产品标准的文本，包括鉴别、主要技术指标要求及相应的检验方法；二是编制说明；三是提交与国际组织和其他国家（地区）相关标准的比较资料；四是检验方法的验证情况。

(5) 关于安全性评估资料 评估资料包括生产原料或者来源、化学结构和物理特性、生产工艺、毒理学安全性评价资料或者检验报告以及 3 个批次质量规格检验报告。

另外，对于申请食品添加剂扩大用量、使用范围的，可以免于提交该安全性评估资料。

（6）**关于委托书**　受委托的申请人应提交委托申报的委托书，关于委托书的要求有：

① 每个产品随附一份委托书原件。

② 委托书须载明出具单位的名称、受委托单位的名称、委托申报的产品名称、委托事项以及委托书出具日期（注意委托书的时效性）。

③ 申报委托书应当经真实性公证。

④ 应有出具单位印章或法定代表人（或其授权人）签名。

（7）**关于出口国（地区）相关部门或者机构出具的允许该添加剂在本国（地区）生产或者销售的证明文件**　此证明文件的具体要求包括：

① 每个产品应当提供 1 份证明文件原件，无法提供原件的，须由文件出具单位确认，或由我国驻产品生产国使（领）馆确认。一份证明文件载明多个食品添加剂新品种的，在首个新品种申报时已提供证明文件原件后，该证明文件中其他新品种申报可提供复印件，并提交书面说明，指明证明文件原件所在的申报产品。

② 应载明文件出具单位名称、生产企业名称、产品名称和出具文件的日期。

③ 应由产品生产国政府主管部门或行业协会出具。

④ 应有出具单位印章或法定代表人（或其授权人）签名。

⑤ 所载明的生产企业名称和产品名称（或商品名称），应与所申报的内容完全一致。

⑥ 凡载明有效期的，申请人应在证明文件的有效期内提出申请。

⑦ 中文译文应有中国公证机关的公证。

9. 食品添加剂重新评估

有下列情形之一的，国家卫生行政部门应当及时组织对食品添加剂进行重新评估：

① 科学研究结果或者有证据表明食品添加剂安全性可能存在问题的；

② 不再具备技术上必要性的。

对重新审查认为不符合食品安全要求的，国家卫生行政部门可以公告撤销已批准的食品添加剂品种或者修订其使用范围和用量。

婴儿配方
食品合规

较大婴儿配方
食品介绍

幼儿配方
食品介绍

课后拓展训练

【判断题】

1. 企业研发的新食品原料可直接上市使用，无须通过国家卫生健康委员会的审批。（　　）

2. 新食品原料的申报材料中必须包含生产工艺、质量标准和安全性评估报告。（　　）

3. 获得批准的新食品原料可任意用于所有食品类别，无须标注使用范围和限量。
（ ）

【单项选择题】

1. 新食品原料的安全性评估由以下哪个机构负责？

A. 国家市场监督管理总局 B. 国家卫生健康委员会

C. 农业农村部 D. 海关总署

2. 以下哪项不属于新食品原料申报的必备材料？

A. 原料的毒理学试验报告 B. 原料的国际市场价格分析

C. 生产工艺及执行标准 D. 原料的食用历史证明（如适用）

3. 新食品原料的申报流程中，技术评审通过后还需经过哪一环节才能获批？

A. 企业法定代表人签字确认 B. 社会公示和部门审核

C. 生产设备现场验收 D. 省级卫生部门备案

模块三
食品生产过程合规

▼ **思政与职业素养目标**

1. 掌握 GMP、HACCP 等管理体系，提升标准化作业能力。

2. 强化质量风险预判与应急处置技能。

3. 弘扬工匠精神，以严谨态度保障生产环节"零污染、零隐患"。

4. 培养职业道德，严守工艺规范，杜绝偷工减料、篡改记录等违规操作。

5. 强化严谨、认真、公正、负责的质量职业意识，加强对食品安全、企业社会责任的思想认知。

项目一　食品加工过程合规

【技能目标】　能够根据《食品安全国家标准　食品生产通用卫生规范》（GB 14881—2013）要求，结合公司实际情况制定公司的"原料的采购、生产场所的环境卫生条件、设备和设施要求、人员卫生、工艺操作规程"等食品生产经营过程卫生管理系列制度，并按照这些制度的要求实施食品生产企业生产过程的卫生管理，减少人为错误，防止食品污染，确保产品安全和质量合格。

【知识目标】　掌握《食品安全国家标准　食品生产通用卫生规范》（GB 14881—2013）相关要求，了解《质量管理体系 要求》（GB/T 19001—2016）、ISO 22000—2018 中文标准等相关国内、国际先进法律、法规和标准等对食品生产企业生产过程的卫生管理要求。

GB 14881—2013
概述

案例导入

【案例】2018 年 5 月某县市场监督管理局对某固体饮料生产企业的市场准入申请进行现场检查。发现此加工企业租用的大院里，旁边就是一个机床加工车间，该车间在生产加工过程中经常会有废弃物和粉尘飘过来。工厂南面是该镇的一条河，河面宽约 8m，河对岸是该镇的一条交通运输主路。

【案例解析】该食品生产企业需要对生产厂区进行整改，以防止有害废弃物以及粉尘、有害气体等扩散性污染源的污染，降低虫害大量滋生的潜在场所对产品的影响。

该企业在最初选址时应考虑到旁边车间的有害废弃物以及粉尘、有害气体等扩散性污染源的污染，在现在厂房已经建好的情况下，应尽量使用隔离的方法，通过有效的物理隔断，防止污染。比如在可行的情况下建立挡墙或是隔断，考虑到绿化可能导致的虫害污染，现在一般已经不采用种植绿植的方法。公司旁边的河流也是蚊虫的滋生地，需要建立挡墙或是隔断，防止污染。

【思政解析】关注食品生产加工环境是切实保障食品安全、卫生的必经之路，作为企业的最高管理人员应担负起保障食品安全的重要责任，作为普通群众也应担负其监督食品生产、加工企业的重要职责。

一、《食品安全国家标准　食品生产通用卫生规范》（GB 14881—2013）节选一

食品厂选址及
厂区环境

第三条款"选址及厂区环境"的要求中进行了阐述。

3 选址及厂区环境

3.1 选址

3.1.1 厂区不应选择对食品有显著污染的区域。如某地对食品安全和食品宜食用性存在明显的不利影响，且无法通过采取措施加以改善，应避免在该地址建厂。

3.1.2 厂区不应选择有害废弃物以及粉尘、有害气体、放射性物质和其他扩散性污染源不能有效清除的地址。

3.1.3 厂区不宜择易发生洪涝灾害的地区，难以避开时应设计必要的防范措施。

3.1.4 厂区周围不宜有虫害大量滋生的潜在场所，难以避开时应设计必要的防范措施。

释义

其实建厂需要考虑的因素很多，企业往往会处在一种被动的环境中做出选择，但是仍要保证以食品安全为前提。污染源的类型主要包括化学的、生物的、物理的等。

显著污染：工业、农业，如煤矿、钢厂、水泥厂、炼铝厂、磷肥厂等；土壤、水质、环境遭到污染的场所等；城市垃圾填埋场所、污水处理厂等。

不属于显著污染的情况是指食品工厂自带配套的污水处理设施、垃圾处理等设施及其他食品生产经营相关的可能产生污染的区域或设施。

3.2 厂区环境

3.2.1 应考虑环境给食品生产带来的潜在污染风险，并采取适当的措施将其降至最低水平。

3.2.2 厂区应合理布局，各功能区域划分明显，并有适当的分离或分隔措施，防止交叉污染。

3.2.3 厂区内的道路应铺设混凝土、沥青、或者其他硬质材料；空地应采取必要措施，如铺设水泥、地砖或铺设草坪等方式，保持环境清洁，防止正常天气下扬尘和积水等现象的发生。

3.2.4 厂区绿化应与生产车间保持适当距离，植被应定期维护，以防止虫害的滋生。

3.2.5 厂区应有适当的排水系统。

3.2.6 宿舍、食堂、职工娱乐设施等生活区应与生产区保持适当距离或分隔。

二、《质量管理体系　要求》(GB/T 19001—2016) 节选

第七条款也对这部分的要求进行了阐述。

7.1.3 基础设施

组织应确定、提供并维护所需的基础设施，以运行过程，并获得合格产品和服务。

基础设施可包括：

（a）建筑物和相关设施；

（b）设备，包括硬件和软件；

（c）运输资源；

（d）信息和通讯技术。

7.1.4 过程运行环境

组织应确定、提供并维护所需的环境，以运行过程，并获得合格产品和服务。

适宜的过程运行环境可能是人为因素与物理因素的结合，例如：

（a）社会因素（如非歧视、安定、非对抗）；

（b）心理因素（如减压、预防过度疲劳、稳定情绪）；

（c）物理因素（如温度、热量、湿度、照明、空气流通、卫生、噪声）。

由于所提供的产品和服务不同，这些因素可能存在显著差异。

三、《食品安全管理体系　对食品链中任何组织的要求》（ISO 22000—2018）节选

第八条款也对这部分的要求进行了阐述。

8.2 前提方案（PRPs）

8.2.1 组织应建立、实施和保持前提方案（PRPs），以助于控制：

（a）食品安全危害通过工作环境引入产品的可能性；

（b）防止产品的生物性、化学性和物理性污染，包括产品之间的交叉污染；

（c）降低产品和产品加工环境的食品安全危害水平。

8.2.2 前提方案（PRPs）应：

（a）与组织所处的背景及其食品安全形势相适宜；

（b）与组织运行的规模和类型、制造和（或）处置的产品性质相适宜；

（c）无论是普遍适用还是适用于特定产品或生产线，前提方案都应在整个生产系统中实施；

（d）获得食品安全小组的批准。

PRPs 应在危害分析前建立，但 PRPs 验证和 FSMS（食品安全管理体系）其他部分的更新时，能识别出 PRPs 改进和更新的要求。

8.2.3 当选择和（或）制定前提方案（PRPs）时，组织应考虑：

（a）适用 ISO/TS 22002 系列技术规范；

（b）适用的法典和指南要求；

（c）顾客要求。

8.2.4 组织建立 PRPs 时，应考虑以下方面：

（a）建筑物和相关设施的构造与布局；

（b）包括工作空间和员工设施在内的厂房布局；

（c）空气、水、能源和其他设施的供给；

（d）虫害控制、废弃物和污水处理在内的支持性服务；

（e）设备的适宜性，及其清洁、保养和预防性维护的可实现性；

（f）供应商保证过程（如原料、辅料、化学品和包装材料）；

（g）来料接收，产品的贮存、运输和处置；

（h）交叉污染的预防措施；

（i）清洁和消毒；

（j）人员卫生；

（k）产品信息和消费者意识；

（l）其他有关方面。

文件化的信息需规定 PRP 的选择、建立，以及所适用的监测和验证的内容。

释义

道路要做到无明显积水、污秽、泥泞，有风时要做到无扬尘，所以道路铺设不要使用砂石等。

针对分期建设的厂房往往有大片的空地，为保证无泥污和扬尘，一定要做好绿化：植物优先选择易清理的灌木，绿化带和车间要保持一定的距离（距离根据当地主要的虫害问题进行风险评估来确定），不要种植易产生气味和花粉的植被（尤其是针对分装物料的生产企业，会有异物混入的风险，需考虑如何在后道工序进行剔除），同时也不要种植有毒的植物。平时要对绿化植被定期进行修剪，控制在 10cm 左右，如过高会有虫害滋生。

四、《食品安全国家标准　食品生产通用卫生规范》（GB 14881—2013）节选二

第四条款"厂房和车间"中进行了阐述。

厂房和车间

4.1 设计和布局

4.1.1 厂房和车间的内部设计和布局应满足食品卫生操作要求，避免食品生产中发生交叉污染。

4.1.2 厂房和车间的设计应根据生产工艺合理布局，预防和降低产品受污染的风险。

4.1.3 厂房和车间应根据产品特点、生产工艺、生产特性以及生产过程对清洁程度的要求合理划分作业区，并采取有效分离或分隔。如：通常可划分为清洁作业区、准清洁作业区和一般作业区；或清洁作业区和一般作业区等。一般作业区应与其他作业区域分隔。

4.1.4 厂房内设置的检验室应与生产区域分隔。

4.1.5 厂房的面积和空间应与生产能力相适应，便于设备安置、清洁消毒、物料存储及人员操作。

车间为什么要保证有足够的空间，主要是为了避免三个方面的问题发生：

① 人与人——避免交叉污染。

② 人与设备——避免安全问题。

③ 设备与设备——避免卫生死角。

在1994版的GB 14881有具体的人均占地面积的规定，在新版中未再做详细的规定，但是在部分产品的审查细则仍然有这部分规定。

4.2 建筑内部结构与材料

4.2.1 内部结构

建筑内部结构应易于维护、清洁或消毒。应采用适当的耐用材料建造。

4.2.2 顶棚

4.2.2.1 顶棚应使用无毒、无味、与生产需求相适应、易于观察清洁状况的材料建造；若直接在屋顶内层喷涂涂料作为顶棚，应使用无毒、无味、防霉、不易脱落、易于清洁的涂料。

4.2.2.2 顶棚应易于清洁、消毒，在结构上不利于冷凝水垂直滴下，防止虫害和霉菌滋生。

4.2.2.3 蒸汽、水、电等配件管路应避免设置于暴露食品的上方；如确需设置，应有能防止灰尘散落及水滴掉落的装置或措施。

4.2.3 墙壁

4.2.3.1 墙面、隔断应使用无毒、无味的防渗透材料建造，在操作高度范围内的墙面应光滑、不易积累污垢且易于清洁；若使用涂料，应无毒、无味、防霉、不易脱落、易于清洁。

4.2.3.2 墙壁、隔断和地面交界处应结构合理、易于清洁，能有效避免污垢积存。例如设置漫弯形交界面等。

4.2.4 门窗

4.2.4.1 门窗应闭合严密。门的表面应平滑、防吸附、不渗透，并易于清洁、消毒。应使用不透水、坚固、不变形的材料制成。

4.2.4.2 清洁作业区和准清洁作业区与其他区域之间的门应能及时关闭。

4.2.4.3 窗户玻璃应使用不易碎材料。若使用普通玻璃，应采取必要的措施防止玻璃破碎后对原料、包装材料及食品造成污染。

4.2.4.4 窗户如设置窗台，其结构应能避免灰尘积存且易于清洁。可开启的窗户应装有易于清洁的防虫害窗纱。

4.2.5 地面

> 4.2.5.1 地面应使用无毒、无味、不渗透、耐腐蚀的材料建造。地面的结构应有利于排污和清洗的需要。
>
> 4.2.5.2 地面应平坦防滑、无裂缝、并易于清洁、消毒，并有适当的措施防止积水。

释义

① 材料与涂料的共性要求：无毒、无味、易于清洁、消毒。

② 内部结构：易于维护、清洁或消毒，采用耐用材料。

③ 顶棚：易于清洁、消毒，与生产需求相适应。

④ 墙壁：使用无毒、无味的防渗透材料建造，光滑、不易积累污垢。

⑤ 门窗：闭合严密，使用不透水、坚固、不变形的材料制成。门窗不适宜选择竹木材质，有产生异物的风险。不同洁净度之间的门是单向门，可通过加设闭门器或者弹簧开关来进行控制，以避免长时间开启。

⑥ 地面：采用不渗透、耐腐蚀的材料，平坦防滑、无裂缝。

设施与设备1

设施与设备2

卫生管理

生产过程的食品安全控制

课后拓展训练

判断题

1. 食品生产企业可以随意使用任何材质的容器盛放食品原料，只要容器干净即可。（   ）

2. 生产车间内的员工可以佩戴首饰进行食品加工操作，只要不直接接触食品。（   ）

3. 食品生产企业的卫生检查只需在生产前进行，生产过程中无须再次检查。（   ）

单项选择题

1. 以下哪项是食品生产车间必须配备的卫生设施？

A. 休息区沙发　　　　　　　　B. 洗手消毒设施

C. 自动售货机　　　　　　　　D. 音乐播放设备

2. 食品原料储存时应遵循的原则是：

A. 先进后出　　　　　　　　　B. 随意堆放

C. 分类分区、离地离墙　　　　　　　　D. 阳光直射保存

3. 根据卫生规范，食品加工人员应至少每多久进行一次健康检查？

A. 每半年　　　　　　　　　　　　　　B. 每年

C. 每两年　　　　　　　　　　　　　　D. 仅入职时

项目二　食品包装合规

【技能目标】　能够根据食品接触材料及制品的技术法规体系正确制定《食品接触材料及制品采购规格书》，并依据制定的《食品接触材料及制品采购验收规程》，对采购的食品接触材料及制品进行验收。

【知识目标】　掌握食品接触材料及制品的技术法规和标准体系；了解《食品安全法》、《食品相关产品生产许可实施细则》、《食品安全国家标准　食品接触材料及制品通用安全要求》（GB 4806. 1—2016）、《塑料食品接触材料供应链责任及符合性声明行业指南》等法律、法规和标准对食品接触材料及制品的规定；熟悉食品接触材料及制品的监管机构及其职责；掌握食品接触材料及制品符合性评价流程。

案例导入

【案例】2019 年，一家德国的公益组织在官网上发布一份报告称，他们送检了产自德国、法国和荷兰的 16 款婴幼儿乳粉，其中有 8 款产品被检出芳香烃矿物油残留物。随后多家媒体转载称"矿物油超标恐致癌"，并建议消费者"谨慎购买"，在各大社交平台引起疯转，引发公众恐慌。

【案例解析】矿物油是一类脂溶性物质，主要成分为饱和烷烃矿物油（MOSH）和芳香烃矿物油（MOAH）。这些矿物油残留可能来自产品包装材料的油墨。这种芳香烃矿物油物质可对神经系统、造血系统造成损害，严重的可诱发白血病。但食品级矿物油经过精炼，其中的有害成分已被尽可能去除，是国家允许使用的食品添加剂（加工助剂），我国《食品安全国家标准　食品添加剂使用标准》（GB 2760—2024）中明确规定：矿物油可以作为消泡剂、脱模剂、防黏剂、润滑剂用于发酵工艺、糖果、薯片和豆制品的加工工艺。乳粉中不允许添加矿物油。因此，乳粉中检出矿物油，说明该乳粉是不合规的，食用含矿物油的乳粉是有风险的。

【思政解析】为了管控风险，国家制定了一系列法律、法规、标准，形成了完善的食品接触材料及制品法律与标准体系。食品接触材料及制品的生产、贮存、销售、使用等过程必须严格遵守食品接触材料及制品标准与法律体系，才能把食品接触材料及制品的安全风险降到可接受水平，以此保护消费者的食品安全。

一、食品接触材料及制品技术法规体系

食品接触材料及制品技术法规体系分为通用标准、产品标准、检测方法标准、生产规范标准四大类。

1. 通用标准

(1)《食品安全国家标准　食品接触材料及制品通用安全要求》(GB 4806.1—2016)　是食品接触材料及制品标准框架体系的纲领性技术法规，其他食品接触材料及制品的标准必须在其规定的原则下进行制定。

① 定义。食品接触材料及制品的定义为：在正常使用条件下，各种已经或预期可能与食品或食品添加剂（以下简称食品）接触、或其成分可能转移到食品中的材料和制品，包括食品生产、加工、包装、运输、贮存、销售和使用过程中用于食品的包装材料、容器、工具和设备，及可能直接或间接接触食品的油墨、黏合剂、润滑油等。不包括洗涤剂、消毒剂和公共输水设施。除此之外，本标准还规定了复合材料及制品、组合材料及制品、总迁移量、总迁移限量（OML）、最大使用量、特定迁移量、特定迁移限量（SML）、特定迁移总量、特定迁移总量限量［SML(T)］、残留量、最大残留量（QM）、非有意添加物质（NIAS）、有效阻隔层等13个与食品接触材料及制品相关名词的定义。

② 基本要求

a. 食品接触材料及制品在推荐的使用条件下与食品接触时，迁移到食品中的物质水平不应危害人体健康。

b. 食品接触材料及制品在推荐的使用条件下与食品接触时，迁移到食品中的物质不应造成食品成分、结构或色香味等性质的改变，不应对食品产生技术功能（有特殊规定的除外）。

c. 食品接触材料及制品中使用的物质在可达到预期效果的前提下应尽可能降低在食品接触材料及制品中的用量。

d. 食品接触材料及制品中使用的物质应符合相应的质量规格要求。

e. 食品接触材料及制品生产企业应对产品中的非有意添加物质进行控制，使其迁移到食品中的量符合本标准 "a." 和 "b." 的要求。鉴于接触材料品质及工艺的复杂性，该条有针对性地提出企业应对非有意添加物的安全性负责，并实施自行评估及有效管理。

f. 对于不和食品直接接触且与食品之间有有效阻隔层阻隔的、未列入相应食品安全国家标准的物质，食品接触材料及制品生产企业应对其进行安全性评估和控制，使其迁移到食品中的量不超过 0.01mg/kg。致癌、致畸、致突变物质及纳米物质不适用于以上原则，应按照相关法律法规规定执行。

g. 食品接触材料及制品的生产应符合 GB 31603 的要求。

③ 限量要求

a. 食品接触材料及制品的总迁移量，物质的使用量、特定迁移量、特定迁移总量和残留量等应符合相应食品安全国家标准中对于总迁移限量、最大使用量、特定迁移限量、特定迁移总量限量和最大残留量等的规定。

b. 对于同时列在 GB 9685 和产品标准中的同一（组）物质，食品接触材料及制品终产品中该（组）物质应符合相应限量的规定，限量值不得累加。

复合材料及制品、组合材料及制品和涂层产品中的各类材质材料应符合相应食品安全国家标准的规定。各类材料有相同项目的限量时，食品接触材料及制品整体应符合相应限量的权重加和值。当无法计算权重加和值时，取该项目的最小限量值。

④ 符合性原则

a. 食品接触材料及制品中原料的使用应符合相应产品的食品安全国家标准和相关公告的规定。

b. 食品接触材料及制品中添加剂的使用应符合 GB 9685 和相关公告的规定。

c. 食品接触材料及制品应符合相应产品的食品安全国家标准的规定。

⑤ 检验方法

a. 食品接触材料及制品的迁移试验应符合 GB 31604.1 和 GB 5009.156 的规定。当产品的食品安全国家标准中有特殊规定时，按照产品标准的规定执行。

b. 食品接触材料及制品相关项目的测定应采用国家标准检验方法，在尚无相应国家标准检验方法的情况下，可以采用经充分技术验证的其他检验方法。

⑥ 可追溯性

a. 食品接触材料及制品生产企业应建立产品追溯体系，保证食品接触材料及制品在各阶段的可追溯性。

b. 追溯体系应保证能够获得食品接触材料及制品的来源和去向信息、相关物质或材料的合规性信息。

⑦ 产品信息

a. 产品应提供充分的产品信息，包括标签、说明书等标识内容和产品合格证明，以保证有足够信息对食品接触材料及制品进行安全性评估。标识内容应包括产品名称，材质，对相关法规及标准的符合性声明，生产者和（或）经销者的名称、地址和联系方式，生产日期和保质期（适用时）等内容。

b. 符合性声明应包括遵循的法规和标准，有限制性要求的物质名单及其限制性要求和总迁移量合规性情况（仅成型品）等。

图 3-1 调羹筷子标志图

c. 食品接触材料及制品终产品还应注明"食品接触用""食品包装用"或类似用语，或加印、加贴调羹筷子标志（见图 3-1），有明确食品接触用途的产品（如筷子、炒锅等）除外。有特殊使用要求的产品应注明使用方法、使用注意事项、用途、使用环境、使用温度等。对于相关标准明确规定的使用条件或超出使用条件将产生较高食品安全风险的产品，应以特殊或醒目的方式说明其使用条件，以便使用者能够安全、正确地对产品进行处理、展示、贮存和使用。

d. 上述标识内容应优先标示在产品或产品标签上，标签应位于产品最小销售包装的醒目处。当由于技术原因无法将信息全部显示在产品或产品标签上时，可显示在产品说明书或随附文件中。

（2）《食品安全国家标准　食品接触材料及制品用添加剂使用标准》（GB 9685—2016）　食品接触材料及制品用添加剂指在食品接触材料及制品生产过程中，为满足预期用途，所添加的有助于改善其品质、特性，或辅助改善品质、特性的物质；也包括在食品接触材料及制品生产过程中，所添加的为保证生产过程顺利进行，而不是为了改善终产品品质、特性的加工助剂。

GB 9685—2016 规定了食品接触材料及制品用添加剂的使用原则、允许使用的添加剂品种、使用范围、最大使用量、特定迁移量或最大残留量、特定迁移总量限量及其他限制性要求。

① 食品接触材料及制品用添加剂的使用原则

a. 食品接触材料及制品在推荐的使用条件下与食品接触时，迁移到食品中的添加剂及其杂质水平不应危害人体健康。

b. 食品接触材料及制品在推荐的使用条件下与食品接触时，迁移到食品中的添加剂不应造成食品成分、结构或色香味等性质的改变（有特殊规定的除外）。

c. 使用的添加剂在达到预期的效果下应尽可能降低在食品接触材料及制品中的用量。

d. 使用的添加剂应符合相应的质量规格要求。

e. 列于 GB 2760 的物质，允许用作食品接触材料及制品用添加剂时，不得对所接触的食品本身产生技术功能。

② 食品接触材料及制品用添加剂的使用规定

a. 食品接触材料及制品用添加剂均是化学产品，目前 GB 9685—2016 列示了 1200 余种允许使用的添加剂，并按所添加材质的不同，分为塑料、涂料和涂层、橡胶、油墨、黏合剂、纸和纸板、硅橡胶 7 类材料，其中允许使用的添加剂清单见表 3-1。食品接触材料及制品用添加剂的特定迁移总量限量需要满足本标准附录 B 的要求，金属元素需要符合本标准附录 C 的要求。

表 3-1　食品接触材料及制品用添加剂使用标准附录列表（部分）

附录 A　食品接触材料及制品允许使用的添加剂及使用要求
表 A.1　食品接触用塑料材料及制品中允许使用的添加剂及使用要求
表 A.2　食品接触用涂料和涂层中允许使用的添加剂及使用要求
表 A.3　食品接触用橡胶材料及制品中允许使用的添加剂及使用要求
表 A.4　食品接触材料及制品用油墨中允许使用的添加剂及使用要求
表 A.5　食品接触材料及制品用黏合剂中允许使用的添加剂及使用要求
表 A.6　食品接触用纸和纸板材料及制品中允许使用的添加剂及使用要求
表 A.7　其他食品接触材料及制品（硅橡胶等）中允许使用的添加剂及使用要求
附录 B　特定迁移总量限量［SML(T)］
表 B.1　特定迁移总量限量
附录 C　金属元素特别限制规定
表 C.1　金属元素特别限制规定

b. 食品接触材料及制品用碘化亚铜的使用方法如图 3-2 所示。

c. 除了法规中列示的物质，符合以下规定的物质，在满足 GB 9685—2016 中对添加

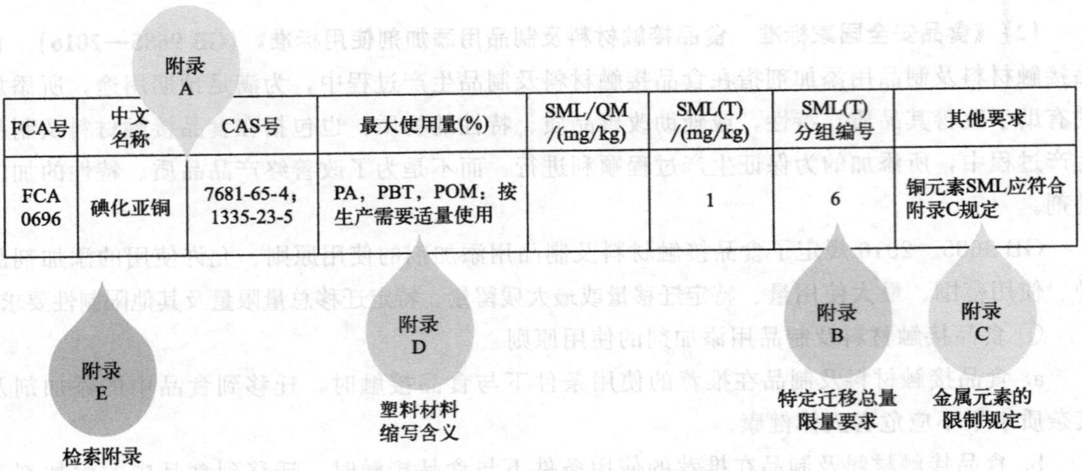

FCA号	中文名称	CAS号	最大使用量(%)	SML/QM/(mg/kg)	SML(T)/(mg/kg)	SML(T)分组编号	其他要求
FCA 0696	碘化亚铜	7681-65-4；1335-23-5	PA，PBT，POM：按生产需要适量使用		1	6	铜元素SML应符合附录C规定

附录A

附录E
检索附录

附录D
塑料材料缩写含义

附录B
特定迁移总量限量要求

附录C
金属元素的限制规定

图 3-2　碘化亚铜使用方法示意图

剂的使用规定以及其他有关标准的前提下，也允许作为食品接触材料及制品的添加剂使用。

如在不对食品本身产生技术效果的情况下，允许使用"可在各类食品中按生产需要使用的食品添加剂"及其相关公告的物质。

允许使用已批准使用的酸、醇或酚类物质的钠盐、钾盐和钙盐。

在不发生化学反应的情况下，GB 9865 中 1294 种物质的混合物。

GB 9865 附录 A 中列示物质的含结晶水物质。

允许用于食品接触材料及制品的分子量大于 1000Da 的聚合物（微生物发酵生成的大分子物质除外）。

③ 食品接触材料及制品用添加剂合规判定原则。企业使用的添加剂如果满足下述所有的合规要求，那么该物质就符合 GB 9685—2016 的规定，可以合规使用。

a. 需要确定该添加剂是否需要在食品接触材料及制品中添加。

b. 该物质是否属于 GB 9685—2016 监管范围之内的物质。

c. 该物质是否属于 GB 9685—2016 及其相关公告中允许使用的添加剂，如果该物质尚未获得许可则不能使用，需要进行新物质申报，获得批准之后方可合规使用。

d. 该物质是否满足相关的限制要求，如添加剂使用量、特定迁移限量（SML）或最大残留量（QM）、特定迁移总量限量［SML(T)］等；

e. 该物质是否符合相应的质量规格要求。

2. 产品标准

食品接触材料及制品的材质类别品种繁多，有高分子塑料、橡胶，有金属及合金材料，还有陶瓷、玻璃、竹木等材料。各类材质的原材料、加工工艺有很大的差别，这使其可能含有的危害因素差异显著，故《食品安全国家标准　食品接触材料及制品通用安全要求》（GB 4806.1—2016）不能有效涵盖所有食品接触材料及制品对食品安全的需求，需要制定专门的产品标准。目前，现行有效的食品接触材料及制品国家标准主要是以下系列标准的 13 个产品标准，详见表 3-2。

表 3-2　食品接触材料及制品标准列表

序号	标准号	标准名称
1	GB 4806.2—2015	食品安全国家标准　奶嘴
2	GB 4806.3—2016	食品安全国家标准　搪瓷制品
3	GB 4806.4—2016	食品安全国家标准　陶瓷制品
4	GB 4806.5—2016	食品安全国家标准　玻璃制品
5	GB 4806.7—2023	食品安全国家标准　食品接触用塑料材料及制品
6	GB 4806.8—2022	食品安全国家标准　食品接触用纸和纸板材料及制品
7	GB 4806.9—2023	食品安全国家标准　食品接触用金属材料及制品
8	GB 4806.10—2016	食品安全国家标准　食品接触用涂料及涂层
9	GB 4806.11—2023	食品安全国家标准　食品接触用橡胶材料及制品
10	GB 4806.12—2022	食品安全国家标准　食品接触用竹木材料及制品
11	GB 4806.13—2023	食品安全国家标准　食品接触用复合材料及制品
12	GB 4806.14—2023	食品安全国家标准　食品接触材料及制品用油墨
13	GB 4806.15—2024	食品安全国家标准　食品接触材料及制品用黏合剂

从产品标准的内容看，产品的技术要求包括原料要求、感官要求、理化指标和添加剂要求四个部分。以塑料为例，其技术要求见表 3-3。

表 3-3　GB 4806.7 对食品接触用塑料材料及制品的技术要求

4　技术要求

4.1　原料要求
食品接触用塑料材料及制品中树脂的使用应符合附录 A 及相关公告的要求。

4.2　感官要求
感官要求应符合表 1 的规定。

表 1　感官要求

项目	要求
感官	色泽正常，无异臭、不洁物等
浸泡液	迁移试验所得浸泡液无浑浊、沉淀、异臭等感官性的劣变

4.3　理化指标
4.3.1　理化指标应符合表 2 规定。

表 2　理化指标[a]

项目		指标	检验方法
总迁移量/(mg/dm²)[b]	≤	10	GB 31604.8
高锰酸钾消耗量/(mg/kg) 水(60℃,2h)	≤	10	GB 31604.2
重金属(以铅计)/(mg/kg) 4%乙酸(体积分数)(60℃,2h)	≤	1	GB 31604.9
脱色试验[c]		阴性	GB 31604.7

　　a 母料应按实际配方与树脂或粒料混合并加工成最终接触食品的塑料制品后进行检测。

　　b 接触婴幼儿食品的塑料材料及制品应根据实际使用中面积体积比将结果单位换算为 mg/kg,且限量为≤ 60mg/kg。

　　c 仅适用于添加了着色剂的产品。

4.3.2　塑料树脂单体及其他起始物的特定迁移限量、特定迁移总量限量、最大残留量等理化指标应符合 GB 4806.7 附录 A 及相关公告的要求。

4.4　添加剂

添加剂应符合 GB 9685 及相关公告的要求。

　　由表 3-3 可知：进行食品接触材料的合规性验证时，不仅要测试基础的感官和理化指标，还应关注产品中使用的、有限量要求的添加剂以及原料起始物和单体的限量符合性。以聚苯乙烯酸奶杯为例，该产品合规性验证时，除执行表 3-3 中 4.3 理化指标外，根据 GB 4806.7 要求还应确保其产品中乙苯和苯乙烯残留量符合限量要求。关注该产品中添加剂的使用情况，根据 GB 9685 核对使用的添加剂，确认是否有需要进行符合性确认的物质。此外，新标准中要求迁移试验的模拟物和试验条件选择依据 GB 31604.1，该标准则要求根据产品的预期/实际使用条件选择迁移试验条件。

3. 检测方法标准

　　随着预包装食品的蓬勃发展，食品接触材料及制品的品种及用途越来越广，接触的食品类别及加工使用条件也越来越复杂，为统一检测规则，反映实际接触迁移情形，2023 年首次制定发布了《食品安全国家标准　食品接触材料及制品迁移试验通则》（GB 31604.1—2023），并修订了与之配套使用的检测方法标准《食品安全国家标准　食品接触材料及制品迁移试验预处理方法通则》（GB 5009.156—2016），这两项标准是食品接触材料及制品迁移试验的基础标准，其他食品接触材料及制品迁移物质的检测方法制定应当以其为基础。

　　(1)《食品安全国家标准　食品接触材料及制品迁移试验通则》（GB 31604.1—2023）　对迁移试验的基本要求、食品模拟物、迁移试验条件（温度、时间）、筛查方法、化学溶剂替代试验、结果校正等进行了规定。该标准附录 A 还列出了各种常见食品及对应食品模拟物，以防止模拟物的选择差异。该项标准遵循的基本原则是试验结果应尽可能地反映实际接触食品时的有害迁移情形，包括：

应当选择可预见的实际使用情形下最严苛的使用条件（最高温度、最长时间）；

结果的计算应选择最大接触面积（S）与体积之比（V）即最大 S/V（或最小包装）；

测试样品应当选择成型品或最接近接触食品的终产品的样品（如树脂或粒料、涂料、油墨、黏合剂等应当按实际加工条件制成成型品、片材或瓶环等），试验过程中不应产生熔化、变形等实际使用情形下不可能发生的状况。

有些情况下需要采用化学溶剂替代试验，当使用油脂类食品模拟物植物油进行迁移试验时，因迁移试验方法操作烦琐，或技术上不可行（如目标物质与植物油发生反应），难以获得准确的检测结果，对于油脂类食品，可采用 95%（体积分数）乙醇、正己烷、正庚烷、异辛烷等抽提能力较强的化学溶剂替代油脂类食品模拟物，测定材料及制品的溶剂抽提量。当溶剂抽提量符合总迁移限量或特定迁移限量规定时，不再进行油脂类食品模拟物的迁移试验；当抽提量不符合总迁移限量或特定迁移限量规定时，应进行油脂类食品模拟物的迁移试验，并根据在油脂类食品模拟物中的迁移量进行合规性判定。

有时还需要采用总迁移量或残留量筛查试验，鉴于大多数化学物质的特定迁移量尚无检测方法或检测方法操作较为复杂，对于非挥发性物质的特定迁移量，可采用在特定迁移试验同等或更严苛的试验条件下测定的总迁移量进行估算，当总迁移量小于特定迁移限量时，可不再进行特定迁移量的测定。对于某些使用量较少的加工助剂或添加剂，以及在食品或食品模拟物中不稳定的物质或尚无分析方法的物质等的特定迁移量，可通过测定食品接触材料及制品中该物质的残留量替代特定迁移量进行估算，当测得的残留量按照相应换算方式折算出的迁移量小于特定迁移限量时，可不再进行特定迁移量的测定。

（2）《食品安全国家标准　食品接触材料及制品迁移试验预处理方法通则》（GB 5009.156—2016）　适用于食品接触材料及制品的迁移试验预处理，规定了食品接触材料及制品迁移试验预处理方法的试验总则、试剂和材料、设备与器具、采样与制样方法、试样接触面积、试样接触面积与食品模拟物体积比、试样的清洗和特殊处理、试验方法、迁移量的测定和结果表述要求等内容。

（3）GB 31604 系列食品接触材料及制品检测标准　除了《食品安全国家标准　食品接触材料及制品迁移试验通则》（GB 31604.1—2023）外，国家还制定了高锰酸钾消耗量等 63 项具体指标的检测标准，详见表 3-4。

表 3-4　食品接触材料及制品系列检测标准

序号	标准号	标准名称
1	GB 31604.1—2023	食品安全国家标准　食品接触材料及制品迁移试验通则
2	GB 31604.2—2016	食品安全国家标准　食品接触材料及制品　高锰酸钾消耗量的测定
3	GB 31604.3—2016	食品安全国家标准　食品接触材料及制品　树脂干燥失重的测定
4	GB 31604.4—2016	食品安全国家标准　食品接触材料及制品　树脂中挥发物的测定
5	GB 31604.5—2016	食品安全国家标准　食品接触材料及制品　树脂中提取物的测定
6	GB 31604.6—2016	食品安全国家标准　食品接触材料及制品　树脂中灼烧残渣的测定
7	GB 31604.7—2023	食品安全国家标准　食品接触材料及制品　脱色试验

序号	标准号	标准名称	
8	GB 31604.8—2021	食品安全国家标准　食品接触材料及制品	总迁移量的测定
9	GB 31604.9—2016	食品安全国家标准　食品接触材料及制品	食品模拟物中重金属的测定
10	GB 31604.10—2016	食品安全国家标准　食品接触材料及制品	2,2-二(4-羟基苯基)丙烷(双酚A)迁移量的测定
11	GB 31604.11—2016	食品安全国家标准　食品接触材料及制品	1,3-苯二甲胺迁移量的测定
12	GB 31604.12—2016	食品安全国家标准　食品接触材料及制品	1,3-丁二烯的测定和迁移量的测定
13	GB 31604.13—2016	食品安全国家标准　食品接触材料及制品	11-氨基十一酸迁移量的测定
14	GB 31604.14—2016	食品安全国家标准　食品接触材料及制品	1-辛烯和四氢呋喃迁移量的测定
15	GB 31604.15—2016	食品安全国家标准　食品接触材料及制品	2,4,6-三氨基-1,3,5-三嗪(三聚氰胺)迁移量的测定
16	GB 31604.16—2016	食品安全国家标准　食品接触材料及制品	苯乙烯和乙苯的测定
17	GB 31604.17—2016	食品安全国家标准　食品接触材料及制品	丙烯腈的测定和迁移量的测定
18	GB 31604.18—2016	食品安全国家标准　食品接触材料及制品	丙烯酰胺迁移量的测定
19	GB 31604.19—2016	食品安全国家标准　食品接触材料及制品	己内酰胺的测定和迁移量的测定
20	GB 31604.20—2016	食品安全国家标准　食品接触材料及制品	醋酸乙烯酯迁移量的测定
21	GB 31604.21—2016	食品安全国家标准　食品接触材料及制品	对苯二甲酸迁移量的测定
22	GB 31604.22—2016	食品安全国家标准　食品接触材料及制品	发泡聚苯乙烯成型品中二氟二氯甲烷的测定
23	GB 31604.23—2016	食品安全国家标准　食品接触材料及制品	复合食品接触材料中二氨基甲苯的测定
24	GB 31604.24—2016	食品安全国家标准　食品接触材料及制品	镉迁移量的测定
25	GB 31604.25—2016	食品安全国家标准　食品接触材料及制品	铬迁移量的测定
26	GB 31604.26—2016	食品安全国家标准　食品接触材料及制品	环氧氯丙烷的测定和迁移量的测定
27	GB 31604.27—2016	食品安全国家标准　食品接触材料及制品	塑料中环氧乙烷和环氧丙烷的测定
28	GB 31604.28—2016	食品安全国家标准　食品接触材料及制品	己二酸二(2-乙基)己酯的测定和迁移量的测定
29	GB 31604.29—2023	食品安全国家标准　食品接触材料及制品	丙烯酸和甲基丙烯酸及其酯类迁移量的测定
30	GB 31604.30—2025	食品安全国家标准　食品接触材料及制品	邻苯二甲酸酯类化合物的测定和迁移量的测定
31	GB 31604.31—2025	食品安全国家标准　食品接触材料及制品	氯乙烯、1,1-二氯乙烯和1,1-二氯乙烷的残留量和迁移量的测定
32	GB 31604.32—2016	食品安全国家标准　食品接触材料及制品	木质材料中二氧化硫的测定
33	GB 31604.33—2016	食品安全国家标准　食品接触材料及制品	镍迁移量的测定

序号	标准号	标准名称	
34	GB 31604.34—2016	食品安全国家标准 食品接触材料及制品	铅的测定和迁移量的测定
35	GB 31604.35—2016	食品安全国家标准 食品接触材料及制品 全氟辛烷磺酸（PFOS）和全氟辛酸（PFOA）的测定	
36	GB 31604.36—2016	食品安全国家标准 食品接触材料及制品	软木中杂酚油的测定
37	GB 31604.37—2016	食品安全国家标准 食品接触材料及制品	三乙胺和三正丁胺的测定
38	GB 31604.38—2016	食品安全国家标准 食品接触材料及制品	砷的测定和迁移量的测定
39	GB 31604.39—2016	食品安全国家标准 食品接触材料及制品	食品接触用纸中多氯联苯的测定
40	GB 31604.40—2016	食品安全国家标准 食品接触材料及制品	顺丁烯二酸及其酸酐迁移量的测定
41	GB 31604.41—2016	食品安全国家标准 食品接触材料及制品	锑迁移量的测定
42	GB 31604.42—2016	食品安全国家标准 食品接触材料及制品	锌迁移量的测定
43	GB 31604.43—2016	食品安全国家标准 食品接触材料及制品	乙二胺和己二胺迁移量的测定
44	GB 31604.44—2016	食品安全国家标准 食品接触材料及制品	乙二醇和二甘醇迁移量的测定
45	GB 31604.45—2016	食品安全国家标准 食品接触材料及制品	异氰酸酯的测定
46	GB 31604.46—2023	食品安全国家标准 食品接触材料及制品	游离酚的测定和迁移量的测定
47	GB 31604.47—2023	食品安全国家标准 食品接触材料及制品 纸、纸板及纸制品中荧光性物质的测定	
48	GB 31604.48—2016	食品安全国家标准 食品接触材料及制品	甲醛迁移量的测定
49	GB 31604.49—2023	食品安全国家标准 食品接触材料及制品 多元素的测定和多元素迁移量的测定	
50	GB 31604.50—2020	食品安全国家标准 食品接触材料及制品	壬基酚迁移量的测定
51	GB 31604.51—2021	食品安全国家标准 食品接触材料及制品	1,4-丁二醇迁移量的测定
52	GB 31604.52—2021	食品安全国家标准 食品接触材料及制品	芳香族伯胺迁移量的测定
53	GB 31604.53—2022	食品安全国家标准 食品接触材料及制品	5-亚乙基-2-降冰片烯迁移量的测定
54	GB 31604.54—2023	食品安全国家标准 食品接触材料及制品	双酚 F 和双酚 S 迁移量的测定
55	GB 31604.55—2023	食品安全国家标准 食品接触材料及制品	异噻唑啉酮类化合物迁移量的测定
56	GB 31604.56—2023	食品安全国家标准 食品接触材料及制品	月桂内酰胺迁移量的测定
57	GB 31604.57—2023	食品安全国家标准 食品接触材料及制品	二苯甲酮类物质迁移量的测定
58	GB 31604.58—2023	食品安全国家标准 食品接触材料及制品	9 种抗氧化剂迁移量的测定
59	GB 31604.59—2023	食品安全国家标准 食品接触材料及制品	化学分析方法验证通则
60	GB 31604.60—2024	食品安全国家标准 食品接触材料及制品	溶剂残留量的测定
61	GB 31604.61—2025	食品安全国家标准 食品接触材料及制品 2,2,4,4-四甲基-1,3-环丁二醇迁移量的测定	

序号	标准号	标准名称
62	GB 31604.62—2025	食品安全国家标准 食品接触材料及制品 N-亚硝胺类化合物迁移量和释放量的测定
63	GB 31604.63—2025	食品安全国家标准 食品接触材料及制品 4,4'-联苯二酚和1,1'-磺酰基二(4-氯苯)迁移量的测定

4. 生产规范标准

《食品安全国家标准 食品接触材料及制品生产通用卫生规范》（GB 31603—2015）规定了食品接触材料及制品从原辅料采购、加工、包装、贮存和运输等各个环节的场所、设施、人员的基本卫生要求和管理准则。该标准适用于各类食品接触材料及制品的生产，如确有必要制定某类食品接触材料及制品的专项卫生规范，应当以本标准作为基础。

(1) 基本要求 食品接触材料生产企业的生产全过程及最终产品不应危害人体健康和造成食品特性的改变。生产全过程应符合国家相关法律法规及标准的要求，并在可以达到预期目的的前提下尽可能降低原辅料的使用量。为达到以上目的，企业应制定相应的具体要求。企业应建立、实施并遵守有效的安全控制体系，以确保原辅料、半成品和成品符合相应的食品安全要求。产品的标识应符合国家相关法律法规及标准的要求。

(2) 具体要求 具体生产要求包括以下几个方面：厂区环境和厂房、管理机构和人员、产品检验、原辅料要求、设施和设备、产品追溯和召回、文件管理和记录、生产过程的产品安全控制（印刷、包装、贮存、运输卫生要求）。

(3) 企业应建立的管理制度 企业应建立的管理制度包括：与产品安全相关岗位的培训制度、卫生制度、原辅料供应商管理制度、原辅料出入库记录制度、不合格产品管理制度、产品追溯制度和召回制度、成品留样保存制度和出厂检验制度。

(4) 企业管理部门及人员的要求 企业负责人应了解其在食品安全管理中的职责与作用，以及相关的专业技术知识等。企业应有专人负责与食品安全相关的工作，相关人员应具有产品安全管理的知识和经验，有能力对产品生产过程中出现的食品安全问题作出正确处理。生产操作人员应熟悉自己的岗位职责，具有与其职责相适应的基础理论知识和实际操作技能，能熟练地按工艺文件进行生产操作。检验人员应熟悉产品检验规定，具有与工作相适应的食品安全知识、技能和相应的资格。

(5) 产品检验 企业应通过自行检验或委托具备相应资质的检验机构对产品进行检验，确保产品符合其所执行的标准。

自行检验应具备与所检项目相适应的检验场所和检验能力；由具有相应资格的检验人员按规定检验方法检验；检验仪器设备应定期校验；各项检验记录和检验报告应保存完整。

应根据工艺规程的有关参数要求，对产品按规定进行过程检验并记录。应根据相关标准要求对每批产品随机抽样，进行出厂检验，建立出厂检验记录制度。应根据相关标准要求对产品进行型式检验。

应建立不合格品管理制度，对检验结果不合格的产品进行相应处置。应按需制定成品留样保存制度，保存时间应不短于成品标示的保质期，无保质期要求的由企业规定保存期限。

（6）产品追溯和召回 企业应建立产品追溯制度，保证产品从原辅料采购到产品销售的所有环节都可进行有效追溯。

企业还应建立产品召回制度。当发现某一批次或类别的产品含有或可能含有对消费者健康造成危害的因素时，应按照国家相关规定启动产品召回程序，及时向相关部门通告，并作好相关记录。对被召回的产品应进行相应处置。对因标签、标识或说明书不符合食品安全标准而被召回的产品，在采取补救措施且能保证食品安全的情况下可以继续销售，销售时应当向消费者明示补救措施。

（7）文件管理和记录 企业应建立并执行系统有效的文件管理程序，对所有文件进行控制管理，确保文件保存完好并便于查找追溯。

企业应按规定保存原辅料合规性文件、生产记录等并将其归档，归档方式应便于检索；应如实记录产品信息，包括但不限于产品的名称、规格、数量、生产日期、生产批号、检验结果、购货者名称及联系方式、销售日期等内容；对出于法律和保留信息的需要而留存的失效文件应予以标识。所有文件应字迹清晰，注明日期，标识明确，妥善保存，并在规定期间内予以留存。

二、《食品安全法》关于食品接触材料及制品的规定

《食品安全法》第三十四条规定：禁止生产经营致病性微生物，农药残留、兽药残留、生物毒素、重金属等污染物质以及其他危害人体健康的物质含量超过食品安全标准限量的食品、食品添加剂、食品相关产品；

《食品安全法》第四十一条规定：生产食品相关产品应当符合法律、法规和食品安全国家标准。对直接接触食品的包装材料等具有较高风险的食品相关产品，按照国家有关工业产品生产许可证管理的规定实施生产许可。

《食品安全法》第五十条规定：食品生产者采购食品原料、食品添加剂、食品相关产品，应当查验供货者的许可证和产品合格证明；对无法提供合格证明的食品原料，应当按照食品安全标准进行检验；不得采购或者使用不符合食品安全标准的食品原料、食品添加剂、食品相关产品。食品生产企业应当建立食品原料、食品添加剂、食品相关产品进货查验记录制度，如实记录食品原料、食品添加剂、食品相关产品的名称、规格、数量、生产日期或者生产批号、保质期、进货日期以及供货者名称、地址、联系方式等内容，并保存相关凭证。记录和凭证保存期限不得少于产品保质期满后六个月；没有明确保质期的，保存期限不得少于二年。

《食品安全法》第五十二条规定：食品、食品添加剂、食品相关产品的生产者，应当按照食品安全标准对所生产的食品、食品添加剂、食品相关产品进行检验，检验合格后方可出厂或者销售。

《食品安全法》第六十六条规定：进入市场销售的食用农产品在包装、保鲜、贮存、运输中使用保鲜剂、防腐剂等食品添加剂和包装材料等食品相关产品，应当符合食品安全国家标准。

三、食品相关产品生产许可实施细则

根据《工业产品生产许可证管理条例》及《工业产品生产许可证管理目录》规定，食品用塑料包装容器工具等产品需要取得生产许可证。对这些具有较高风险的食品相关产品实施许可的具体要求和程序依照《工业产品生产许可证管理条例》的规定执行。2018 年 11 月 22 日，市场监管总局发布了食品相关产品生产许可实施细则，本细则共分为：食品用塑料包装容器工具等制品，食品用纸包装、容器等制品，食品用洗涤剂，压力锅产品，电热食品加工设备五个部分。

1. 食品用塑料包装容器工具等制品生产许可实施细则

（1）单元划分及产品品种 食品用塑料包装容器工具等制品是指用于包装、盛放食品或者食品添加剂的塑料制品以及食品或者食品添加剂生产经营过程中直接接触食品或者食品添加剂的塑料包装、容器、工具等制品。

实施生产许可的食品用塑料包装容器工具等制品，根据产品使用特点分为包装膜袋、包装容器和工具 3 类，非复合膜袋、复合膜袋等 6 个产品单元。

（2）企业申请生产许可证的基本条件 按照不同产品品种、不同材质提交相应的产品检验报告；生产设施和检验设施：生产设施和检验设施应符合《食品安全国家标准 食品接触材料及制品生产通用卫生规范》（GB 31603—2015）要求；检验能力：生产者应当具备必备的检验能力并依法对其生产的食品相关产品按照食品安全国家标准进行检验。

（3）其他规定 本细则详细规定了产品的许可范围，以附表的形式列举了：食品用塑料包装容器工具等制品产品单元、产品品种及相关标准；食品用塑料包装容器工具等制品应具备的关键生产设备及对应的生产工艺；食品用塑料包装容器工具等制品生产企业应具备的检验设备；食品用塑料包装容器工具等制品食品安全国家标准检验项目及指标；复合膜袋检验项目及指标；各产品品种涉及的影响食品安全和/或质量的其他重要指标发证检验项目等内容。

2. 食品用纸包装、容器等制品生产许可实施细则

（1）单元划分及产品品种 食品用纸包装、容器等制品是指用于包装、盛放食品或者食品添加剂的纸制品和复合纸制品以及食品或者食品添加剂生产经营过程中直接接触食品或者食品添加剂的纸容器、用具、餐具等制品。

实施生产许可的食品用纸包装、容器等制品，根据产品使用特点分为食品用纸包装和食品用纸容器 2 个产品单元，食品包装纸、纸质袋等 21 个产品单元。

（2）企业申请生产许可证的基本条件 按照不同产品品种、不同材质提交相应的产品检验报告，其检验项目覆盖本细则附件规定项目要求。生产设施和检验设施：生产设施检验设施应符合《食品安全国家标准 食品接触材料及制品生产通用卫生规范》（GB 31603—2015）要求。生产设备：生产者应具备基本的生产设备。检验能力：生产者应当具备必备的检验能力并依法对其生产的食品相关产品按照食品安全国家标准进行检验。

（3）其他规定 本细则详细规定了产品的许可范围，以附表的形式列举了：食品用纸包装、容器等制品食品安全国家标准检验项目及指标；食品用纸包装、容器等制品物理性能指标；食品用纸包装、容器制品产品单元、产品品种及相关标准等内容。

四、塑料食品接触材料供应链责任及符合性声明行业指南

食品接触材料是一个多级供应链生产的产品，只有所有经营者能从终产品合规、安全的角度出发，在其生产环节内承担必要的责任，终产品合规才能有所保证。塑料食品接触材料供应链梳理如图 3-3 所示。

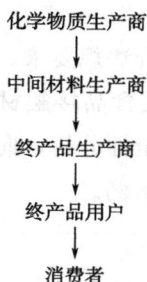

化学物质生产商

↓

中间材料生产商

↓

终产品生产商

↓

终产品用户

↓

消费者

图 3-3　塑料食品接触材料供应链

鉴于食品接触材料材质类别繁多，成分复杂，其中所含有毒有害物质难以通过检测手段了解，目前国内外均通过符合性声明解决这一问题。符合性声明是供应商在销售过程中传递给客户的法规符合性的重要文件，是发布方声明已履行的合规工作并传递下游所应进行的合规工作。

为保障信息的有效传递，《食品安全国家标准　食品接触材料及制品通用安全要求》（GB 4806.1—2016）第 8 小节对企业责任和需传递的符合性声明规定如下：

8.3 标识内容应包括产品名称、材质，对相关法规及标准的符合性声明，生产者和（或）经销者的名称、地址和联系方式，生产日期和保质期（适用时）等内容。

8.4 符合性声明应包括遵循的法规和标准，有限制性要求的物质名单及限制性要求和总迁移量合规性情况（仅成型品）等。

符合性声明需要附支持性文件，支持性文件包括但不限于原辅料质量规格说明、法规/标准中使用限制的符合性筛查、测试或评估报告，以及其他关于食品接触材料安全性的评估材料等。

只有获得食品接触材料中原辅料物质信息，特别是有限制性要求的物质信息，以及食品接触材料的使用条件，方能准确地评价食品接触材料的合规性和安全性。因此，塑料食品接触材料各供应链均有义务向下级客户提供符合性声明。

（1）化学物质生产商　化学物质生产商提供的符合性声明需说明物质的授权情况及使用限制，并确保物质质量规格符合食品接触材料生产要求。化学物质生产商需向中间材料生产商提供符合性声明材料。符合性声明（化学物质）的格式及内容可参考以下示例。

示例：

符合性声明（化学物质）

商　品　名　称：　　　　　　　　　　××××

化学名称（适用时）：　　　　　　　　××××

生产商（适用时）：　　　　　　　　　××××××

联系方式（适用时）：　　　　　　　　××××××

声　　明　　方：　　　　　　　　　　××××××

联系方式（适用时）：　　　　　　　　××××××

法　规　符　合　性：本产品符合《食品安全国家标准　食品接触材料及制品用添加剂使用标准》（GB 9685—2016）、《食品安全国家标准　食品接触材料及制品通用安全要求》（GB 4806.1—2016）中化学物质的相关要求。生产过程符合《食品安全国家标准　食品接触材料及制品生产通用卫生规范》（GB 31603—2015）中化学物质生产的相关原则性要求。

法规限制性要求:产品中有限制性要求的物质及其限制性要求见附件(如该类信息较少时,可直接在此处说明,无须采用附件形式)。

使　用　提　醒:除法规/标准要求以外的,需提示下游用户的使用规范和注意事项,如使用的材料、与材料和其他物质的相容性、建议使用量、使用时的良好操作规范要求等。

责　任　声　明:

　　　　　　　　　　　　　　　　　　　　　　　　　　　　　　　签　名:

(2) 中间材料生产商　中间材料生产商需要确认材料和物质符合法规要求。向上游索要符合性声明,并依据 GB 31603—2015 符合性声明中相关要求及相关食品接触材料安全标准进行生产。结合上游提供的符合性声明文件以及自身生产工艺的安全性分析,向下游客户提供符合性声明。符合性声明（中间材料）的格式及内容可参考以下示例。

示例:

符合性声明(中间材料)

商　品　名　称:　　　　　　　　　　　　　××××

化学名称(适用时):　　　　　　　　　　　××××

生产商(适用时):　　　　　　　　　　　××××××

联系方式(适用时):　　　　　　　　　　××××××

声　　明　　方:　　　　　　　　　　　××××××

联　系　方　式:　　　　　　　　　　　××××××

法　规　符　合　性:产品符合《食品安全国家标准　食品接触材料及制品通用安全要求》(GB 4806.1—2016)的要求,基础树脂符合《食品安全国家标准　食品接触用塑料材料及制品》(GB 4806.7—2023)要求,添加剂符合《食品安全国家标准　食品接触材料及制品用添加剂使用标准》(GB 9685—2016)及相关公告要求。产品生产过程符合《食品安全国家标准　食品接触材料及制品生产通用卫生规范》(GB 31603—2015)中的要求。产品中有限制要求的物质名单及限制性要求见附件。

使　用　提　醒:除法规/标准要求以外的,需提示下游用户的使用规范和注意事项,如加工温度、工艺要求、与其他材料的相容性以及中间材料的应用情况等。

责　任　声　明:以上信息仅限我司生产/提供产品的合规性承诺,不包括经销商和下游使用者加工使用以及运输过程中引入或反应生成的物质。

(3) 终产品生产商　终产品生产商对生产过程中使用的原料、中间材料、添加的物质和产生的物质负责,确认其符合法规要求。向上游索要符合性声明,并依据 GB 31603—2015 符合性声明中相关要求及相关食品接触材料安全标准进行生产。结合上游提供的符合性声明文件、自身生产工艺的安全性分析,按照产品预期用途向下游客户提供符合性声明说明产品的合规性,并留存符合性声明的支持性文件。当直接客户为消费者,或没有其他角色的零售商时,则不需传递符合性声明文件,但应按照《食品安全国家标准　食品接触材料及制品通用安全要求》(GB 4806.1—2016)中产品信息要求标识产品的正确、安全使用要求等内容。符合性声明（终产品）的格式及内容可参考以下示例。

示例:

符合性声明(终产品)

产　品　名　称:××××× (符合性声明对象的产品名称)

产　品　材　质:××××× (根据相关产品标准要求标识产品材质,对于复合、组合材料及制品可以列表的形式体现各层材料或部件的材质)

生　　　产　　　商:××××××

联系方式(适用时):×××××

声　明　方:×××××

联系方式(适用时):×××××

产品使用条件[a]:可以或不可以接触的食品/食品类型、与食品接触的使用条件限制(接触时间和接触温度)、最大面积
　　　　　　　　体积比(或最小容量)和重复使用情况等。

符合法规:产品符合《食品安全国家标准　食品接触材料及制品通用安全要求》(GB 4806.1—2016)、《食品安全
　　　　　　国家标准　食品接触材料及制品用添加剂使用标准》(GB 9685—2016)和《食品安全国家标准　食品
　　　　　　接触用塑料材料及制品》(GB 4806.7—2023)中的相关要求。产品生产过程符合《食品安全国家标准
　　　　　　食品接触材料及制品生产通用卫生规范》(GB 31603—2015)要求。

法规符合性说明:产品对上述法规技术指标的符合情况见附件。

责任声明:我司对所提供产品试样、产品信息、测试报告的真实性及配方的变更负法律责任。产品使用者对正
　　　　　　确使用该产品负有法律责任。

[a]对于终产品,其符合性声明中必须说明产品的安全使用条件,其说明信息包括但不限于以上内容。当不做任何说明时,
则意味着产品可在任何条件下使用。

签　名:

日　期:

附件:产品技术指标法规限量要求及其符合性

一、基础理化指标符合性

指标	限量	符合性	限量来源	符合性说明 (验证符合性的方法及条件)
总迁移量/(mg/dm²)	10	符合	GB 4806.7—2023	试验条件:10%(体积分数)乙醇,(40℃,10d)
高锰酸钾消耗量/(mg/kg)	10	符合	GB 4806.7—2023	试验条件:蒸馏水(60℃,2h)
重金属(以 Pb 计)/(mg/kg)	1	符合	GB 4806.7—2023	试验条件:4%(体积分数)乙酸(60℃,2h)
脱色试验	阴性	符合	GB 4806.7—2023	试验条件:10%乙醇(体积分数),(40℃,10d)

二、有限制物质限量指标的符合性

1. 特定迁移量指标的符合性

指标	限量	符合性	限量来源	符合性说明 (验证符合性的方法及条件)
××迁移量/(mg/kg)	0.04	符合	GB 9685—2016	□全迁移假设计算,计算所用参数:××××; □总迁移量筛查,试验参数:×××××; □迁移量测试,试验参数:×××××

2. 残留量指标的符合性

指标	限量	符合性	限量来源	符合性说明 (验证符合性的方法及条件)
××残留量/(mg/kg)	0.04	符合	GB 9685—2016	□测试报告; □添加量计算

（4）终产品用户　当用户为食品或食品原料/半成品的企业经营者时，应向上游索要符合性声明，保证使用的食品接触材料符合法规要求，并正确使用（如包装适合的特定食品/食品类型、包装温度、时间等件）。必要时，向供应商传递预期用途信息，帮助供应商在生产环节完成有针对性的合规性评价工作。如供应商提供的符合性声明不能涵盖预期使用条件时，终产品用户应评估确认终产品的合规性，并留存合规性评估的支持性文件。

（5）消费者　消费者应遵守商品标签上的标识或使用说明，正确使用产品，特别是产品的限制性使用要求，如接触的食品或食品类别、与食品接触的时间和温度等。

五、食品接触材料及制品的监管机构

食品接触材料及制品的主要监管机构包括国家市场监督管理总局、海关总署、国家卫生健康委员会。

国家市场监督管理总局总体负责全国食品接触材料的质量安全监督管理工作，拟订全国食品接触材料的安全监督抽检计划，拟订生产监督管理和生产者落实主体责任的制度措施并组织实施；组织开展食品生产企业监督检查，组织查处相关重大违法行为等。

海关总署负责进口的食品接触材料安全管理，应当符合我国食品安全国家标准。当在食品接触材料中发现严重食品安全问题的，进行风险预警，并采取退货或者销毁处理、有条件地限制进口、暂停或者禁止进口等控制措施。

国家卫生健康委员会负责组织拟订食品安全国家标准，开展食品安全风险监测、评估和交流，承担新食品原料、食品添加剂新品种、食品相关产品新品种的安全性审查。

六、食品接触材料及制品的合规评价

1. 食品接触材料及制品符合性评价

一般流程如图 3-4 所示。

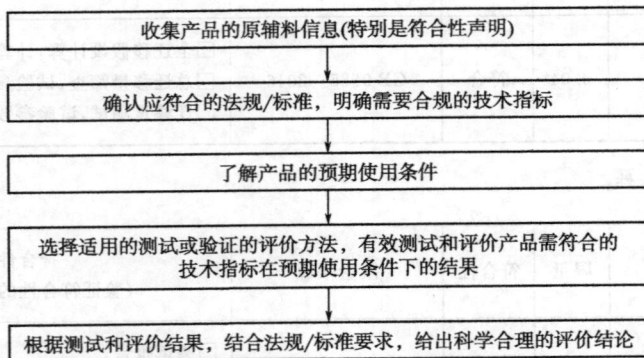

```
┌─────────────────────────────────────────────────────────┐
│        收集产品的原辅料信息(特别是符合性声明)              │
└─────────────────────────────────────────────────────────┘
                          ↓
┌─────────────────────────────────────────────────────────┐
│      确认应符合的法规/标准，明确需要合规的技术指标          │
└─────────────────────────────────────────────────────────┘
                          ↓
┌─────────────────────────────────────────────────────────┐
│              了解产品的预期使用条件                        │
└─────────────────────────────────────────────────────────┘
                          ↓
┌─────────────────────────────────────────────────────────┐
│  选择适用的测试或验证的评价方法，有效测试和评价产品需符合的  │
│          技术指标在预期使用条件下的结果                    │
└─────────────────────────────────────────────────────────┘
                          ↓
┌─────────────────────────────────────────────────────────┐
│  根据测试和评价结果，结合法规/标准要求，给出科学合理的评价结论 │
└─────────────────────────────────────────────────────────┘
```

图 3-4　食品接触材料及制品符合性评价的一般流程

（1）收集产品的原辅料信息（特别是符合性声明）　获取产品的原辅料信息和符合性声明，这是有效评价产品合规的关键。只有根据上游提供的这些信息，才能准确获得产品材质原料、添加剂及非有意添加物的评估等信息。必要时，还应结合产品的生产环境、工艺流程等信息进行评价。

（2）确认应符合的法规/标准，明确需要合规的技术指标　根据产品的原辅料确定终产品应符合的法规/标准，结合原辅料符合性声明和法规/标准要求，确认终产品需要进行合规性评价的技术指标，包括但不限于产品标准中明确的感官、理化指标，以及原辅料符合性声明中有限制物质的 QM、SML 限量指标等。

（3）了解产品的预期使用条件　了解产品预期使用条件，包括与食品接触形式、接触食品/食品类型、与食品接触的时间和温度、面积体积（质量）比、重复使用情况以及使用前清洗要求等。对于食品包装，接触时间和温度（包括灌装、杀菌、制熟、存储和食用）的条件。该部分信息可从下游客户（终产品的使用者）获得，当无法获得时，可进行全面评估，给出可安全使用的条件。

（4）采用适用方法进行测试和评价　对于法规/标准中规定了测试和评价方法的，应采用标准规定的方法。没有规定方法时，应确保所采用方法的准确性。通过测试获得迁移量的，必须确保迁移量测试条件和结果计算（食品模拟物、时间、温度、重复试验要求、面积/体积比等）与使用条件相匹配。

（5）给出科学合理的评价结论　根据上游供应商提供的符合性声明中的使用限制，以及终产品的评价情况，给出产品的评价结论，包括但不限于评价依据、符合的法规/标准、产品的使用限制或安全使用条件等。

2. 符合性评价的关键

食品接触材料及制品合规评价的关键在于：

产品信息的全面性和真实性，特别是产品上游符合性声明的信息；根据适用法规/标准，核查材料和物质的授权使用情况；确认产品中各技术指标和有限制物质限量要求［SML，SML(T)、QM 等］，在产品预期使用条件下的符合性。

课后拓展训练

【判断题】

1. 食品接触材料仅需符合企业自行制定的标准，无须遵守国家或行业技术法规。
（　　）

2. 生产食品接触材料的企业无须取得生产许可证，只需通过质量管理体系认证即可。
（　　）

3. 塑料食品接触材料的供应链责任要求企业提供符合性声明，以证明其产品符合法规要求。（　　）

【单项选择题】

1. 我国食品接触材料的主要监管机构是：

A. 国家卫生健康委员会　　　　　　　　B. 农业农村部

C. 国家市场监督管理总局　　　　　　　D. 生态环境部

2. 食品接触材料的合规评价通常不包括以下哪项内容?

A. 材料迁移物测试报告　　　　　　　B. 产品广告宣传文案

C. 生产工艺合规性审查　　　　　　　D. 符合性声明文件

3. 根据《食品安全法》，食品接触材料的标签必须标明:

A. 生产日期和保质期　　　　　　　　B. "食品接触用"或类似说明

C. 原料供应商联系方式　　　　　　　D. 产品零售价格

项目三　食品检验合规

【技能目标】　能够组织准备和提交食品检验机构资质认定相关材料;能够选择食品检验标准;能够进行食品检验数据处理;能够进行食品计量仪器检定;能够进行食品检验文件管理。

【知识目标】　了解食品检验机构资质认定办法;熟悉食品检验方法标准;掌握食品实验室管理规定及计量仪器检定要求。

案例导入

【案例】国内一企业打算设立第三方食品检验机构，经过一段时间的准备之后，成功获得资质认定。在一次飞行检查中，监管部门发现该检验机构存在仪器设备标识、环境卫生等多处管理不规范的问题，被限期整改。

【案例解析】依据《检验检测机构监督管理办法》第二十五条的规定，检验检测机构有下列情形之一的（《检验检测机构监督管理办法》第九条的规定，检验检测机构应当按照国家有关强制性规定的样品管理、仪器设备管理与使用、检验检测规程或者方法、数据传输与保存等要求进行检验检测），由县级以上市场监督管理部门责令限期改正;逾期未改正或者改正后仍不符合要求的，处3万元以下罚款。

【思政解析】《检验检测机构监督管理办法》规定，检验检测机构应当在其官方网站或者以其他公开方式对其遵守法定要求、独立公正从业、履行社会责任、严守诚实信用等情况进行自我声明，并对声明内容的真实性、全面性、准确性负责。因此，检验检测机构及检验人员应正确履行合规义务，避免食品安全问题的发生，规避被行政处罚的风险，恪守职业道德、尊重法律并很好地承担社会责任。

一、食品质量检验基本知识

随着社会的飞速发展，人们对于食品质量与安全的追求愈发精益。在食品生产和安全监督管理活动中，食品检验作为一项重要的质保手段起着重要作用。

1. 术语定义

（1）检验检测机构　指依法成立，依据相关标准等规定利用仪器设备、环境设施等技术条件和专业技能，对产品或者其他特定对象进行检验检测的专业技术组织。

（2）资质认定　指市场监督管理部门依照法律、行政法规规定，对向社会出具具有证明作用的数据、结果的检验检测机构的基本条件和技术能力是否符合法定要求实施的评价许可。

（3）检验　是指为确定产品或服务的各特性是否合格，测量、检查、测试或量测产品或服务的一种或多种特性，并且与规定要求进行比较的活动。

（4）食品检测检验　指对食品进行质量分析、鉴定和评价，以判断食品是否符合标准或规范的要求。

（5）食品质量检验　指采用一定的检验测试手段和检验方法测定产品的质量特性，然后把测定的结果同规定的质量标准相比较，从而对产品作出合格或不合格的判断。

2. 检验的目的

主要有以下两点：

① 鉴定被检验对象是否符合技术要求，保证检验验收的产品达到规定的质量水平。

② 提供有关质量信息，以便及时采取措施改进提高产品质量。

3. 国家相关法律法规等对食品检验的规定

（1）《食品安全法》　第八十四条规定：食品检验机构按照国家有关认证认可的规定取得资质认定后，方可从事食品检验活动。但是，法律另有规定的除外。

食品检验机构的资质认定条件和检验规范，由国务院食品安全监督管理部门规定。

符合本法规定的食品检验机构出具的检验报告具有同等效力。

县级以上人民政府应当整合食品检验资源，实现资源共享。

第八十五条规定：食品检验由食品检验机构指定的检验人独立进行。

检验人应当依照有关法律法规的规定，并按照食品安全标准和检验规范对食品进行检验，尊重科学，恪守职业道德，保证出具的检验数据和结论客观、公正，不得出具虚假检验报告。

第八十六条规定：食品检验实行食品检验机构与检验人负责制。食品检验报告应当加盖食品检验机构公章，并有检验人的签名或者盖章。食品检验机构和检验人对出具的食品检验报告负责。

第八十七条规定：县级以上人民政府食品安全监督管理部门应当对食品进行定期或者不定期的抽样检验，并依据有关规定公布检验结果，不得免检。进行抽样检验，应当购买抽取的样品，委托符合本法规定的食品检验机构进行检验，并支付相关费用；不得向食品生产经营者收取检验费和其他费用。

第八十八条规定：对依照本法规定实施的检验结论有异议的，食品生产经营者可以自收到检验结论之日起七个工作日内向实施抽样检验的食品安全监督管理部门或者其上一级食品安全监督管理部门提出复检申请，由受理复检申请的食品安全监督管理部门在公布的复检机构名录中随机确定复检机构进行复检。复检机构出具的复检结论为最终检验结论。复检机构与初检机构不得为同一机构。复检机构名录由国务院认证认可监督管理、食品安全监督管理、卫生行政、农业行政等部门共同公布。

采用国家规定的快速检测方法对食用农产品进行抽查检测，被抽查人对检测结果有异议的，可以自收到检测结果时起四小时内申请复检。复检不得采用快速检测方法。

第八十九条规定：食品生产企业可以自行对所生产的食品进行检验，也可以委托符合本法规定的食品检验机构进行检验。

食品行业协会和消费者协会等组织、消费者需要委托食品检验机构对食品进行检验的，应当委托符合本法规定的食品检验机构进行。

第九十条规定：食品添加剂的检验，适用本法有关食品检验的规定。

(2)《中华人民共和国食品安全法实施条例》 第四十二条规定：依照食品安全法第八十八条的规定申请复检的，申请人应当向复检机构先行支付复检费用。复检结论表明食品不合格的，复检费用由复检申请人承担；复检结论表明食品合格的，复检费用由实施抽样检验的食品安全监督管理部门承担。

第四十三条规定：任何单位和个人不得发布未依法取得资质认定的食品检验机构出具的食品检验信息，不得利用上述检验信息对食品、食品生产经营者进行等级评定，欺骗、误导消费者。

第七十九条规定：复检机构无正当理由拒绝承担复检任务的，由县级以上人民政府食品安全监督管理部门给予警告，无正当理由1年内2次拒绝承担复检任务的，由国务院有关部门撤销其复检机构资质并向社会公布。

第八十条规定：违反上述规定，由县级以上食品安全监督管理部门责令改正，有违法所得的，没收违法所得，并处10万元以上50万元以下罚款；拒不改正的，处50万元以上100万元以下罚款；构成违反治安管理行为的，由公安机关依法给予治安管理处罚。

(3)《检验检测机构监督管理办法》《检验检测机构监督管理办法》2021年4月8日国家市场监督管理总局令第39号公布，根据2025年3月18日国家市场监督管理总局令第101号修订。

二、食品检验机构资质认定

检验机构开展国家法律法规规定需要取得特定资质的检验活动，应当取得相应的资质。资质认定部门在实施食品检验机构资质认定评审时，除了将《检验检测机构资质认定管理办法》作为检验机构资质认定评审的准则外，还要符合《食品检验机构资质认定条件》（以下简称《资质认定条件》）相关要求。

1. 资质认定范围

《国家认监委关于实施食品检验机构资质认定工作的通知》规定了食品检验机构资质认定的范围。依据《食品安全法》相关规定，从事食品、食品添加剂以及食品安全标准规定的食品相关产品检验的机构，按照食品检验机构进行管理，实施食品检验机构资质认定。从事供食用的源于农业的初级产品（食用农产品）检验检测活动的机构按照《农产品质量安全法》关于农产品质量安全检测机构的规定进行管理。

2. 资质认定条件

《检验检测机构资质认定管理办法》第八条规定，国务院有关部门以及相关行业主管部门依法成立的检验检测机构，其资质认定由市场监管总局负责组织实施；其他检验检测机构的资质认定，由其所在行政区域的省级市场监督管理部门负责组织实施。

第九条规定，申请资质认定的检验检测机构应当符合以下条件：

① 依法成立并能够承担相应法律责任的法人或者其他组织；

② 具有与其从事检验检测活动相适应的检验检测技术人员和管理人员；

③ 具有固定的工作场所，工作环境满足检验检测要求；

④ 具备从事检验检测活动所必需的检验检测设备设施；

⑤ 具有并有效运行保证其检验检测活动独立、公正、科学、诚信的管理体系；

⑥ 符合有关法律法规或者标准、技术规范规定的特殊要求。

3. 食品检验机构资质认定达到规定的要求

为了加强食品检验机构管理，规范食品检验机构资质认定工作，检验机构在管理体系、检验能力、人员、环境和设施、设备和标准物质等方面应当达到《资质认定条件》规定的要求。

(1) 管理体系 检验机构应当建立完善的管理体系，包括内部审核、管理评审、质量监督、内部质控、能力验证等有效措施。

《资质认定条件》规定，检验机构应当按照《中华人民共和国食品安全法》（以下简称《食品安全法》）及其实施条例、国家有关检验检测机构管理的规定及本认定条件的要求，建立和实施与其所开展的检验活动相适应的独立、科学、诚信和公正的管理体系。

检验机构应当制定完善的管理体系文件，包括政策、计划、程序文件、作业指导书、应急检验预案、档案管理制度、安全规章制度、检验责任追究制度以及相关法律法规要求的其他文件等，并确保其有效实施和受控。

检验机构应当采用内部审核、管理评审、质量监督、内部质控、能力验证等有效内外部措施定期审查和完善管理体系，保证其基本条件和技术能力能够持续符合资质认定条件和要求，并确保管理体系有效运行。在首次资质认定前，管理体系应当已经连续运行至少6个月，并实施了完整的内部审核和管理评审。

检验机构在工作过程中应当规范工作流程，强化对抽（采）样、检验、结果报告等关键环节质量控制，并有效监控检验结果的稳定性和准确性，加强原始记录和检验报告管理，确保检验结果准确、完整、可溯源。

食品检验实行检验机构与检验人负责制。检验机构和检验人对出具的食品检验报告负责。检验机构和检验人出具虚假检验报告的，按照相关法律法规的规定承担相应责任。

检验机构在运用计算机与信息技术或自动设备系统对检验数据和相关信息进行管理时，应当有保障其安全性、完整性的措施，并验证有效。

(2) 检验能力 食品检验机构应该具备相应的检验能力来开展相匹配的检验活动。

按照《资质认定条件》第十三条规定，检验机构应当至少具备下列一项或多项检验能力：

① 能对某类或多类食品标准所规定的检验项目进行检验；

② 能对某类或多类食品添加剂标准所规定的检验项目进行检验；

③ 能对某类或多类食品相关产品的食品安全标准所规定的检验项目进行检验；

④ 能对食品中污染物、农药残留、兽药残留、真菌毒素等通用类标准或相关规定要求的检验项目进行检验；

⑤ 能对食品安全事故致病因子进行鉴定；

⑥ 能进行食品毒理学、功能性评价；

⑦ 能开展《食品安全法》及其实施条例规定的其他检验活动。

第十四条 另外，检验机构应当掌握开展食品检验活动所需的有效的相关标准和检验方法，应当在使用前对其进行验证或确认，并保存相关记录。

第十五条 检验机构应当能够对所检验食品的检验质量事故进行分析和评估，并采取相应纠正措施。

(3) 人员 按照《资质认定条件》的规定，检验机构应当具备充足的技术人员，其数量、专业技术背景、工作经历、检验能力等应当与所开展的检验活动相匹配。

食品检验由检验机构指定的检验人独立进行。检验人应当依照有关法律、法规的规定，并按照食品标准和食品检验工作规范对食品进行检验，尊重科学，恪守职业道德，保证出具的检验数据和结论客观、公正，不得出具虚假检验数据和报告。

检验人员应当为正式聘用人员，并且只能在本检验机构中从业。检验机构不得聘用相关法律法规规定禁止从事食品检验工作的人员。具有中级及以上技术职称或同等能力的人员数量应当不少于从事食品检验活动的人员总数的30%。

检验机构应当具备与所开展的检验活动相适应的管理人员。管理人员应当具有检验机构管理知识，并熟悉食品相关的法律法规和标准。

检验机构的技术人员应符合以下要求：

① 技术人员应当熟悉《食品安全法》及其相关法律法规以及有关食品标准和检验方法的原理，掌握检验操作技能、标准操作规程、质量控制要求、实验室安全与防护知识、计量和数据处理知识等，并应当经过食品相关法律法规、质量管理和有关专业技术的培训和考核。

② 技术负责人、授权签字人应当熟悉业务，具有食品、生物、化学等相关专业的中级及以上技术职称或者同等能力。

食品、生物、化学等相关专业博士研究生毕业，从事食品检验工作1年及以上；食品、生物、化学等相关专业硕士研究生毕业，从事食品检验工作3年及以上；食品、生物、化学等相关专业大学本科毕业，从事食品检验工作5年及以上；食品、生物、化学等相关专业大学专科毕业，从事食品检验工作8年及以上，可视为具有同等能力。

③ 检验人员应当具有食品、生物、化学等相关专业专科及以上学历并具有1年及以上食品检测工作经历，或者具有5年及以上食品检测工作经历。

④ 从事国家规定的特定检验活动的人员应当取得相关法律法规所规定的资格。

(4) 环境和设施　按照《资质认定条件》，检验机构应当具备开展食品检验活动所必需的且能够独立调配使用的固定工作场所，工作环境应当满足食品检验的功能要求。

① 检验机构的工作环境和基本设施应当满足检验方法、仪器设备正常运转、技术档案贮存、样品制备和贮存、废弃物贮存和处理、信息传输与数据处理、保障人身安全和环境保护等要求。

② 检验机构应当具备开展食品检验活动所必需的实验场地，并进行合理分区。实验区应当与非实验区分离，互相有影响的相邻区域应当实施有效隔离，防止交叉污染及干扰，明确需要控制的区域范围和有关危害的明显警示。

③ 检验机构应当制定并实施有关实验室安全和保障人身安全的制度。检验机构应当具有与检验活动相适应的、便于使用的安全防护装备及设施，并定期检查其功能的有效性。

④ 对于开展动物实验活动的检验机构应当满足以下条件：

a. 具有温度、湿度、通风、空气净化、照明等环境控制和监控设施；

b. 具有独立的实验动物检疫室，布局合理，并且避免交叉污染；

c. 具有与开展动物实验项目相适应的消毒灭菌设施，净化区和非净化区分开；

d. 具有收集和放置动物排泄物及其他废弃物的卫生设施；

e. 具有用于分离饲养不同种系及不同实验项目动物、隔离患病动物等所需的独立空间；

f. 开展挥发性物质、放射性物质或微生物等特殊动物实验的检验机构应当配备特殊动物实验室，并配备相应的防护设施（包括换气及排污系统），并与常规动物实验室完全分隔。

g. 开展动物功能性评价的检验机构，其动物实验室环境应当相对独立，并具备满足不同功能实验要求的实验空间和技术设备条件。

⑤ 毒理实验室应当配备用于阳性对照物贮存和处理的设施。开展体外毒理学检验的实验室应当具有足够的独立空间分别进行微生物和细胞的遗传毒性实验。

⑥ 微生物实验室面积应当满足检验工作的需求，总体布局应当减少潜在的污染和避免生物危害，并防止交叉污染。涉及病原微生物的检验活动应当按照相关规定在相应级别的生物安全实验室中进行。

⑦ 开展感官检验的检验机构应当按照食品标准及相关规定的要求设置必要的感官分析区域。

⑧ 开展人体功能性评价的检验机构应当具备相对独立的评测空间以及能够满足人体试食试验功能评价需要的设施条件。

(5) 设备和标准物质　按照《资质认定条件》规定，检验机构应当配备开展检验活动所必需的且能够独立调配使用的仪器设备、样品前处理装置以及标准物质或标准菌（毒）种等。

检验机构的仪器设备及其软件、标准物质或标准菌（毒）种等应当由专人管理，仪器设备应当经量值溯源或核查以满足使用要求。

检验机构应当建立和保存对检验结果有影响的仪器设备的档案，包括操作规程、量值溯源的计划和证明、使用和维护维修记录等。

4. 资质认定程序

《检验检测机构资质认定管理办法》第十条规定，检验检测机构资质认定程序分为一般程序和告知承诺程序。除法律、行政法规或者国务院规定必须采用一般程序或者告知承诺程序的外，检验检测机构可以自主选择资质认定程序。

检验检测机构资质认定推行网上审批，有条件的市场监督管理部门可以颁发资质认定电子证书。

(1) 确认申请资质认定的食品检验机构是否具备相应条件　食品检验机构应当是依法成立并能够承担相应法律责任的法人或者其他组织；具有与其从事检验检测活动相适应的检验检测技术人员和管理人员；具有固定的工作场所，工作环境满足检验检测要求；具备从事检验检测活动所必需的检验检测设备设施；具有并有效运行保证其检验检测活动独立、公正、科学、诚信的管理体系；符合有关法律法规或者标准、技术规范规定的特殊要求。检验机构在管理体系、检验能力、人员、环境和设施、设备和标准物质等方面应当达到《资质认定条件》的要求。

(2) 确认资质认定程序，提交材料进行资质认定

(3) 检验检测机构资质认定一般程序

① 申请资质认定的检验检测机构（以下简称申请人），应当向市场监管总局或者省级市场监督管理部门（以下统称资质认定部门）提交书面申请和相关材料，并对其真实性负责；

② 资质认定部门应当对申请人提交的申请和相关材料进行初审，自收到申请之日起5个工作日内作出受理或者不予受理的决定，并书面告知申请人；

③ 资质认定部门自受理申请之日起，应当在30个工作日内，依据检验检测机构资质认定基本规范、评审准则的要求，完成对申请人的技术评审。技术评审包括书面审查和现场评审（或者远程评审）。技术评审时间不计算在资质认定期限内，资质认定部门应当将技术评审时间告知申请人。由于申请人整改或者其他自身原因无法在规定时间内完成的情况除外；

④ 资质认定部门自收到技术评审结论之日起，应当在10个工作日内，作出是否准予许可的决定。准予许可的，自作出决定之日起7个工作日内，向申请人颁发资质认定证书。不予许可的，应当书面通知申请人，并说明理由。

(4) 告知承诺程序　对于采用告知承诺程序实施资质认定的，按照市场监管总局有关规定执行。

此外，资质认定部门作出许可决定前，申请人有合理理由的，可以撤回告知承诺申请。告知承诺申请撤回后，申请人再次提出申请的，应当按照一般程序办理。

5. 资质认定期限

食品检验机构资质认定证书有效期为6年。

需要延续资质认定证书有效期的，应当在其有效期届满3个月前提出申请。

资质认定部门根据检验检测机构的申请事项、信用信息、分类监管等情况，采取书面审查、现场评审（或者远程评审）的方式进行技术评审，并作出是否准予延续的决定。

对上一许可周期内无违反市场监管法律法规、规章行为的检验检测机构，资质认定部门可以采取书面审查方式，对于符合要求的，予以延续资质认定证书有效期。

6. 资质变更

根据《检验检测机构资质认定管理办法》第十四条规定，有下列情形之一的，检验检测机构应当向资质认定部门申请办理变更手续：

① 机构名称、地址、法人性质发生变更的；

② 法定代表人、最高管理者、技术负责人、检验检测报告授权签字人发生变更的；

③ 资质认定检验检测项目取消的；

④ 检验检测标准或者检验检测方法发生变更的；

⑤ 依法需要办理变更的其他事项。

此外，检验检测机构申请增加资质认定检验检测项目或者发生变更的事项影响其符合资质认定条件和要求的，可以依照《检验检测机构资质认定管理办法》第十条规定的程序实施。

7. 资质认定证书内容与标志

资质认定证书内容包括：发证机关、获证机构名称和地址、检验检测能力范围、有效期限、证书编号、资质认定标志。

检验检测机构资质认定标志，由 China Inspection Body and Laboratory Mandatory Approval 的英文缩写 CMA 形成的图案和资质认定证书编号组成。式样如图 3-5 所示。

图 3-5　检验检测机构资质认定标志

8. 资质认定其他要求

根据《检验检测机构资质认定管理办法》的规定，外方投资者在中国境内依法成立的检验检测机构，申请资质认定时，除应当符合本办法第九条规定的资质认定条件外，还应当符合我国外商投资法律法规的有关规定。

检验检测机构依法设立的从事检验检测活动的分支机构，应当依法取得资质认定后，方可从事相关检验检测活动。

资质认定部门可以根据具体情况简化技术评审程序、缩短技术评审时间。

检验检测机构应当定期审查和完善管理体系，保证其基本条件和技术能力能够持续符合资质认定条件和要求，并确保质量管理措施有效实施。检验检测机构不再符合资质认定条件和要求的，不得向社会出具具有证明作用的检验检测数据和结果。

检验检测机构应当在资质认定证书规定的检验检测能力范围内，依据相关标准或者技术规范规定的程序和要求，出具检验检测数据、结果。检验检测机构向社会出具具有证明作用的检验检测数据、结果的，应当在其检验检测报告上标注资质认定标志。

检验检测机构不得转让、出租、出借资质认定证书或者标志；不得伪造、变造、冒用资质认定证书或者标志；不得使用已经过期或者被撤销、注销的资质认定证书或者标志。

资质认定部门应当在其官方网站上公布取得资质认定的检验检测机构信息，并注明资质认定证书状态。因应对突发事件等需要，资质认定部门可以公布符合应急工作要求的检验检测机构名录及相关信息，允许相关检验检测机构临时承担应急工作。

三、食品检验工作管理

为规范食品检验工作，依据《食品安全法》及其实施条例，原国家食品药品监督管理总局组织制定了《食品检验工作规范》（以下简称《规范》），适用于依据《食品安全法》及其实施条例的规定开展的食品检验工作。

食品检验工作管理概述

1. 食品检验机构职责

检验机构应当符合《食品检验机构资质认定条件》，并按照国家有关认证认可的规定取得资质认定后，方可在资质有效期和批准的检验能力范围内开展食品检验工作，法律法规另有规定的除外。承担复检工作的检验机构还应当按照《食品安全法》规定取得食品复检机构资格。

检验机构应当确保其组织、管理体系、检验能力、人员、环境和设施、设备和标准物质等方面持续符合资质认定条件和要求，并与其所开展的检验工作相适应。食品检验实行检验机构与检验人负责制。检验机构和检验人对出具的食品检验数据和报告及检验工作行为负责。

检验机构及其检验人员应当遵循客观独立、公平公正、诚实信用原则，独立于食品检验工作所涉及的利益相关方，并通过识别诚信要素、实施针对性监控、建立保障制度等措施确保不受任何来自内外部的不正当的商业、财务和其他方面的压力和影响，保证检验工作的独立性、公正性和诚信。

检验机构及其检验人员不得有以下情形：

① 与其所从事的检验工作委托方、数据和结果使用方或者其他相关方，存在影响公平公正的关系；

② 利用检验数据和结果进行检验工作之外的有偿活动；

③ 参与和检验项目或者类似的竞争性项目有关系的产品的生产、经营活动；

④ 向委托方、利益相关方索取不正当利益；

⑤ 泄露检验工作中所知悉的国家秘密、商业秘密和技术秘密；

⑥ 以广告或者其他形式向消费者推荐食品；

⑦ 参与其他任何影响检验工作独立性、公正性和诚信的活动。

检验机构应当履行社会责任，主动参与食品安全社会共治。在查办食品安全案件、协助司法机关进行检验、认定，以及发生食品安全突发事件时，检验机构应当建立绿色通道，配合政府相关部门优先完成相应的稽查检验和应急检验等任务。

检验机构应当按照国家有关法律法规的规定，实施实验室安全控制、人员健康保护和环境保护，规范危险品、废弃物、实验动物等的管理和处置，加强安全检查，制定安全事故应急处置程序，保障实验室安全和公共安全。

检验机构应当明确各类技术人员和管理人员职责和权限，建立检验责任追究制度以及检验事故分析、评估和处理制度等相应工作制度，强化责任意识，确保管理体系有效运行。

国家鼓励和支持检验机构围绕食品安全监管、食品产业现状和发展需求，积极开展检验技术、设备、标准物质研发，参与食品安全标准的制修订工作，加强质量管理方法研究，并利用信息技术建设抽样系统、业务流程管理平台和检验数据共享平台等信息化管理系统，不断提高检验能力、工作效率、管理水平和服务水平。

2. 抽（采）样和样品管理

检验样品贯穿于检验工作的始终，是保证检验结果可靠的重要一环。必须对抽（采）样、样品的接收、传递、储存、处置及样品的识别等环节实施有效的质量管理。

首先，承担抽（采）样工作的检验机构应当建立食品抽（采）样工作控制程序，制定抽（采）样计划，明确技术要求，规范抽（采）样流程，加强对抽（采）样人员的培训考核，确保抽（采）样工作的有效性。

检验机构应当按照相关标准、技术规范或委托方的要求进行样品采集、运输、流转、处置等操作，并保存相关记录。抽（采）样过程还要注意确保样品的完整性、安全性和稳定性。样品数量要满足检验工作的需要。网络食品的抽取还应当按照国家相关规定做好电子版样品信息和有关凭证的保存和样品查验工作。

另外，对于风险监测、案件稽查、事故调查、应急处置等工作中的抽（采）样工作，应当按照国家相关规定执行。

检验机构应当有样品的标识系统，并规范样品的接收、储存、流转、制备、处置等工作，确保样品在整个检验期间处于受控状态，避免混淆、污染、损坏、丢失、退化等影响检验工作的情况出现。样品的保存期限应当满足相关法律法规和标准的要求。

检验机构应当建立超过保存期限的样品无害化处置程序并保存相关审批、处置记录。

3. 检验管理

（1）检验方法标准 检验机构应当采用满足客户需要，并适用于客户所委托的样品的检测方法，应优先使用以国际、区域或国家标准发布的方法。实验室应确保使用标准的最新有效版本，除非该版本不适宜或不可能使用。必要时，应采用附加细则对标准加以补充，以确保应用的一致性。

食品检验管理

食品检验由检验机构指定的检验人独立进行，检验应当严格依据标准检验方法或经确认的非标准检验方法，确保方法中相关要求的有效实施。因实际情况，对方法的合理性偏离，应当有文件规定，并经技术判断和批准以及在客户接受的情况下实施。

规范检验方法的使用管理。在使用前应当进行证实，并保存相关记录。因工作需要，检验机构可采用经确认的非标准检验方法，但应该事先征得委托方同意。如果检验方法发生变化，应当重新进行证实或确认。实验室应确保使用标准的最新有效版本。

因风险监测、案件稽查、事故调查、应急处置等工作以及其他食品安全紧急情况的需要，对尚未建立食品安全标准检验方法的，检验机构可采用非食品安全标准等规定的检验项目和检验方法，并要符合国家相关规定的要求。

（2）检验记录 检验人员在检验工作中应及时填写原始记录，校核人员对原始记录的真实性、符合性进行校核，确认无误后签字，编制检验报告。

检验机构应当对检验工作如实进行记录，原始记录应当有检验人员的签名或者等效标识，确保检验记录信息完整，可追溯、复现检验过程。

（3）检验数据处理 检验机构应当建立检验结果复验程序，在检验结果不合格或者存疑等情况时，要进行复验并保存好记录，确保数据结果准确可靠。

检验机构应当严格按照相关法律法规的规定开展复检工作，确保复检程序合法合规，检验结果公正有效。初检机构可以对复检过程进行观察，复检机构应当予以配合。

通常，检验人员负责检验数据的记录、处理、运算和修约，正确填写检验原始记录，对检验原始记录和检验报告中数据处理与判定的准确性、符合性负责，校对人员应对计算和数据转换作适当的检查。

（4）检验报告管理 检验机构应当建立检验报告管理制度，对检验报告的填写与编制，报告审核、发送和存档等环节负责。

食品检验报告应当有检验机构资质认定标志以及检验机构公章或经法人授权的检验机构检验专用章，并有授权签字人的签名或者等效标识。检验机构出具的电子版检验报告和原始记录的效力按照国家有关签章的法律法规执行。

检验机构应当严格按照相关法律法规关于检验时限规定和客户要求，在规定的期限内完成委托检验工作，出具结果报告。

检验机构应当建立食品安全风险信息报告制度和投诉处理制度。在检验工作中发现食品存在严重安全问题或高风险问题，以及食品安全风险隐患时，要及时向上级监管部门报告，并保留书面报告复印件、检验报告和原始记录。检验机构还应当建立健全投诉处理制度，对检验结果有异议和有投诉的，要及时处理，并保存有关记录。

检验机构应当定期采取如加标回收、样品复测、人员比对、仪器比对、空白试验、对照试验、使用有证标准物质或质控样品、质控图持续监控等方式，加强结果质量控制，确保检验结果准确可靠。

4. 质量管理

（1）健全管理体系 检验机构应当健全组织机构，建立、实施和持续保持与检验工作相适应的管理体系。开展人体功能性评价的机构还应当具备独立的伦理审评委员会，建立与人体试食试验相适应的管理体系。

食品检验质量管理

检验机构应当建立健全档案管理制度，指定专人负责，并有措施确保存档材料的安全性、完整性。档案保存期限应当满足相关法律法规要求和检验工作追溯需要。

检验机构应当对检验工作实施内部质量控制和质量监督，有计划地进行内部审核和管理

评审，采取纠正和预防等措施定期审查和完善管理体系，不断提升检验能力，并保存相关记录。

承担政府相关部门委托检验的机构应当制定相应的工作制度和程序，实施针对性的专项质量控制活动，严格按照任务委托部门制定的计划、实施方案和指定的检验方法进行抽（采）样、检验和结果上报，不得有意回避或者选择性抽样，不得事先有意告知被抽样单位，不得瞒报、谎报数据结果等信息，不得擅自对外发布或者泄露数据。根据工作需要，检验机构应当接受任务委托部门安排，完成稽查检验和应急检验等任务。

（2）人员管理 检验机构应当建立健全人员持证上岗制度，规范人员的录用、培训、管理，加强对人员关于食品安全法律法规、标准规范、操作技能、质量控制要求、实验室安全与防护知识、量值溯源和数据处理知识等的培训考核，确保人员能力持续满足工作需求。

从事国家规定的特定检验工作的人员应当取得相关法律法规所规定的资格。检验机构不得聘用相关法律法规禁止从事食品检验工作的人员。

（3）环境管理 实验室是进行检测使用的场所，必须保持清洁、整齐、安静的良好环境。

检验机构的环境条件应当确保其不会使检验结果无效，或不会对检验质量产生不良影响。对相互影响的检验区域应当有效隔离，防止干扰或者交叉污染。微生物实验室和毒理学实验室生物安全等级管理应当符合国家相关规定。开展动物实验的实验室空间布局、环境设施还应当满足国家关于相应级别动物实验室管理的要求。

（4）仪器设备、试剂管理 检验机构应当建立健全仪器设备、标准物质、标准菌（毒）种管理制度，规范管理使用，加强核查，确保其准确可靠，并满足溯源性要求。仪器、设备的使用、保管、检定都应严格执行各项规定要求，以保证仪器正常运行，准确可靠，确保测试质量。试剂应当有使用记录，固废应按要求回收。

检验机构应当规范对影响检验结果的标准物质、标准菌（毒）种、血清、试剂和消耗材料等供应品的购买、验收、储存等工作，并定期对供应商进行评价，列出合格供应商名单。实验动物和动物饲料的购买、验收、使用还应当满足国家相关规定的要求。

（5）计量器具管理 计量标准器具简称计量标准，是指准确度低于计量基准，用于检定其他计量标准或工作计量器具的计量器具，即将计量基准所复现的单位量值，通过检定逐级传递到工作计量器具，在量值传递中起着承上启下的作用。确保工作计量器具量值的准确可靠，确保全国测量活动达到统一。

对于仪器、器具的检定需满足《中华人民共和国计量法》《中华人民共和国计量法实施细则》《计量标准考核办法》《市场监管总局关于调整实施强制管理的计量器具目录的公告》等相关要求。

计量器具须经计量部门检定合格方能使用。对于"强制检定"和"型式批准、强制检定"的工作计量器具，使用中应接受强制检定，其他工作计量器具不再实行强制检定，使用者可自行选择非强制检定或者校准的方式，保证量值准确。

其中，强制检定采取以下两种方式：一是只做首次强制检定。按实施方式分为：只做首次强制检定，失准报废；只做首次强制检定，限期使用，到期轮换。二是进行周期检定。检定周期，由相应的检定规程确定。凡计量检定规程规定的检定周期做了修订的，应以修订后的检定规程为准。

为了使各项计量标准能在正常的技术状态进行工作，保证量值的溯源性，计量法规定凡建立计量标准，都要依法考核合格，才有资格进行量值传递。我国《计量标准考核办法》规定社会公用计量标准、部门和企业、事业单位的各项最高计量标准，是国家实行强制检定的计量标准，必须按该办法进行考核。根据该办法第六条的规定，计量标准考核的内容包括：①计量标准器及配套设备齐全，计量标准器必须经法定或者计量授权的计量技术机构检定合格（没有计量检定规程的，应当通过校准、比对等方式，将量值溯源至国家计量基准或者社会公用计量标准），配套的计量设备经检定合格或者校准；②具备开展量值传递的计量检定规程或者技术规范和完整的技术资料；③具备符合计量检定规程或者技术规范并确保计量标准正常工作所需要的温度、湿度、防尘、防震、防腐蚀、抗干扰等环境条件和工作场地；④配备至少两名具有相应能力，并满足有关计量法律法规要求的计量检定或校准人员；⑤具有完善的运行、维护制度，包括实验室岗位责任制度，计量标准的保存、使用、维护制度，量值溯源制度，原始记录及证书核验制度，事故报告制度，计量标准技术档案管理制度等；⑥计量标准的稳定性和检定或者校准结果的重复性符合技术要求。

计量标准考核由市场监督管理部门主持。考核合格的，由主持考核的市场监督管理部门颁发计量标准考核证书，并确定有效期。有效期满前六个月，持证单位可以向原发证机关申请复查。复查合格的，准予延长有效期。

(6) 检验标准管理 检验机构应当密切关注食品安全风险信息和食品行业的发展动态，及时收集政府相关部门发布的食品安全和检验检测相关法律法规、公告公示，确保管理体系内部和外部文件有效。检验机构还应当定期开展食品安全标准查新，及时证实能够正确使用更新的标准检验方法，并向资质认定部门申请标准检验方法变更。

(7) 实验室管理 实验室应有质量控制程序以监控检测和校准的有效性。

《规范》第三十五条 检验机构应当积极参加实验室间比对试验或能力验证，覆盖领域和参加频次应当与其检验能力情况和检验工作需求相适应，并针对可疑或不满意结果采取有效措施进行改进。

(8) 信息管理 检验机构应建立实验室信息管理系统，该系统贯穿于样品管理、检验管理、报告管理的整个流程，以便提高食品安全和检验过程的可追溯性和可审计性。

运用计算机与信息技术或自动化设备对检验数据和相关信息采集、记录、处理、分析、报告、存储、传输或检索的，以及利用"互联网＋"模式为客户提供服务的，检验机构应当确保数据信息的安全性、完整性和真实性，并对上述工作与认证认可相关要求和《规范》附件要求的符合性进行完整的确认，保留确认记录。

① 食品检验计算机信息系统有以下要求：食品检验计算机信息系统是指应用于食品检验工作的、由计算机及其相关的配套设备、设施（含网络）构成的，按照一定的应用目标和规则对信息进行采集、记录、处理、分析、报告、存储、传输及检索等工作的人机系统等。

为了有利于市场监督管理部门对不同检验机构的检验数据进行统一分析，提高食品安全风险发现与分析效率，食品检验计算机信息系统的数据采集与交换应当符合相关要求。

食品检验计算机信息系统应当按照《规范》的要求进行合理确认后使用，并确保信息修改记录可追踪以满足溯源需要。

文字处理软件、统计软件以及检验设备配套的专用微处理器和数据处理程序等不需要确认，但对这类软件的调整（或二次开发）应当进行确认。

② 数据完整性和准确性确认

a. 计算机信息系统具有详细设计文档，且严格实现了其中定义的各数据项和数据集的类型、精度、必需性、取值范围、长度等。

b. 系统能够在输入数据被使用前、产生数据被存储后以及数据传输过程结束后对数据的完整性进行自动检查，并在发现完整性错误时发出警告，中断出错的进程，同时将相关信息写入系统日志。

c. 系统设计文档应当包含可靠的数据传输准确性保障措施（如果传输准确性保障措施是 MD5、SHA 等验证算法，也应当在设计文档中给出明确的算法和使用范围描述），并且系统能够按照设计对被传输的数据进行准确性确认（包括加密后的敏感数据和非加密的数据）。

③ 系统安全性确认

a. 系统安全性应当符合《计算机信息系统　安全保护等级划分准则》（GB 17859）二级以上的要求。

b. 系统设计文档包含详尽的安全性保障措施（包括用户权限、角色、安全管理策略、系统日志规则、数据库日志规则、敏感数据加密规则等），并且系统严格实现了这些安全性保障措施的功能和要求。

其中，"规则"包括使用规则和管理规则。敏感数据加密规则应当结合权限、角色和安全策略，确实保证未授权用户无法查看、修改和删除任何敏感数据信息。系统用户手册提供了系统安全性设置建议，明确告知用户如何做到最小化授权，避免权限扩散。系统满足安全性溯源需要，即用户（包括系统管理员）进行的任何活动（包括记录修改），系统应当记录相应的操作日志和系统日志。系统具有自动和强制性数据备份机制且软硬件环境均能保证备份功能的正常运作。

④ 系统有效性和适用性确认

a. 系统设计文档包含系统功能、模块、效率、容错、架构、接口等详细定义。

b. 配备详细的系统使用手册，包括操作指南、故障排查手册、应急预案和系统维护与备份日志。

c. 应当能够确保在后续的系统升级和维护中各接口的向前兼容性。

d. 食品检验机构使用的多用户计算机信息系统应当通过整体工作效率和工作强度的压力测试。

总之，对于食品检验计算机信息系统，需要进行确认，确保其安全性。其要求包括数据完整性和准确性确认、系统安全性确认和系统有效性和适用性确认。

5. 检测机构的自查

根据《检验检测机构监督管理办法》检测机构应进行如下准备工作：

（1）**检查检验检测机构法律主体**　具有独立法人资格的检验检测机构，检查《营业执照》的有效性，检验检测机构的财务应独立核算；明确对向社会出具具有证明作用的检测数据和结果的法律责任。

（2）**检查资质认定标志的使用情况**　检查检验检测机构标志使用的符合性，需要确认检验项目和使用的标准依据是否在该机构已获资质认定的项目表中。部分检验检测机构缺乏认识，往往认为取得了资质认定证书，就证明本机构已获得了对外开展检测活动的能力。

（3）**关键人员的检查**

① 技术负责人：应具备中级及以上本专业技术职称或同等能力，大型综合性实验室技术负责人可以是一人全面负责技术运作，也可以是多名技术负责人分别负责不同专业领域的技术运作，以满足不同的检测活动。

② 授权签字人：须具备中级及以上相关专业技术职称或同等能力。

③ 食品检验机构的检验人员的要求：具有中级以上（含中级）专业技术职称或同等能力人员的比例不少于30%，应持证上岗；从事食品检验机构技术管理人员应具有相关专业的中级以上（含中级）技术职称和同等能力，从事食品相关工作三年以上。

非授权签字人不得签发检验检测报告。

授权签字人须经资质认定主管部门批准后行使其职责。

不得使用同时在两个及以上检验检测机构从业的人员。

（4）**设施环境的检查**　检验检测机构固定的、临时的、可移动的或多检测场所检测地址是否具备自有房产证明、房屋租赁合同等证明材料。为避免影响检测结果，对涉及空间隔离、电磁场的隔离和生物安全等进行有效隔离。食品检测室设施设备应予以有效隔离，避免交叉污染。实验室的设施环境应合理布局，做好诸如通风、采光、喷淋、废弃物的处置等。

（5）**检测设备的检查**　检验检测机构应按产品标准要求正确配备检测用仪器设备，以及软件、标准物质。检验检测机构应制定仪器设备年度总体计划，对设备的采购、验收、检定校准、使用、维护保养进行明确规定。重点检查设备检定/校准应在有效期内，有合格的检定标识。

（6）**场所、人员、标准发生变更的检查**　检查检验检测机构的名称、检测地址及法人性质发生变化的；检验检测机构的法定代表人、最高管理者、技术负责人、授权签字人等关键人员发生变化的；资质认定检验检测项目自行撤销的；检验标准、方法标准发生变更的，均应及时向资质认定行政审批部门提交变更申请。

（7）**管理体系和运行记录的检查**　检验检测机构的管理体系应按照《检验检测机构资质认定管理办法》等相关要求制定，其运行记录应规范、严谨。

（8）**管理体系记录保存期限**　所有记录保存期应为6年，管理体系及内部文件应及时予以受控。

6. 开展食品检验工作需要注意的事项

食品检验机构应当确保其管理体系，样品管理，检验能力包括检验标准的选择、检验记录、数据处理、检验报告等，人员、环境、仪器设备和试剂管理包括购买、使用、维护、检定等，信息管理各方面持续符合资质认定条件和要求，并与其所开展的检验工作相适应。具体操作如下：

（1）抽（采）样和样品管理　检验机构对抽（采）样、样品的接收、传递、储存、处置及样品的识别等环节实施有效的质量管理。

（2）检验管理

① 检验标准：严格依据标准检验方法或经确认的非标准检验方法，确保方法中相关要求的有效实施。并能保证及时更新，保证标准的有效性。

② 检验记录：检验人员应当对检验工作如实记录，确保检验记录信息完整，可追溯，并保存相关记录。

③ 数据处理：检验人员对检验原始记录和检验报告中数据处理与判定的准确性、符合性负责，负责检验数据的记录、处理、运算和修约，正确填写检验原始记录，校对人员应对计算和数据转换作适当的检查。检验机构应当建立检验结果复验程序，在检验结果不合格或存疑等情况时进行复验并保存记录，确保数据结果准确可靠。

④ 检验报告：检验机构应当建立检验报告管理制度，对检验报告的填写与编制，报告审核、发送和存档等环节负责。

（3）体系管理　检验机构应当健全组织机构，建立、实施和持续保持与检验工作相适应的管理体系；开展人体功能性评价的机构还应当具备独立的伦理评审委员会，建立与人体试食试验相适应的管理体系。建立健全档案管理制度，对检验工作实施内部质量控制和质量监督，有计划地进行内部审核和管理评审，采取纠正和预防等措施定期审查和完善管理体系，不断提升检验能力，并保存相关记录。

（4）人员管理　检验机构应当建立健全人员持证上岗制度，规范人员的录用、培训、管理，加强对人员关于食品安全法律法规、标准规范、操作技能、质量控制要求、实验室安全与防护知识、量值溯源和数据处理知识等的培训考核，确保人员能力持续满足工作需求。

（5）实验室管理　检验机构应当积极参加实验室间比对试验或能力验证，覆盖领域和参加频次应当与其检验能力情况和检验工作需求相适应，并针对可疑或不满意结果采取有效措施进行改进。

（6）仪器、设备、试剂管理　检验机构应当建立健全仪器设备、试剂管理制度，规范管理使用，加强核查。规范购买、验收、储存等工作，并定期对供应商进行评价，保留购买记录。按照使用要求规范使用仪器设备，定期维护仪器设备、检查试剂状态，按期检定仪器、器具。规范危险品、废弃物、实验动物等的管理和处置工作。

检验机构要关注仪器检定，按现行仪器校准规范对仪器进行校准和检定，并做好详细记录。仪器检定内容包括：

① 外观检查：外观检查的重点是观察是否有影响计量器具特性和寿命的缺陷。

② 正常性检查：对于有运动部件的计量仪器尤为重要。

以上两项合格后，才可进行以下步骤。

③ 计量特性的检定：依有关规程规定的检定方法进行。

④ 对检定结果的数据进行处理和分析：例如，算出平均值，求出被检器具的误差，必

要时给出修正值。

⑤ 检定结果的处理：检定结果合格的给出检定证书。必要时对检定合格的计量仪器打上钢印或铅封。检定不合格的给出检定结果通知。

(7) 环境管理　检验机构应当确保其环境条件不会使检验结果无效，或不会对检验质量产生不良影响。对相互影响的检验区域应当有效隔离，防止干扰或者交叉污染。

(8) 安全管理　检验机构应当按照国家有关法律法规的规定，加强实验室安全控制、安全检查，包括着装要求、操作规范等；制定安全事故应急处置程序，保障实验室安全和公共安全。

(9) 信息管理　检验机构应建立实验室信息管理系统，对检验数据和相关信息采集、记录、处理、分析、报告、存储、传输或检索，以提高食品安全和检验过程的可追溯性和可审计性。

课后拓展训练

【判断题】

1. 食品检验实行检验机构与检验人负责制。（　　）

2. 采样时必须注意样品的生产日期、批号、代表性和均匀性。（　　）

3. 因为实验需要，可以在实验室存放大量气体钢瓶。（　　）

4. 保留样品未到保留期满，虽用户未曾提出异议，也不可以随意撤销。（　　）

5. 检验报告由封面、结论页、数据页、声明页（或注意项）组成，包含了样品的质量、客户和承检单位的全部信息。（　　）

【单项选择题】

1. 根据《中华人民共和国食品安全法》，复检机构出具复检结论后（　　）。

A. 企业可再次申请复检

B. 复检结论为最终检验结论

C. 初检机构可申请复检

D. 监管部门可提出复检要求

2. 食品检验报告应当加盖（　　），并有检验人的签名或者盖章。

A. 公司公章　　　　　　　　　　　B. 食品检验机构行政章

C. 食品检验机构公章　　　　　　　D. 监督机关行政章

3. 违反《食品安全法》规定，食品检验机构、食品检验人员出具虚假检验报告的，由有关部门对检验机构直接负责的主管人员和食品检验人员依法给予（　　）处分。

A. 警告或记过　　　　　　　　　　B. 记大过或降职

C. 撤职或开除　　　　　　　　　　D. 降级或留用察看

4. 有关原始记录的描述不正确的是（　　）。

A. 根据检验报告预期的结果处理原始记录

B. 原始记录是检验工作原始资料的记载

C. 原始记录要保证其能再现

D. 原始记录必须真实、可信

5. 检验检测机构的资质认定证书有效期为（　　　）年。

A. 3　　　　　　　B. 4　　　　　　　C. 5　　　　　　　D. 6

模块四
食品经营过程合规

1. 熟悉广告法、标签标识法规，规避法律风险。

2. 提升食品仓储管理以及餐饮服务管理中的实操能力。

3. 恪守诚信原则，规范宣传行为（如不虚假标注"零添加"）。

4. 强化消费者权益保护意识，落实过期食品召回制度。

项目一 食品经营过程合规要求

【技能目标】 能够依据《食品安全国家标准 食品经营过程卫生规范》（GB 31621—2014）对食品经营的过程进行管理，确保企业在采购、运输、验收、贮存、销售等环节的合规；针对餐饮企业，同时能够依据《餐饮服务食品安全操作规范》、《食品安全国家标准 餐饮服务通用卫生规范》（GB 31654—2021）等的要求，对餐饮服务涉及的原料、环境、人员、设备、工艺等各个方面进行合规管理。

【知识目标】 掌握《食品安全国家标准 食品经营过程卫生规范》（GB 31621—2014）相关要求；掌握《餐饮服务食品安全操作规范》、《食品安全国家标准 餐饮服务通用卫生规范》（GB 31654—2021）等的要求。

案例导入

【案例】 2021 年 3 月 15 日，有媒体报道了某火锅品牌南京、苏州多家门店卫生问题：用扫帚捣制冰机；后厨应聘不看健康证；许多菜品不清洗，上桌前喷水"加工"；发芽土豆削削接着用；碗筷清洗仅 30 s，在消毒机里"走过场"等。对此，该公司当天发布了一则致歉声明称，"对此绝不姑息，坚决严肃处理"。

【案例解析】 各种类型的食品经营活动过程中有关食品采购、运输、验收、贮存、分装与包装、销售等环节的食品安全要求适用《食品安全国家标准 食品经营过程卫生规范》（GB 31621—2014）。网络餐饮、餐饮服务、现制现售的食品经营活动适用《餐饮服务食品安全操作规范》和《食品安全国家标准 餐饮服务通用卫生规范》（GB 31654—2021）。

【思政解析】 伴随餐饮服务、现制现售等食品经营销售的网络化，其经营过程的食品安全与卫生也必须接受严格管控，唯有通过这一途径才能确保消费者的饮食安全与健康。作为消费者，更应该担负起日常监督的责任，针对经营过程的不规范发出声音，提出意见。

一、《食品安全国家标准 食品经营过程卫生规范》（GB 31621—2014）

1. 采购管理要求

① 采购食品应依据国家相关规定查验供货者的许可证和食品合格证明文件，并建立合格供应商档案。

② 实行统一配送经营方式的食品经营企业，可以由企业总部统一查验供货者的许可证和食品合格证明文件，进行食品进货查验记录。

食品采购、运输、验收、贮存合规

③ 采购散装食品所使用的容器和包装材料应符合国家相关法律法规及标准的要求。

2. 运输管理要求

① 运输食品应使用专用运输工具，并具备防雨、防尘设施。

② 根据食品安全相关要求，运输工具应具备相应的冷藏、冷冻设施或预防机械性损伤的保护性设施等，并保持正常运行。

③ 运输工具和装卸食品的容器、工具和设备应保持清洁和定期消毒。

④ 食品运输工具不得运输有毒有害物质，防止食品污染。

⑤ 运输过程操作应轻拿轻放，避免食品受到机械性损伤。

⑥ 食品在运输过程中应符合保证食品安全所需的温度等特殊要求。

⑦ 应严格控制冷藏、冷冻食品装卸货时间，装卸货期间食品温度升高幅度不超过3℃。

⑧ 同一运输工具运输不同食品时，应做好分装、分离或分隔，防止交叉污染。

⑨ 散装食品应采用符合国家相关法律法规及标准的食品容器或包装材料进行密封包装后运输，防止运输过程中受到污染。

3. 验收管理要求

① 应依据国家相关法律法规及标准，对食品进行符合性验证和感官抽查，对有温度控制要求的食品应进行运输温度测定。

② 应查验食品合格证明文件，并留存相关证明。食品相关文件应属实且与食品有直接对应关系。具有特殊验收要求的食品，需按照相关规定执行。

③ 应如实记录食品的名称、规格、数量、生产日期、保质期、进货日期以及供货者的名称、地址及联系方式等信息。记录、票据等文件应真实，保存期限不得少于食品保质期满后6个月；没有明确保质期的，保存期限不得少于两年。

④ 食品验收合格后方可入库。不符合验收标准的食品不得接收，应单独存放，做好标记并尽快处理。

4. 贮存管理要求

① 贮存场所应保持完好、环境整洁，与有毒、有害污染源有效分隔。

② 贮存场所地面应做到硬化，平坦防滑并易于清洁、消毒，并有适当的措施防止积水。

③ 应有良好的通风、排气装置，保持空气清新无异味，避免日光直接照射。

④ 对温度、湿度有特殊要求的食品，应确保贮存设备、设施满足相应的食品安全要求，冷藏库或冷冻库外部具备便于监测和控制的设备仪器，并定期校准、维护，确保准确有效。

⑤ 贮存的物品应与墙壁、地面保持适当距离，防止虫害藏匿并利于空气流通。

⑥ 生食与熟食等容易交叉污染的食品应采取适当的分隔措施，固定存放位置并明确标识。

⑦ 贮存散装食品时，应在贮存位置标明食品的名称、生产日期、保质期、生产者名称及联系方式等内容。

⑧ 应遵循先进先出的原则，定期检查库存食品，及时处理变质或超过保质期的食品。

⑨ 贮存设备、工具、容器等应保持卫生清洁，并采取有效措施（如纱帘、纱网、防鼠板、防蝇灯、风幕等）防止鼠类昆虫等侵入，若发现有鼠类昆虫等痕迹时，应追查来源，消除隐患。

⑩ 采用物理、化学或生物制剂进行虫害消杀处理时，不应影响食品安全，不应污染食品接触表面、设备、工具、容器及包装材料；不慎污染时，应及时彻底清洁，消除污染。

⑪ 清洁剂、消毒剂、杀虫剂等物质应分别包装，明确标识，并与食品及包装材料分隔放置。

⑫ 应记录食品进库、出库时间和贮存温度及其变化。

5. 销售管理要求

① 应具有与经营食品品种、规模相适应的销售场所。销售场所应布局合理，食品经营区域与非食品经营区域分开设置，生食区域与熟食区域分开，待加工食品区域与直接入口食品区域分开，经营水产品的区域应与其他食品经营区域分开，防止交叉污染。

② 应具有与经营食品品种、规模相适应的销售设施和设备。与食品表面接触的设备、工具和容器，应使用安全、无毒、无异味、防吸收、耐腐蚀且可承受反复清洗和消毒的材料制作，易于清洁和保养。

③ 销售场所的建筑设施、温度湿度控制、虫害控制的要求应参照贮存管理的相关规定。

④ 销售有温度控制要求的食品，应配备相应的冷藏、冷冻设备，并保持正常运转。

⑤ 应配备设计合理、防止渗漏、易于清洁的废弃物存放专用设施，必要时应在适当地点设置废弃物临时存放设施，废弃物存放设施和容器应标识清晰并及时处理。

⑥ 如需在裸露食品的正上方安装照明设施，应使用安全型照明设施或采取防护措施。

⑦ 肉、蛋、奶、速冻食品等容易腐败变质的食品应建立相应的温度控制等食品安全控制措施并确保落实执行。

⑧ 销售散装食品，应在散装食品的容器、外包装上标明食品的名称、成分或者配料表、生产日期、保质期、生产经营者名称及联系方式等内容，确保消费者能够得到明确和易于理解的信息。散装食品标注的生产日期应与生产者在出厂时标注的生产日期一致。

⑨ 在经营过程中包装或分装的食品，不得更改原有的生产日期和延长保质期。包装或分装食品的包装材料和容器应无毒、无害、无异味，应符合国家相关法律法规及标准的要求。

⑩ 从事食品批发业务的经营企业销售食品，应如实记录批发食品的名称、规格、数量、生产日期或者生产批号、保质期、销售日期以及购货者名称、地址、联系方式等内容，并保存相关票据。记录和凭证保存期限不得少于食品保质期满后 6 个月；没有明确保质期的，保存期限不得少于两年。

6. 产品追溯和召回

① 当发现经营的食品不符合食品安全标准时，应立即停止经营，并有效、准确地通知相关生产经营者和消费者，并记录停止经营和通知情况。

② 应配合相关食品生产经营者和食品安全主管部门进行相关追溯和召回工作，避免或减轻危害。

③ 针对所发现的问题，食品经营者应查找各环节记录、分析问题原因并及时改进。

7. 卫生管理要求

① 食品经营企业应根据食品的特点以及经营过程的卫生要求，建立对保证食品安全具有显著意义的关键控制环节的监控制度，确保有效实施并定期检查，发现问题及时纠正。

② 食品经营企业应制定针对经营环境、食品经营人员、设备及设施等的卫生监控制度，确立内部监控的范围、对象和频率。记录并存档监控结果，定期对执行情况和效果进行检查，发现问题及时纠正。

③ 食品经营人员应符合国家相关规定对人员健康的要求，进入经营场所应保持个人卫生和衣帽整洁，防止污染食品。

④ 使用卫生间、接触可能污染食品的物品后，再次从事接触食品、食品工具、容器、食品设备、包装材料等与食品经营相关的活动前，应洗手消毒。

⑤ 在食品经营过程中，不应饮食、吸烟、随地吐痰、乱扔废弃物等。

⑥ 接触直接入口或不需清洗即可加工的散装食品时应戴口罩、手套和帽子，头发不应外露。

8. 培训要求

① 食品经营企业应建立相关岗位的培训制度，对从业人员进行相应的食品安全知识培训。

② 食品经营企业应通过培训促进各岗位从业人员遵守国家相关法律法规及标准，增强执行各项食品安全管理制度的意识和责任，提高相应的知识水平。

③ 食品经营企业应根据不同岗位的实际需求，制定和实施食品安全年度培训计划并进行考核，做好培训记录。当食品安全相关的法规及标准更新时，应及时开展培训。

④ 应定期审核和修订培训计划，评估培训效果，并进行常规检查，以确保培训计划的有效实施。

9. 管理制度和人员要求

① 食品经营企业应配备食品安全专业技术人员、管理人员，并建立保障食品安全的管理制度。

② 食品安全管理制度应与经营规模、设备设施水平和食品的种类特性相适应，应根据经营实际和实施经验不断完善食品安全管理制度。

③ 各岗位人员应熟悉食品安全的基本原则和操作规范，并有明确职责和权限报告经营过程中出现的食品安全问题。

④ 管理人员应具有必备的知识、技能和经验，能够判断潜在的危险，采取适当的预防和纠正措施，确保有效管理。

10. 记录和文件管理

① 应对食品经营过程中采购、验收、贮存、销售等环节详细记录。记录内容应完整、真实、清晰、易于识别和检索，确保所有环节都可进行有效追溯。

② 应如实记录发生召回的食品名称、批次、规格、数量、发生召回的原因及后续整改方案等内容。

③ 应对文件进行有效管理，确保各相关场所使用的文件均为有效版本。

④ 鼓励采用先进技术手段（如电子计算机信息系统），进行记录和文件管理。

二、《餐饮服务食品安全操作规范》

《餐饮服务食品安全操作规范》适用于餐饮服务提供者，包括餐饮服务经营者和单位食堂等主体的餐饮服务经营活动。

《餐饮服务食品安全操作规范》按照食品安全法律法规、规章和规范性文件要求，指导餐饮服务提供者落实食品安全主体责任，规范餐饮经营行为，规定了餐饮服务提供者在经营环节，原料、环境、人员、设备、工艺等方面的基本要求。同时，国家鼓励和支持餐饮服务提供者采用先进的食品安全管理方法，建立餐饮服务食品安全管理体系，提高食品安全管理水平。

三、《食品安全国家标准　餐饮服务通用卫生规范》（GB 31654—2021）

本标准适用于餐饮服务经营者和集中用餐单位的食堂从事的各类餐饮服务活动，规定了餐饮服务活动中食品采购、贮存、加工、供应、配送和餐（饮）具、食品容器及工具清洗、消毒等环节场所、设施、设备、人员的食品安全基本要求和管理准则。

本标准与《餐饮服务食品安全操作规范》的内容基本一致，在一些细节及文字表述方面更严谨，餐饮企业应提前掌握其中的内容，保证合规经营。

餐饮场所与布局　　餐饮设施设备　　从业人员

课后拓展训练

【判断题】

1. 餐饮服务单位可将员工私人物品（如水杯、手机）存放在食品加工操作区内，只要不影响操作。（　　）

2. 食品留样应保留至少 48h，每份样品重量不得少于 125g。（　　）

3. 处理即食食品的从业人员，若手部有轻微伤口，可佩戴一次性手套继续操作。（　　）

【单项选择题】

1. 餐饮服务中，冷藏食品的贮存温度应控制在以下哪个范围内？

A. 0～4℃   B. 0～8℃   C. 4～10℃   D. 10～15℃

2. 下列哪项行为违反了食品安全操作规范？

A. 生熟食品使用不同颜色的砧板   B. 使用前一日未售出的熟食重新加热后供应

C. 食品添加剂专柜存放并标注用途   D. 定期清理过期原料

3. 食品留样记录中必须包含的内容是：

A. 留样食品的成本价格   B. 留样时间、菜品名称、留样人

C. 顾客的食用反馈   D. 食品的外观照片

项目二　食品宣传合规

【技能目标】 能够判定普通食品、保健食品、特殊膳食用食品广告宣传合规性。

【知识目标】 熟知食品广告、保健食品广告相关概念；掌握《中华人民共和国广告法》《药品、医疗器械、保健食品、特殊医学用途配方食品广告审查管理暂行办法》《互联网广告管理暂行办法》等。

案例导入

【案例】 上海某食品有限公司在网上"某品牌旗舰店"销售"芝麻海苔鸡肉酥"，于2022年发布含有"辅食"内容的广告网页。经查实："芝麻海苔鸡肉酥"生产单位是江苏某集团股份有限公司，该公司的食品生产许可证明细表没有生产特殊膳食食品的许可，故宣传"辅食"没有法律依据。

【案例解析】 当事人的行为属于《中华人民共和国广告法》第二十八条"广告以虚假或者引人误解的内容欺骗、误导消费者的，构成虚假广告。（二）商品的性能、功能、产地、用途、质量、规格、成分、价格、生产者、有效期限、销售状况、曾获荣誉等信息，或者服务的内容、提供者、形式、质量、价格、销售状况、曾获荣誉等信息，以及与商品或者服务有关的允诺等信息与实际情况不符，对购买行为有实质性影响的"所指行为。处罚结果：处罚款人民币伍仟圆整。

【思政解析】 广告作为一种传播经济信息的手段，对于促进生产、扩大流通、指导消费、活跃经济、方便生活、发展国际贸易都发挥着积极作用。然而，广告也不可避免地涉及一些伦理道德问题，如虚假宣传、误导消费者等，甚至有时还会涉及违法行为。因此，在广告的制作和传播中，需要有社会责任感和诚信意识，尊重消费者权益，保护消费者的合法权益。

一、食品广告相关概念

1. 广告

其是指商品经营者或者服务提供者承担费用，通过一定媒介和形式直接或者间接地介绍自己所推销的商品或者所提供的服务的商业广告。现实中，广告的形式多种多样，其可以文字、图片、音频、视频等各种形式呈现，广告的媒介也随着互联网科技发展与商业模式的转变在不断变化，传统广告主要以报纸、杂志、电视为媒介，互联网广告则是以网站、网页、互联网应用程序等为媒介，但无论媒介如何变化，只要是以"推销"为目的，从事产品/服务"介绍"行为的，都有可能被认定为广告。

2. 食品广告

其是广告的一个重要类型。食品广告包括普通食品广告、保健食品广告和特殊膳食用食品广告等。

3. 广告主

其是指为推销商品或者服务，自行或者委托他人设计、制作、发布广告的自然人、法人或者其他组织。

4. 广告经营者

其是指接受委托提供广告设计、制作、代理服务的自然人、法人或者其他组织。

5. 广告发布者

其是指为广告主或者广告主委托的广告经营者发布广告的自然人、法人或者其他组织。

6. 广告代言人

其是指广告主以外的，在广告中以自己的名义或者形象对商品、服务做推荐、证明的自然人、法人或者其他组织。

二、普通食品广告合规要求

1. 食品广告的内容应当真实合法，不得含有虚假内容

普通食品广告合规要求

《中华人民共和国食品安全法》第七十三条规定，食品广告的内容应当真实合法，不得含有虚假内容。食品生产经营者对食品广告内容的真实性、合法性负责。

《中华人民共和国广告法》第四条规定，广告不得含有虚假或者引人误解的内容，不得欺骗、误导消费者。第二十八条规定，广告以虚假或者引人误解的内容欺骗、误导消费者的，构成虚假广告。

食品广告的合法、真实，对保护消费者的知情权、选择权具有重要意义。所谓真实，指与客观事实相符合。食品广告应当如实介绍食品的名称、产地、用途、质量、价格、生产者、保质期以及生产日期等内容，不能进行任何形式的虚假、夸大宣传，也不能滥用艺术夸张而违背真实性原则。因为广告仅仅是一种介绍、推销、宣传手段，是否被消费者认可，还要由食品本身来确定，只有实事求是，才能最终取得消费者的信任和支持。

所谓合法，指符合食品安全法、广告法和相关法律法规的规定。

所谓虚假，指广告的内容与客观事实不符，如将未获奖的食品宣传为获奖食品，将非进口食品宣传为进口食品。

虚假广告具体包括：①商品或者服务不存在的；②商品的性能、功能、产地、用途、质量、规格、成分、价格、生产者、有效期限、销售状况、曾获荣誉等信息，或者服务的内容、提供者、形式、质量、价格、销售状况、曾获荣誉等信息，以及与商品或者服务有关的允诺等信息与实际情况不符，对购买行为有实质性影响的；③使用虚构、伪造或者无法验证的科研成果、统计资料、调查结果、文摘、引用语等信息作为证明材料的；④虚构使用商品或者接受服务的效果的；⑤以虚假或者引人误解的内容欺骗、误导消费者的其他情形。

2. 食品广告的内容不得涉及疾病预防、治疗功能，不得使用医疗用语等

《中华人民共和国食品安全法》第七十三条规定，食品广告的内容不得涉及疾病预防、治疗功能。食品生产经营者对食品广告内容的真实性、合法性负责。

《中华人民共和国广告法》第十七条规定，除医疗、药品、医疗器械广告外，禁止其他任何广告涉及疾病治疗功能，并不得使用医疗用语或者易使推销的商品与药品、医疗器械相混淆的用语。

疾病预防、治疗功能是药品应具备的功能，食品广告的内容不得涉及疾病预防、治疗功能。对此，《中华人民共和国药品管理法》第九十条规定，非药品广告不得有涉及药品的宣传。

3. 不得宣传保健功能、特殊医学用途等特殊功效

《中华人民共和国食品安全法实施条例》第三十八条规定，对保健食品之外的其他食品，不得声称具有保健功能。

《网络食品安全违法行为查处办法》第十七条（二）规定，入网食品生产经营者不得在网上刊载的非保健食品信息中明示或者暗示具有保健功能。

普通食品广告宣传保健功能或者借助某些成分的作用明示或者暗示其保健功能的，涉嫌违反上述行政法规和规章的规定。

非特殊医学用途配方食品的普通食品发布广告不得宣传特殊医学用途（能够满足进食受限、消化吸收障碍、代谢紊乱或者特定疾病人群对营养素或者膳食的特殊需求），使推销的食品与特殊医学用途配方食品相混淆。

4. 其他要求

① 食品广告中对商品的性能、功能、产地、用途、质量、成分、价格、生产者、有效

期限、允诺等或者对服务的内容、提供者、形式质量、价格、允诺等有表示的，应当准确、清楚、明白。

食品广告中表明推销的商品或者服务附带赠送的，应当明示所附带赠送商品或者服务的品种、规格、数量、期限和方式。（《中华人民共和国广告法》第八条）

② 食品广告使用数据、统计资料、调查结果、文摘、引用语等引证内容的，应当真实、准确，并表明出处。引证内容有适用范围和有效期限的，应当明确表示。（《中华人民共和国广告法》第十一条）

③ 食品广告中涉及专利产品或者专利方法的，应当标明专利号和专利种类。（《中华人民共和国广告法》第十二条）

④ 食品广告不得损害未成年人和残疾人的身心健康。（《中华人民共和国广告法》第十条）

⑤ 食品广告不得贬低其他生产经营者的商品或者服务。（《中华人民共和国广告法》第十三条）

⑥ 食品广告应当具有可识别性，能够使消费者辨明其为广告。（《中华人民共和国广告法》第十四条）

大众传播媒介不得以新闻报道形式变相发布食品广告。通过大众传播媒介发布的食品广告应当显著标明"广告"，与其他非广告信息相区别，不得使消费者产生误解。

⑦ 禁止在大众传播媒介或者公共场所发布声称全部或者部分替代母乳的婴儿乳制品、饮料和其他食品广告。（《中华人民共和国广告法》第二十条）

5. 食品广告不得含有的情形

食品广告不得有下列情形：①使用或者变相使用中华人民共和国国旗、国歌、国徽，军旗、军歌、军徽；②使用或者变相使用国家机关、国家机关工作人员的名义或者形象；③使用"国家级""最高级""最佳"等用语；④损害国家的尊严或者利益，泄露国家秘密；⑤妨碍社会安定，损害社会公共利益；⑥危害人身、财产安全，泄露个人隐私；⑦妨碍社会公共秩序或者违背社会良好风尚；⑧含有淫秽、色情、赌博、迷信、恐怖、暴力的内容；⑨含有民族、种族、宗教、性别歧视的内容；⑩妨碍环境、自然资源或者文化遗产保护；⑪法律、行政法规规定禁止的其他情形。（《中华人民共和国广告法》第九条）

三、食品生产经营者的主体责任

《中华人民共和国广告法》规定，广告主应当对广告内容的真实性负责（第四条）。广告主、广告经营者、广告发布者从事广告活动，应当遵守法律法规，诚实信用，公平竞争。（第五条）

《中华人民共和国食品安全法》规定，食品生产经营者对食品广告内容的真实性、合法性负责。

两者都强调了食品生产经营者的主体责任。保证食品广告的真实性、合法性，维护广告的信誉，是食品生产经营者应负的社会责任和法律责任。

四、食品违法广告的行政法律责任

《中华人民共和国广告法》第五十五条规定，违反本法规定，发布虚假广告的，由市场监督管理部门责令停止发布广告，责令广告主在相应范围内消除影响，处广告费用三倍以上五倍以下的罚款，广告费用无法计算或者明显偏低的，处二十万元以上一百万元以下的罚款；两年内有三次以上违法行为或者有其他严重情节的，处广告费用五倍以上十倍以下的罚款，广告费用无法计算或者明显偏低的，处一百万元以上二百万元以下的罚款，可以吊销营业执照，并由广告审查机关撤销广告审查批准文件、一年内不受理其广告审查申请。

《中华人民共和国广告法》第六十八条规定，广告主、广告经营者、广告发布者违反本法规定，有下列侵权行为之一的，依法承担民事责任：①在广告中损害未成年人或者残疾人的身心健康的；②假冒他人专利的；③贬低其他生产经营者的商品、服务的；④在广告中未经同意使用他人名义或者形象的；⑤其他侵犯他人合法民事权益的。

《中华人民共和国广告法》第六十九条规定，因发布虚假广告，或者有其他本法规定的违法行为，被吊销营业执照的公司、企业的法定代表人，对违法行为负有个人责任的，自该公司、企业被吊销营业执照之日起三年内不得担任公司、企业的董事、监事、高级管理人员。

《中华人民共和国食品安全法》第一百四十条规定，违反本法规定，在广告中对食品作虚假宣传，欺骗消费者的，依照《中华人民共和国广告法》的规定给予处罚。

五、保健食品广告合规

1. 保健食品概念

《食品安全国家标准 保健食品》（GB 16740—2014）中规定：保健食品指声称并具有特定保健功能或者以补充维生素、矿物质为目的的食品，即适用于特定人群食用，具有调节机体功能，不以治疗疾病为目的，并且对人体不产生任何急性、亚急性或慢性危害的食品。

保健食品广告审查

2. 保健食品广告审查

（1）发布保健食品广告必须经过审查，未经审查，不得发布《中华人民共和国广告法》第四十六条规定，发布医疗、药品、医疗器械、农药、兽药和保健食品广告，以及法律、行政法规规定应当进行审查的其他广告，应当在发布前由有关部门对广告内容进行审查；未经审查，不得发布。

《药品、医疗器械、保健食品、特殊医学用途配方食品广告审查管理暂行办法》第二条规定，未经审查不得发布药品、医疗器械、保健食品和特殊医学用途配方食品广告。

（2）保健食品广告的审查申请主体《中华人民共和国广告法》规定，广告活动的主体包括"广告主""广告经营者""广告发布者""广告代言人"，其中，广告主指以推销为目的的拟设计、制作、发布广告的自然人、法人或者其他组织；广告主可以自行设计、制作、发布广告，该等情况下广告主亦为广告发布者；广告主也可以委托他人设计、制作、发布广告，

该等情况下，受托设计、制作广告的第三方为广告经营者，受托发布广告的第三方为广告发布者。

《药品、医疗器械、保健食品、特殊医学用途配方食品广告审查管理暂行办法》第十二条规定，药品、医疗器械、保健食品和特殊医学用途配方食品注册证明文件或者备案凭证持有人及其授权同意的生产、经营企业为广告申请人。申请人可以委托代理人办理药品、医疗器械、保健食品和特殊医学用途配方食品广告审查申请。

（3）负责保健食品广告审查部门　《药品、医疗器械、保健食品、特殊医学用途配方食品广告审查管理暂行办法》第四条规定，国家市场监督管理总局负责组织指导药品、医疗器械、保健食品和特殊医学用途配方食品广告审查工作。各省、自治区、直辖市市场监督管理部门、药品监督管理部门负责药品、医疗器械、保健食品和特殊医学用途配方食品广告审查，依法可以委托其他行政机关具体实施广告审查。

第十三条规定，医疗器械、保健食品广告审查申请应当依法向生产企业或者进口代理人所在地广告审查机关提出。

（4）保健食品广告的审查及内容要求

① 保健食品广告应当真实、合法，不得含有虚假或者引人误解的内容

《药品、医疗器械、保健食品、特殊医学用途配方食品广告审查管理暂行办法》第三条规定，药品、医疗器械、保健食品和特殊医学用途配方食品广告应当真实、合法，不得含有虚假或者引人误解的内容。广告主应当对药品、医疗器械、保健食品和特殊医学用途配方食品广告内容的真实性和合法性负责。

② 保健食品广告的内容应当以市场监督管理部门批准的注册证书或者备案凭证、注册或者备案的产品说明书内容为准，不得涉及疾病预防、治疗功能

《药品、医疗器械、保健食品、特殊医学用途配方食品广告审查管理暂行办法》第七条规定，保健食品广告的内容应当以市场监督管理部门批准的注册证书或者备案凭证、注册或者备案的产品说明书内容为准，不得涉及疾病预防、治疗功能。保健食品广告涉及保健功能、产品功效成分或者标志性成分及含量、适宜人群或者食用量等内容的，不得超出注册证书或者备案凭证、注册或者备案的产品说明书范围。

③ 保健食品广告必须标注的内容

《中华人民共和国广告法》第十八条规定，保健食品广告应当显著标明"本品不能代替药物"。

《药品、医疗器械、保健食品、特殊医学用途配方食品广告审查管理暂行办法》第七条规定，保健食品广告应当显著标明"保健食品不是药物，不能代替药物治疗疾病"，声明本品不能代替药物，并显著标明保健食品标志、适宜人群和不适宜人群。

《药品、医疗器械、保健食品、特殊医学用途配方食品广告审查管理暂行办法》第九条规定，药品、医疗器械、保健食品和特殊医学用途配方食品广告应当显著标明广告批准文号。

④ 保健食品广告应当显著标明的内容，其字体和颜色必须清晰可见、易于辨认，在视频广告中应当持续显示

《药品、医疗器械、保健食品、特殊医学用途配方食品广告审查管理暂行办法》第十条规定，药品、医疗器械、保健食品和特殊医学用途配方食品广告中应当显著标明的内容，其

字体和颜色必须清晰可见、易于辨认，在视频广告中应当持续显示。

⑤ 保健食品广告不得含有的内容

《中华人民共和国广告法》第十八条规定，保健食品广告不得含有下列内容：a. 表示功效、安全性的断言或者保证；b. 涉及疾病预防、治疗功能；c. 声称或者暗示广告商品为保障健康所必需；d. 与药品、其他保健食品进行比较；e. 利用广告代言人作推荐、证明；f. 法律、行政法规规定禁止的其他内容。

⑥ 保健食品广告不得包含的情形

《药品、医疗器械、保健食品、特殊医学用途配方食品广告审查管理暂行办法》第十一条规定，药品、医疗器械、保健食品和特殊医学用途配方食品广告不得违反《中华人民共和国广告法》第九条、第十六条、第十七条、第十八条、第十九条规定，不得包含下列情形：

使用或者变相使用国家机关、国家机关工作人员、军队单位或者军队人员的名义或者形象，或者利用军队装备、设施等从事广告宣传；

使用科研单位、学术机构、行业协会或者专家、学者、医师、药师、临床营养师、患者等的名义或者形象作推荐、证明；

违反科学规律，明示或者暗示可以治疗所有疾病、适应所有症状、适应所有人群，或者正常生活和治疗病症所必需等内容；

引起公众对所处健康状况和所患疾病产生不必要的担忧和恐惧，或者使公众误解不使用该产品会患某种疾病或者加重病情的内容；

含有"安全""安全无毒副作用""毒副作用小"，明示或者暗示成分为"天然"，因而安全性有保证等内容；

含有"热销、抢购、试用""家庭必备、免费治疗、免费赠送"等诱导性内容，"评比、排序、推荐、指定、选用、获奖"等综合性评价内容，"无效退款、保险公司保险"等保证性内容，怂恿消费者任意、过量使用药品、保健食品和特殊医学用途配方食品的内容；

含有医疗机构的名称、地址、联系方式、诊疗项目、诊疗方法以及有关义诊、医疗咨询电话、开设特约门诊等医疗服务的内容；

法律、行政法规规定不得含有的其他内容。

⑦ 保健食品广告内容还应遵循的普遍准则

保健食品广告内容还应当符合《中华人民共和国广告法》规定的所有广告都要遵循的普遍内容准则。

(5) 保健食品广告审查申请流程与要求

① 申请所需材料

a.《广告审查表》。

b. 与发布内容一致的广告样件。

c. 申请人的主体资格相关材料，或者合法有效的登记文件。如企业的营业执照副本、自然人的身份证/护照等；如有委托关系，应提交相关的委托书原件；如申请人不是产品注册或备案文件的持有人，需提供注册或备案人的授权委托书原件。凡具体经办人不是企业法定代表人或负责人本人的，需提供委托代理书。

d. 产品注册证明文件或者备案凭证。

e. 注册或者备案的产品标签和说明书。

f. 生产许可文件。

g. 广告中涉及的知识产权相关有效证明材料。如广告中涉及注册商标内容的，需提供有效期内的商标注册证复印件 1 份；如广告中涉及专利内容的，需提供有效期内的专利证书复印件 1 份；如广告中涉及专利内容的，需提供当年缴纳专利年费的收据复印件 1 份。

h. 申报材料真实性自我保证声明。

i. 申报材料有外国文字资料的，还需申报材料的中文翻译。

j. 经授权同意作为申请人的生产、经营企业，还应当提交合法的授权文件；委托代理人进行申请的，还应当提交委托书和代理人的主体资格相关材料。

② 参考样本：见表 4-1～表 4-5，以及授权书和真实性声明。

广告审查表样例

表 4-1 申请人信息

名称	××××公司	统一社会信用代码/身份证明号码	×××
住所地址	××××××	邮政编码	100000
法定代表人	张三	联系人	李四
联系人电子邮箱地址	×××@××.com	联系人手机号码	1888888888

申请人签章：＿＿＿公章＿＿＿

申请日期：＿＿＿年＿＿＿月＿＿＿日

表 4-2 产品及生产许可信息（按实际勾选）

产品分类	药品		□处方药
			□非处方药
	□医疗器械		是否推荐给个人自用：□是　□否
	□保健食品		
	特殊医学用途配方食品		□特定全营养配方食品
			□其他类别特殊医学用途配方食品

产品注册或者备案文件及生产许可证信息

产品名称	产品名称	××××减肥茶
	通用名称	
	商品名称	
	外文名称	
产品注册证(备案凭证)编号		国食健字×××××××
持有人信息	产品注册证(备案凭证)持有人名称	×××
	持有人统一社会信用代码等证照编号	×××
	持有人住所地址	×××
进口产品	进口代理人名称	
	进口代理人统一社会信用代码	
	进口代理人住所地址	
	生产地	××国家(地区)

续表

国产产品	生产许可证主体名称	×××	
	生产许可证主体统一社会信用代码	×××××××	
	生产许可证主体住所地址	×××	

注：广告中出现多个产品，可参照样式另行加页填报。

表4-3　广告信息（按实际勾选，计划发布媒介可多选）

广告类别	□视频		时长	秒	
	□音频		时长	秒	
	□图文				
计划发布媒介（场所）	□国务院卫生行政部门和国务院药品监督管理部门共同指定的医学、药学专业刊物				
	□电视		□广播		□电影
	□报纸		□期刊		□非报刊类印刷品
	□互联网		□户外		□其他

表4-4　委托代理人信息

（一）委托代理人为自然人情形

姓名	×××	手机号码	188888888
身份证明证件类型	身份证	身份证明证件号码	11000000000000
电子邮箱地址	×××		

注：身份证明证件类型包括居民身份证、军官证、警官证、外国（地区）护照、其他有效证件。

（二）委托代理人为法人或其他组织情形

名称	×××	统一社会信用代码	×××××××
住所地址	×××	邮政编码	1000000
法定代表人	×××	联系人	×××
联系人电子邮箱地址	×××	联系人手机号码	18888888888

表4-5　申请材料清单（材料附后）（按实际提供材料勾选，未提供的不勾）

序号	申请材料名称	有效期限截止日期
1	□广告样件	—
2	申请人主体资格相关材料	
2-(1)	□申请人的主体资格相关材料，或者合法有效的登记文件	至　年　月　日
2-(2)	□授权文件——产品注册证明文件或者备案凭证持有人同意生产、经营企业作为申请人	至　年　月　日
2-(3)	□申请人委托代理人的委托书	至　年　月　日
2-(4)	□申请人委托代理人的主体资格相关材料	至　年　月　日
3	产品注册备案相关材料	
3-(1)	□产品注册证书或者备案凭证	至　年　月　日
3-(2)	□注册或者备案的产品标签	同上

序号	申请材料名称	有效期限截止日期
3-(3)	□注册或者备案的产品说明书	同上
3-(4)	□申请人的生产许可证	至　年　月　日
4	广告中涉及的知识产权相关有效证明材料	
4-(1)	□商标注册证明	至　年　月　日
4-(2)	□专利证明	至　年　月　日
4-(3)	□著作权证明	至　年　月　日
4-(4)	□其他知识产权相关证明	至　年　月　日
5	□其他材料＿＿＿＿＿＿	至　年　月　日

说明：仅勾选提交的申请材料，各项材料只需提供一份。

授权书
（参考样本）

致广告审查机关：

我（单位），＿＿＿＿＿＿＿＿（注册登记名称/姓名）＿＿＿＿＿＿＿＿，住所地（住址）为＿＿＿＿

＿＿＿＿＿＿＿＿，统一社会信用代码（身份证明号码等）为＿＿＿＿＿＿＿＿＿＿，现同意

授权＿＿＿＿＿＿（被授权企业名称）＿＿＿＿＿＿，住所地为＿＿＿＿＿＿＿＿，统一

社会信用代码为＿＿＿＿＿＿＿＿，作为我（单位）产品的生产企业（或者经营企业），

同时授权其作为我（单位）注册（备案）产品的广告审查申请人，授权日期截至 20　年

＿月　日。产品名单如下：

产品名称1，产品注册批准证号1。

产品名称2，产品注册批准证号2。

＿＿＿＿＿＿＿＿＿＿＿（授权人名称/姓名）

签　章

签字人职务

年　月　日

申报材料真实性自我保证声明（参考）

×××市场监督管理局：

我单位申请＿＿＿＿×××××食品广告审查＿＿＿＿＿＿＿＿，提交如下材料：

1. 保健食品批准证书（批件）及其附件

2.

3.

4.

5.

6.

7.

我单位保证：

□提交的申请材料内容真实、有效；

□本次申请的保健食品（特殊医学用途配方食品）行政审批事项，不具有《药品安全"黑名单"管理规定（试行）》（国食药监办〔2012〕219号）第七条规定的行业禁入情况。

法定代表人签字： 企业公章

×年 ×月 ×日 ×年 ×月 ×日

③ 申请流程：见图4-1，依据《药品、医疗器械、保健食品、特殊医学用途配方食品广告审查管理暂行办法》。

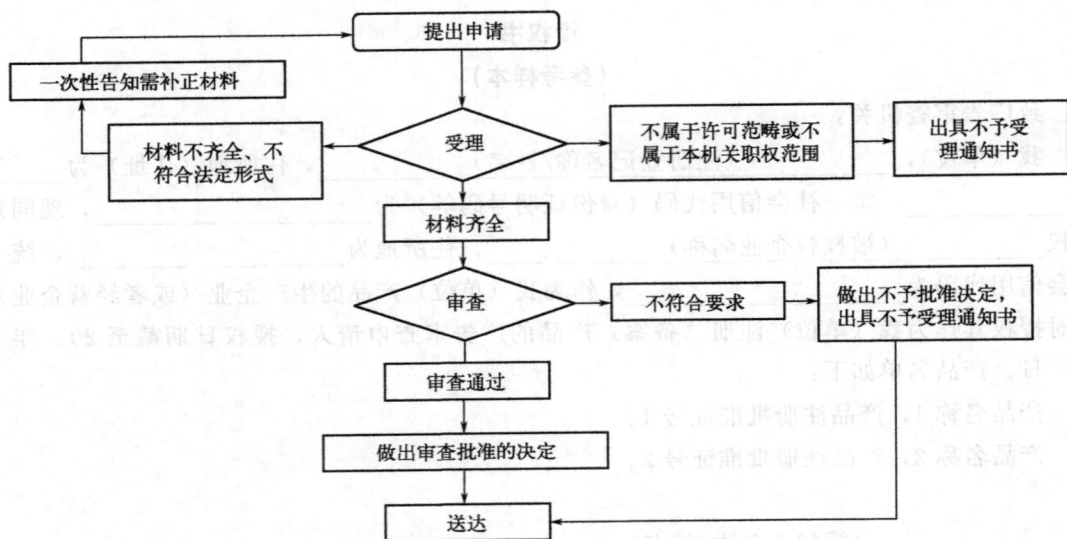

图 4-1 保健食品广告审查申请流程

提出申请：申请人可以到广告审查机关受理窗口提出申请，也可以通过信函、传真、电子邮件或者电子政务平台提交药品、医疗器械、保健食品和特殊医学用途配方食品广告申请。

受理：广告审查机关收到申请人提交的申请后，应当在五个工作日内作出受理或者不予受理决定。申请材料齐全、符合法定形式的，应当予以受理，出具《广告审查受理通知书》。申请材料不齐全、不符合法定形式的，应当一次性告知申请人需要补正的全部内容。

审查：广告审查机关应当对申请人提交的材料进行审查，自受理之日起十个工作日内完成审查工作。经审查，对符合法律、行政法规和本办法规定的广告，应当作出审查批准的决定，编发广告批准文号。

对不符合法律、行政法规和本办法规定的广告，应当作出不予批准的决定，送达申请人并说明理由，同时告知其享有依法申请行政复议或者提起行政诉讼的权利。

（6）保健食品广告批准文号的有效期

药品、医疗器械、保健食品和特殊医学用途配方食品广告批准文号的有效期与产品注册证明文件、备案凭证或者生产许可文件最短的有效期一致。

产品注册证明文件、备案凭证或者生产许可文件未规定有效期的，广告批准文号有效期为两年。

3. 保健食品广告发布者的合规要求

① 未经审查不得发布保健食品和特殊医学用途配方食品广告。

② 不得以介绍健康、养生知识等形式变相发布保健食品广告。

《中华人民共和国广告法》第十九条规定，广播电台、电视台、报刊音像出版单位、互联网信息服务提供者不得以介绍健康、养生知识等形式变相发布医疗、药品、医疗器械、保健食品广告。

③ 在针对未成年人的大众传播媒介上不得发布保健食品广告。

《中华人民共和国广告法》第四十条规定，在针对未成年人的大众传播媒介上不得发布医疗、药品、保健食品、医疗器械、化妆品、酒类、美容广告，以及不利于未成年人身心健康的网络游戏广告。

④ 应当严格按照审查通过的内容发布保健食品广告，不得进行剪辑、拼接、修改。

《药品、医疗器械、保健食品、特殊医学用途配方食品广告审查管理暂行办法》第二十条规定，广告主、广告经营者、广告发布者应当严格按照审查通过的内容发布药品、医疗器械、保健食品和特殊医学用途配方食品广告，不得进行剪辑、拼接、修改。

⑤ 依法停止或者禁止生产、销售或者使用的药品、医疗器械、保健食品和特殊医学用途配方食品不得发布广告。

⑥ 不得发布法律、行政法规禁止发布广告的情形。

六、特殊医学用途配方食品广告

1. 特殊医学用途配方食品的定义

特殊医学用途配方食品简称特医食品，是指为满足进食受限、消化吸收障碍、代谢紊乱或者特定疾病状态人群对营养素或者膳食的特殊需要，专门加工配制而成的配方食品，包括适用于0月龄至12月龄的特殊医学用途婴儿配方食品（"特医婴配食品"）和适用于1岁以上人群的特殊医学用途配方食品。该类食品必须在医师或临床营养师指导下，单独使用或与其他食品配合食用。

2. 特殊医学用途配方食品广告按药品广告管理

根据《中华人民共和国食品安全法》第八十条，特殊医学用途配方食品广告适用《中华人民共和国广告法》和其他法律、行政法规关于药品广告管理的规定。

3. 特殊医学用途配方食品广告审查

（1）发布特殊医学用途配方食品广告必须经过审查，未经审查，不得发布

《中华人民共和国广告法》第四十六条规定，发布医疗、药品、医疗器械、农药、兽药和保健食品广告，以及法律、行政法规规定应当进行审查的其他广告，应当在发布前由有关部门对广告内容进行审查；未经审查，不得发布。

《药品、医疗器械、保健食品、特殊医学用途配方食品广告审查管理暂行办法》第二条规定，未经审查不得发布药品、医疗器械、保健食品和特殊医学用途配方食品广告。

（2）特殊医学用途配方食品广告的审查申请主体

《中华人民共和国广告法》规定，广告活动的主体包括"广告主""广告经营者""广告发布者""广告代言人"，其中，广告主指以推销为目的的拟设计、制作、发布广告的自然人、法人或者其他组织；广告主可以自行设计、制作、发布广告，该等情况下广告主亦为广告发布者；广告主也可以委托他人设计、制作、发布广告，该等情况下，受托设计、制作广告的第三方为广告经营者，受托发布广告的第三方为广告发布者。

《药品、医疗器械、保健食品、特殊医学用途配方食品广告审查管理暂行办法》第十二条规定，药品、医疗器械、保健食品和特殊医学用途配方食品注册证明文件或者备案凭证持有人及其授权同意的生产、经营企业为广告申请人。申请人可以委托代理人办理药品、医疗器械、保健食品和特殊医学用途配方食品广告审查申请。

（3）负责特殊医学用途配方食品广告审查部门

《药品、医疗器械、保健食品、特殊医学用途配方食品广告审查管理暂行办法》第四条规定，国家市场监督管理总局负责组织指导药品、医疗器械、保健食品和特殊医学用途配方食品广告审查工作。各省、自治区、直辖市市场监督管理部门、药品监督管理部门负责药品、医疗器械、保健食品和特殊医学用途配方食品广告审查，依法可以委托其他行政机关具体实施广告审查。

（4）特殊医学用途配方食品广告的审查及内容要求

① 特殊医学用途配方食品广告应当真实、合法，不得含有虚假或者引人误解的内容

《药品、医疗器械、保健食品、特殊医学用途配方食品广告审查管理暂行办法》第三条规定，药品、医疗器械、保健食品和特殊医学用途配方食品广告应当真实、合法，不得含有虚假或者引人误解的内容。广告主应当对药品、医疗器械、保健食品和特殊医学用途配方食品广告内容的真实性和合法性负责。

② 特殊医学用途配方食品广告的内容应当以国家市场监督管理总局批准的注册证书和产品标签、说明书为准

《药品、医疗器械、保健食品、特殊医学用途配方食品广告审查管理暂行办法》第八条规定，特殊医学用途配方食品广告的内容应当以国家市场监督管理总局批准的注册证书和产品标签、说明书为准。特殊医学用途配方食品广告涉及产品名称、配方、营养学特征、适用人群等内容的，不得超出注册证书、产品标签、说明书范围。

③ 特殊医学用途配方食品广告必须标注的内容

《药品、医疗器械、保健食品、特殊医学用途配方食品广告审查管理暂行办法》第八条规定，特殊医学用途配方食品广告应当显著标明适用人群、"不适用于非目标人群使用""请在医生或者临床营养师指导下使用"。

《药品、医疗器械、保健食品、特殊医学用途配方食品广告审查管理暂行办法》第九条规定，药品、医疗器械、保健食品和特殊医学用途配方食品广告应当显著标明广告批准文号。

④ 特殊医学用途配方食品广告应当显著标明的内容，其字体和颜色必须清晰可见、易于辨认，在视频广告中应当持续显示

见《药品、医疗器械、保健食品、特殊医学用途配方食品广告审查管理暂行办法》第十条。

⑤ 特殊医学用途配方食品广告不得含有的内容

《中华人民共和国广告法》第十六条规定，不得含有下列内容：a. 表示功效、安全性的断言或者保证；b. 说明治愈率或者有效率；c. 与其他药品、医疗器械的功效和安全性或者其他医疗机构比较；d. 利用广告代言人作推荐、证明；e. 法律、行政法规规定禁止的其他内容。

⑥ 特殊医学用途配方食品广告不得包含的情形

药品、医疗器械、保健食品和特殊医学用途配方食品广告不得违反《中华人民共和国广告法》第九条、第十六条、第十七条、第十八条、第十九条规定，不得包含下列情形：

使用或者变相使用国家机关、国家机关工作人员、军队单位或者军队人员的名义或者形象，或者利用军队装备、设施等从事广告宣传；

使用科研单位、学术机构、行业协会或者专家、学者、医师、药师、临床营养师、患者等的名义或者形象作推荐、证明；

违反科学规律，明示或者暗示可以治疗所有疾病、适应所有症状、适应所有人群，或者正常生活和治疗病症所必需等内容；

引起公众对所处健康状况和所患疾病产生不必要的担忧和恐惧，或者使公众误解不使用该产品会患某种疾病或者加重病情的内容；

含有"安全""安全无毒副作用""毒副作用小"，明示或者暗示成分为"天然"，因而安全性有保证等内容；

含有"热销、抢购、试用""家庭必备、免费治疗、免费赠送"等诱导性内容，"评比、排序、推荐、指定、选用、获奖"等综合性评价内容，"无效退款、保险公司保险"等保证性内容，怂恿消费者任意、过量使用药品、保健食品和特殊医学用途配方食品的内容；

含有医疗机构的名称、地址、联系方式、诊疗项目、诊疗方法以及有关义诊、医疗咨询电话、开设特约门诊等医疗服务的内容；

法律、行政法规规定不得含有的其他内容。

（5）特殊医学用途配方食品广告内容还应遵循的普遍准则

特殊医学用途配方食品广告内容还应当符合《中华人民共和国广告法》规定的所有广告都要遵循的普遍内容准则。主要有《中华人民共和国广告法》第八条：广告中对商品的性能、功能、产地、用途、质量、成分、价格、生产者、有效期限、允诺等或者对服务的内容、提供者、形式、质量、价格、允诺等有表示的，应当准确、清楚、明白。广告中表明推销的商品或者服务附带赠送的，应当明示所附带赠送商品或者服务的品种、规格、数量、期限和方式。

4. 广告审查申请流程与要求

（1）申办材料

① 特殊医学用途配方食品广告审批——情形：特殊医学用途配方食品广告注销。

申请人需提交下列材料（文件、物品）：

序号	提交材料名称	原件份数	复印件份数	材料来源	特定要求
1	广告批准文号注销申请表	1（电子版）	0	申请人自备	填写真实、完整
2	涉及授权委托的提供合法的授权文件	1（电子版）	0	申请人自备	合法、有效

② 特殊医学用途配方食品广告审批——情形：特殊医学用途配方食品广告申请。

申请人需提交下列材料（文件、物品）：

序号	提交材料名称	原件份数	复印件份数	材料来源	特定要求
1	食品生产许可文件	1（电子版）	0	政府部门核发	1. 该项证明材料已实施告知承诺制，申请人可以提交证明事项告知承诺书也可提交食品生产许可证有关资料；2. 提交的告知承诺书或证明材料需加盖申请人公章
2	涉及授权委托的提供合法的授权文件	1（电子版）	0	申请人自备	合法、有效
3	广告中涉及的知识产权相关有效证明材料	1（电子版）	0	申请人自备	合法、有效
4	申请人及委托代理人主体资格有关材料	1（电子版）	0	政府部门核发	1. 申请人为公民的，提供身份证或护照复印件；2. 申请人为法人或其他组织的，提供申请人的工商营业执照（副本）扫描件
5	产品注册证明文件或备案凭证、注册或备案的产品标签说明书，以及生产许可文件	1（电子版）	0	申请人自备	合法、有效
6	特殊医学用途配方食品广告审查表并附与发布内容相一致的样片、样稿	1（电子版）	0	其他	填写完整、准确

（2）办理流程

① 流程图：见图 4-2。

② 办理程序

提出申请：申请人可以到广告审查机关受理窗口提出申请，也可以通过信函、传真、电子邮件或者电子政务平台提交特殊医学用途配方食品广告申请。

受理：广告审查机关收到申请人提交的申请后，应当在五个工作日内作出受理或者不予受理决定。申请材料齐全、符合法定形式的，应当予以受理，出具《广告审查受理通知书》。申请材料不齐全、不符合法定形式的，应当一次性告知申请人需要补正的全部内容。

审查：广告审查机关应当对申请人提交的材料进行审查，自受理之日起十个工作日内完

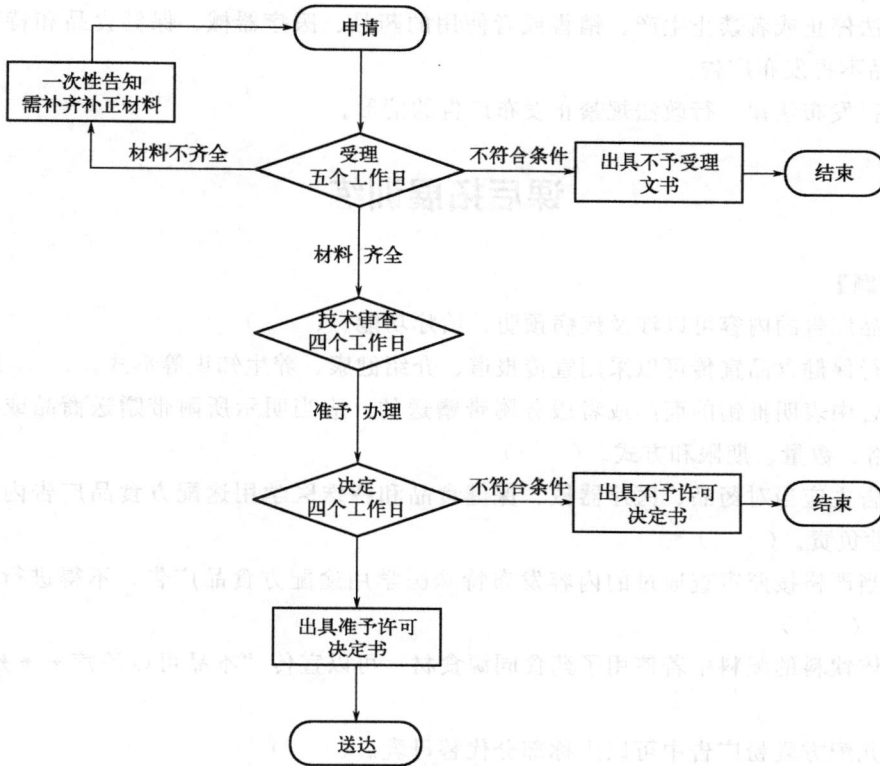

图 4-2 "特殊医学用途配方食品广告审批"流程图

成审查工作。经审查，对符合法律、行政法规和本办法规定的广告，应当作出审查批准的决定，编发广告批准文号。

对不符合法律、行政法规和本办法规定的广告，应当作出不予批准的决定，送达申请人并说明理由，同时告知其享有依法申请行政复议或者提起行政诉讼的权利。

5. 特殊医学用途配方食品广告发布者的合规要求

① 未经审查不得发布保健食品和特殊医学用途配方食品广告。

② 不得以介绍健康、养生知识等形式变相发布特殊医学用途配方食品广告。

③ 在针对未成年人的大众传播媒介上不得发布特殊医学用途配方食品。

④ 应当严格按照审查通过的内容发布特殊医学用途配方食品广告，不得进行剪辑、拼接、修改。

⑤ 特殊医学用途配方食品中的特定全营养配方食品广告只能在国务院卫生行政部门和国务院药品监督管理部门共同指定的医学、药学专业刊物上发布。

⑥ 不得利用处方药或者特定全营养配方食品的名称为各种活动冠名进行广告宣传。

⑦ 不得使用与处方药名称或者特定全营养配方食品名称相同的商标、企业字号在医学、药学专业刊物以外的媒介变相发布广告，也不得利用该商标、企业字号为各种活动冠名进行广告宣传。

⑧ 特殊医学用途婴儿配方食品广告不得在大众传播媒介或者公共场所发布。

⑨ 依法停止或者禁止生产、销售或者使用的药品、医疗器械、保健食品和特殊医学用途配方食品不得发布广告。

⑩ 不得发布法律、行政法规禁止发布广告的情形。

课后拓展训练

【判断题】

1. 食品广告的内容可以涉及疾病预防、治疗功能。（　　　）

2. 进行保健食品宣传可以采用宣传报道、介绍健康、养生知识等形式。（　　　）

3. 广告中表明推销的商品或者服务附带赠送的，应当明示所附带赠送商品或者服务的品种、规格、数量、期限和方式。（　　　）

4. 广告主应当对药品、医疗器械、保健食品和特殊医学用途配方食品广告内容的真实性和合法性负责。（　　　）

5. 应当严格按照审查通过的内容发布特殊医学用途配方食品广告，不得进行剪辑、拼接、修改。（　　　）

6. 固体饮料的配料中若使用了药食同源食材，可以宣传"本品可以治疗＊＊疾病"等。（　　　）

7. 婴儿配方乳粉广告中可以声称部分代替母乳。（　　　）

8. 酒类广告中禁止出现饮酒动作。（　　　）

【单项选择题】

1. 广告可以以（　　　）形式呈现？

A. 文字　　　　　　　B. 图片　　　　　　　C. 音频　　　　　　　D. 视频

2. 除下列（　　　）广告外，禁止其他任何广告涉及疾病治疗功能。

A. 医疗　　　　　　　　　　　　　　　B. 药品

C. 医疗器械　　　　　　　　　　　　　D. 食品

3. 下列（　　　）从事广告活动，应当遵守法律法规，诚实信用，公平竞争。

A. 广告主　　　　　　　　　　　　　　B. 广告经营者

C. 广告发布者　　　　　　　　　　　　D. 以上都是

4. 下列说法不正确的是（　　　）。

A. 保健食品广告应当显著标明"本品不能代替药物"

B. 食品广告可以使用"最高级""最佳"等用语

C. 发布保健食品广告必须经过审查，未经审查，不得发布

D. 食品生产经营者对食品广告内容的真实性、合法性负责

5. 特殊医学用途配方食品广告不得标注内容（　　　）。

A. 适用人群

B. 不适用于非目标人群使用

C. 请在医生或者临床营养师指导下使用

D. 说明治愈率或者有效率

6. 商业广告中可以使用的图案包括（　　　）。

A. 国旗　　　　　　　B. 国家机关形象　　　C. 公司 LOGO　　　　D. 军旗

7. 广告中涉及专利产品或者专利方法的，应当标明（　　　）。

A. 专利号

B. 专利种类

C. 获取专利时间

D. 专利批准单位

项目三　食品标签标识合规

【技能目标】　能够判定食品标签标识合规性。

【知识目标】　熟知食品标签相关概念；了解食品标签作用；掌握食品标签标识相关法律法规、标准等知识要求。

案例导入

【案例】2022 年，某县市场监管局执法人员依法对位于该县经济开发区的某商贸中心经营场所进行现场检查，在当事人经营场所内，发现存放有标称某食品科技有限公司生产的品牌生榨椰子汁 326 件（6 瓶/件），生产日期 20211009。该生榨椰子汁外包装标签标注有"生榨椰子汁""生榨就是鲜得健康""生榨才新鲜、生榨味纯正、生榨多营养""正宗生榨海南特产""海南特种兵部队椰子果园""海南特种产品"等字样，而其标签配料表只标注了柠檬酸等食品添加剂、饮用水，未发现有椰子成分。

【案例解析】该椰子汁的标签以虚假、使消费者误解或欺骗性的文字介绍食品。其行为违反《中华人民共和国食品安全法》第六十七条"食品安全国家标准对标签标注事项另有规定的，从其规定。"《食品安全国家标准　预包装食品标签通则》3.4"应真实、准确，不得以虚假、夸大、使消费者误解或欺骗性的文字、图形等方式介绍食品，也不得利用字号大小或色差误导消费者。"之规定。案发后，当事人召回了 4 件。

该县市场监管局依据《中华人民共和国行政处罚法》第二十八条、第三十二条第五项和《中华人民共和国食品安全法》第一百二十五条第一款第二项之规定，责令当事人立即改正违法行为，并处没收标签不符合《中华人民共和国食品安全法》规定的品牌生榨椰子汁 330件，没收违法所得人民币 4250 元，罚款人民币 12500 元的行政处罚。

【思政解析】预包装食品标签和说明书是生产经营者向消费者介绍食品、承载食品说明信息的必要载体，消费者通过阅读食品标签决定是否购买该食品。食品标签、说明书中的文字、图形、符号等一切说明物必须实事求是，是食品生产经营者应当履行的法定义务。如果标示不真实的信息，则可能对消费者造成误导，损害其合法权益。

一、食品标签概述

1. 什么是食品标签

认识食品标签标识

根据我国《食品安全国家标准 预包装食品标签通则》（GB 7718—2011）中的定义，食品标签是指食品包装上的文字、图形、符号及一切说明物。

食品标签可分为两种形式，一种是把文字、图形、符号印制或压印在食品的包装盒、袋、瓶、罐或其他包装容器上；另一种是单独印制纸签、塑料薄膜签或其他制品签，粘贴在食品包装容器上。"一切说明物"是广义范畴的标签，包括吊牌、附签或商标等。无论采用哪种形式，都是食品生产经营者向消费者的承诺。

2. 食品标签的作用

(1) 引导、指导消费者选购食品 消费者可以通过标签上的文字、图形及其他说明了解食品的性状、生产者、经销者、生产日期、保质期、净含量等，还能通过配料表了解食品的成分，通过营养标签了解食品的营养信息等。这些信息均能影响消费者的购买行为。

(2) 促进销售 标签是展示产品最好的广告手段之一。好的食品标签除了向消费者说明产品外，还是食品生产经营企业展示产品特性、宣传企业形象的最佳途径之一。一些著名的企业，消费者仅通过标签的风格就可以从陈列货架上识别出其产品，甚至识别出不同品种的信息。

(3) 向消费者承诺 食品标签是食品生产经营者面向消费者对质量、信誉和责任的最佳承诺途径。食品包装物表面的一切文字、图形信息是食品生产经营者对消费者的一种质量承诺；食品生产经营者的名称、地址、联系方式更是确保消费者在出现问题后能够找到责任方的重要承诺。

(4) 向监督机构提供监督检查依据 食品生产行业众多且专业性很强，监管难度较大。食品生产许可证编号、产品标准代号等信息是为监督管理机构监管提供便利性的重要手段。

(5) 维护生产经营者的合法权益 食品生产经营者在食品标签上明示的保质期、贮存条件等信息同样便于企业维护自身利益。超过标签上明示的保质期限或消费者未按标签上标示的贮存条件贮存食品而出现问题，食品生产经营者不再承担责任。从这个意义上讲，食品标签也是对食品生产经营企业合法权益的保护。

二、食品标签基本要求

1.《食品安全法》对标签标识的基本要求

《食品安全法》对标签标识的要求

(1) 预包装食品标签标识要求 预包装食品是指预先定量包装或者制作在包装材料和容器中的食品，包括预先定量包装以及预先定量制作在包装材料和容器中并且在一定量限范围内具有统一的质量或体积标识的食品。

《中华人民共和国食品安全法》第六十七条规定，预包装食品的包装上应当有标签。标签应当标明下列事项：①名称、规格、净含量、生产日期；②成分或者配料表；③生产者的名称、地址、联系方式；④保质期；⑤产品标准代号；⑥贮存条件；⑦所使用的食品添加剂在国家标准中的通用名称；⑧生产许可证编号；⑨法律法规或者食品安全标准规定应当标明的其他事项。

专供婴幼儿和其他特定人群的主辅食品，其标签还应当标明主要营养成分及其含量。

食品安全国家标准对标签标注事项另有规定的，从其规定。

（2）散装食品标签标识要求

《中华人民共和国食品安全法》第六十八条规定，食品经营者销售散装食品，应当在散装食品的容器、外包装上标明食品的名称、生产日期或者生产批号、保质期以及生产经营者名称、地址、联系方式等内容。

（3）转基因食品标签标识要求　《中华人民共和国食品安全法》第六十九条规定，生产经营转基因食品应当按照规定显著标示。

对于转基因标识具体要求在《农业转基因生物标识管理办法》中有更详细规定。

第六条标识的标注方法：①转基因动植物（含种子、种畜禽、水产种苗）和微生物，转基因动植物、微生物产品，含有转基因动植物、微生物或者其产品成分的种子、种畜禽、水产苗种、农药、兽药、肥料和添加剂等产品，直接标注"转基因××"。②转基因农产品的直接加工品，标注为"转基因××加工品（制成品）"或者"加工原料为转基因××"。③用农业转基因生物或用含有农业转基因生物成分的产品加工制成的产品，但最终销售产品中已不再含有或检测不出转基因成分的产品，标注为"本产品为转基因××加工制成，但本产品中已不再含有转基因成分"或者标注为"本产品加工原料中有转基因××，但本产品中已不再含有转基因成分"。

（4）食品添加剂标签标识要求　《中华人民共和国食品安全法》第七十条规定，食品添加剂应当有标签、说明书和包装。标签、说明书应当载明食品安全法第六十七条第一款第一项至第六项、第八项、第九项规定的事项，以及食品添加剂的使用范围、用量、使用方法，并在标签上载明"食品添加剂"字样。

食品添加剂标识依据除了《食品安全法》外，还有《食品安全国家标准　食品添加剂标识通则》（GB 29924—2013）。

（5）保健食品标识要求　《中华人民共和国食品安全法》第七十八条规定，保健食品的标签、说明书不得涉及疾病预防、治疗功能，内容应当真实，与注册或者备案的内容相一致，载明适宜人群、不适宜人群、功效成分或者标志性成分及其含量等，并声明"本品不能代替药物"。保健食品的功能和成分应当与标签、说明书相一致。

为防止保健食品生产经营过程中的误导性宣传，避免消费者过度依赖保健食品，耽误必要的药物治疗，保健食品标签、说明书应当声明"本品不能代替药物"。

（6）进口的预包装食品、食品添加剂标识要求　《中华人民共和国食品安全法》第九十七条规定，进口的预包装食品、食品添加剂应当有中文标签；依法应当有说明书的，还应当有中文说明书。标签、说明书应当符合本法以及我国其他有关法律、行政法规的规定和食品安全国家标准的要求，并载明食品的原产地以及境内代理商的名称、地址、联系方式。预包装食品没有中文标签、中文说明书或者标签、说明书不符合本条规定的，不得进口。

第七十一条规定，食品和食品添加剂的标签、说明书，不得含有虚假内容，不得涉及疾病预防、治疗功能。生产经营者对其提供的标签、说明书的内容负责。

食品和食品添加剂的标签、说明书应当清楚、明显，生产日期、保质期等事项应当显著标注，容易辨识。

食品和食品添加剂与其标签、说明书的内容不符的，不得上市销售。

2. GB 7718—2011 基本要求

① 应符合法律法规的规定，并符合相应食品安全标准的规定。

本条款是对食品标签的合法性的要求，食品生产经营企业设计、制作食品标签时应遵守与食品标签有关的国家法律法规、部门规章以及食品安全标准的规定。

例如：《中华人民共和国商标法》规定商品标签不得标示"驰名商标"。（生产、经营者不得将"驰名商标"字样用于商品、商品包装或者容器上，或者用于广告宣传、展览以及其他商业活动中。）《中华人民共和国广告法》规定不得使用国家级、最高级、最佳等用语，不得使用国家机关和国家机关工作人员的名义或形象；广告中涉及专利产品或者专利方法的，应当标明专利号和专利种类。

《食品广告发布暂行规定》要求食品广告不得含有"最新科学""最新技术""最先进加工工艺"等绝对化的语言或者表示。不得出现与药品相混淆的用语，不得直接或者间接地宣传治疗作用，也不得借助宣传某些成分的作用明示或者暗示该食品的治疗作用。

《食品安全国家标准 速冻面米与调制食品》（GB 19295—2021）中的 4.1 条款有规定产品标识应注明速冻、生制或熟制、即时或非即时，以及烹调加工方式。

预包装食品标签相关标准有《食品安全国家标准 预包装食品标签通则》（GB 7718—2011）；《食品安全国家标准 预包装食品营养标签通则》（GB 28050—2011）；《食品安全国家标准 预包装特殊膳食用食品标签》（GB 13432—2013）；《食品安全国家标准 食品营养强化剂使用标准》GB 14880—2012；《食品安全国家标准 食品添加剂使用标准》（GB 2760—2024）。

② 应清晰、醒目、持久，应使消费者购买时易于辨认和识读。

本条款是对食品标签的质量要求，为保证消费者在购买预包装食品的时候容易对标签内容进行辨认和识读。食品标签的文字、图案清晰、醒目是为了便于识读；持久是为了保证产品运输销售过程中不会消失和脱落，造成食品标签缺失，例如包装的背景色与文字颜色应采用对比色。

③ 应通俗易懂、有科学依据，不得标示封建迷信、色情、贬低其他食品或违背营养科学常识的内容。

本条款是对食品标签用语、图案等内容的规范性要求。"不得标示贬低其他食品"指不得利用标签宣称自己的产品优于其他类别或同类别其他企业产品。"不得标示违背营养科学常识的内容"指不尊重科学和客观事实，使用以偏概全、以次充好、以局部说明全体、以虚假冒充真实等形式描述食品，导致消费者误以为该食品的营养性比其他食品高，违背了科学营养常识。例如"本产品含有大豆蛋白，优于乳蛋白"。

④ 应真实、准确，不得以虚假、夸大、使消费者误解或欺骗性的文字、图形等方式介绍食品，也不得利用字号大小或色差误导消费者。

这是对食品标签真实性的要求。设计、制作食品标签必须实事求是，真实地选用食品名称，真实地标明食品配料、净含量、生产日期、保质期、制造者或经销商的名称和地址等信息，真实地标示营养成分，真实地介绍食品的特性。

"虚假"是指设计、制作食品标签不实事求是，在标签上给出了虚假、错误的信息；"夸大"是指故意夸大某项事实或功能；"使消费者误解"是指标签上标示的信息能使消费者产生错误的联想；"欺骗性的文字"是指在标签上标示的文字、图形导致消费者误会食品的真实属性等。例如，在植物蛋白饮料标签上画一头真实的奶牛图片；产品的配料是水、白砂糖、麦芽糊精、柠檬酸、蜜桃香精、维生素 A、维生素 C 配制的果味型饮料，配料中未添加任何桃汁或者桃果肉，却命名为"蜜桃汁"；使用苹果香精生产的软糖，未添加任何苹果汁和苹果肉却命名为"苹果软糖"，并在标签上使用真实苹果的照片。"用字号大小或者色差误导消费者"往往体现在食品名称的表现形式上。有意识地把掩盖产品真实属性的名称标示得很大很明显，而能反映食品真实属性的食品名称标示得很小或者与包装的背景颜色基本一致，甚至真实属性名称远离食品名称的位置。例如，"橙汁饮料""酸牛乳饮料"，其中"橙汁""酸牛乳"标示得很大，"饮料"标示的字号就很小，而且"饮料"的字体颜色与包装的背景颜色十分相近，消费者很容易误以为这些食品是"橙汁""酸牛乳"。

⑤ 不应直接或以暗示性的语言、图形、符号，误导消费者将购买的食品或食品的某一性质与另一产品混淆。

本条款是对食品标签直观性的要求。设计、制作标签时要体现直观性，不能使消费者将购买的食品与其他产品混淆。不得直接使用或将其他产品的名称、设计稍作修改使用，故意误导消费者将某一产品与其他产品混淆。例如，以胡萝卜为原料做成的蜜饯食品，命名为"红参脯"，并在标签上画一颗中药红参。这样的产品名称和图案会使消费者错误地认为该食品的原料是人参。添加维生素 C 的糖果标示"该产品与三个橙子所含的维生素 C 含量相当"，是对产品的事实描述，把糖果中的维生素 C 含量这个特性用通俗的水果中的维生素 C 进行对比，具有直观性，不会使消费者误解，但如果标示为"该产品相当于三个橙子"属于对食品的特性模糊不清的描述，会使消费者误认为该糖果与"三个橙子"的营养成分一致。

⑥ 不应标注或者暗示具有预防、治疗疾病作用的内容，非保健食品不得明示或者暗示具有保健作用。

本条款是对食品标签的规范性要求，强调了不得宣传的内容。不能在标签上标注有关产品预防和治疗疾病作用的话语，例如产品为"××荞麦仁"在旁边标示"可清肠道"；"××燕麦片"旁边标示着"增加肠道蠕动，改善肠道功能"等字样。

⑦ 不应与食品或者其包装物（容器）分离。

要求食品标签的所有内容必须附着或结合在包装物或包装容器上。不允许把食品标签放在运输包装内，让经销商或零售商自己粘贴标签；不允许把临时印制的食品标签部分内容放在塑料包装袋内与食品直接接触；不允许用任何形式补贴，覆盖加印加贴生产日期。

⑧ 应使用规范的汉字（商标除外）。具有装饰作用的各种艺术字，应书写正确，易于辨认。

"规范的汉字"指《通用规范汉字表》中的汉字，不包括繁体字。食品标签可以在使用规范汉字的同时，使用相对应的繁体字。"具有装饰作用的各种艺术字"包括篆书、隶书、草书、手书体字、美术字、变体字、古文字等。使用这些艺术字时应书写正确、易于辨认、不易混淆。

a. 可以同时使用拼音或少数民族文字，拼音不得大于相应汉字。"拼音"是指汉语拼音，拼写时应遵循《汉语拼音方案》。少数民族文字是指蒙语、藏语、满语等语言文字。

b. 可以同时使用外文，但应与中文有对应关系（商标、进口食品的制造者和地址、国外经销者的名称和地址、网址除外）。所有外文不得大于相应的汉字（商标除外）。

⑨ 预包装食品包装物或包装容器最大表面面积大于 $35cm^2$ 时（最大表面面积计算方法见表4-6），强制标示内容的文字、符号、数字的高度不得小于1.8mm。

表4-6 包装物或包装容器最大表面面积计算方法

包装形状	计算方法	示例
长方体形包装物或长方体形包装容器	长方体形包装物或长方体形包装容器的最大一个侧面的高度(cm)乘以宽度(cm)	
圆柱形包装物、圆柱形包装容器或近似圆柱形包装物、近似圆柱形包装容器	包装物或包装容器的高度(cm)乘以圆周长(cm)的40%	40
其他形状的包装物或包装容器	包装物或包装容器的总表面积的40%。如果包装物或包装容器有明显的主要展示版面，应以主要展示版面的面积为最大表面面积。包装袋等计算表面面积时应除去封边所占尺寸。瓶形或罐形包装计算表面面积时不包括肩部、颈部、顶部和底部的凸缘	

⑩ 一个销售单元的包装中含有不同品种、多个独立包装可单独销售的食品，每件独立包装的食品标识应当分别标注。

本条款是对作为一个销售单元的组合预包装食品的标示要求，即当作为一个销售单元的同一预包装食品内含有若干件其他较小的预包装食品时，只对最小销售单元的预包装食品作标示要求。"含有不同品种"是指该销售单元内包含多个不同品种的食品。此时，应当分别在最外层包装上标示每个品种的所有强制标示内容，但共有的信息可以统一标示。

⑪ 若外包装易于开启识别或透过外包装物能清晰地识别内包装物（容器）上的所有强制标示内容或部分强制标示内容，可不在外包装物上重复标示相应的内容；否则应在外包装物上按要求标示所有强制标示内容。

组合预包装食品的外包装物为透明材质或镂空等形式时，消费者可以透过外包装或可以通过改变组合包装内预包装食品的位置而清晰地识别内包装上的标示内容时则无须在外包装上重复标示内包装物上已经标示的标签内容。

组合预包装食品具有易于开启的外包装时（礼盒、礼品袋、组合包等），消费者可以在购买时开启外包装并识别内包装的标示内容，则可以不在组合装的外包装上重复标示内含的每一件预包装食品包装上已经标示的标签内容。

三、食品名称标识合规

GB 7718 对食品名称标识有以下规定：

① 应在食品标签的醒目位置，清晰地标示反映食品真实属性的专用
名称。

食品名称标识

"反映食品真实属性的专用名称"是指能够反映食品本身固有的性质、特性、特征的名称，使消费者一看便能联想到食品的本质是什么。

食品的品名要求直接反映食品的真实属性。例如饮料、啤酒、咖啡、饼干等，观其名即可知道其属性。但有些食品标签的品名却不能或很难反映其本质属性，如大米标示为"泰香""雪花粘"，膨化食品标示为"龙虾条""牛肉串"。

当通过预包装食品名称本身能够获得该产品的配料信息及其真实属性，而且不会使消费者误解时，可以不在食品名称附近标示真实属性的专用名称。如"榛仁巧克力"，该名称可以体现配料和产品属性，因此不需要在该食品名称附近标示"巧克力制品"。

当从预包装食品名称本身无法获得产品真实属性，只有看到实物才能判断而实物又难以看到时，应该在该食品名称附近同时标示其真实属性的专用名称。

食品名称中关于风味的描述应该根据其组分中的特定原料或其生产的特定工艺真实描述，如焦香风味可以通过焦香化工艺来实现，草莓风味可以通过添加草莓粉或者使用香精香料来实现；当产品风味仅来自所使用的食用香精香料时，不应该直接使用该配料的名称来命名，如使用草莓香精但不含草莓成分的冰淇淋产品，产品名称不应该命名为"草莓冰淇淋"，可命名为"草莓味冰淇淋"。

a. 当国家标准、行业标准或地方标准中已规定了某食品的一个或几个名称时，应选用其中的一个，或等效的名称，即食品名称的命名必须有标准规定名称，例如饼干、糕点、巧克力、糖果等等。

b. 无国家标准、行业标准或地方标准规定的名称时，应使用不使消费者误解或混淆的常用名称或通俗名称。

② 标示"新创名称""奇特名称""音译名称""牌号名称""地区俚语名称"或"商标名称"时，应在所示名称的同一展示版面标示以下名称中一个：国家标准或行业标准中规定的名称，或等效名称；不使消费者误解或混淆的常用名称或俗语。

"新创名称""奇特名称"是指生产企业针对某产品创造出来的食品名称，如"猫耳朵"。

"音译名称"是指根据外文发音直接翻译过来的名称，如"芝士""寿司""吐司"。

如标示了易使人误解食品属性的文字或者术语（词语）时，如"××吐司"应该在"××吐司"附近标示吐司的真实属性专用名词"面包"，"起司"是面包的一种。

a. 当"新创名称""奇特名称""音译名称""牌号名称""地区俚语名称"或"商标名称"含有易使人误解食品属性的文字或术语（词语）时，应在所示名称的同一展示版面邻近部位使用同一字号标示食品真实属性的专用名称。

如"××杏仁露"应该在其名称附近标示能反映食品真实属性的专用名词"植物蛋白饮料"。

如"××田园泡"，这个产品是属于"膨化食品"类，应该在其名称附近标示清楚。

b. 当食品真实属性的专用名称因字号或字体颜色不同易使人误解食品属性时，也应使用同一字号及同一字体颜色标示食品真实属性的专用名称。

以"橙汁味饮料"这个食品名称为例，不得将"味饮料"这几个字特地缩小或者与包装的背景色十分相近，误导消费者。

③ 为不使消费者误解或混淆食品的真实属性、物理状态或制作方法，可以在食品名称前或食品名称后附加相应的词或短语。如干燥的、浓缩的、复原的、熏制的、油炸的、粉末的、粒状的等。

"物理状态"是指冷藏食品、速冻食品、冷冻食品、冻干食品等的产品应有状态；"制作方法"是指复原、油炸、浓缩等食品在加工过程当中所使用的工艺。例如"方便面（油炸）""腊肉（熏制）"。

四、配料表的合规性

1. 什么是配料

配料是指在制造或加工食品时使用的，并存在（包括以改性的形式存在）于产品中的任何物质，包括食品添加剂。其中"以改性的形式存在"是指制作食品时使用的原料、辅料经过加工后，形成的产品改变了原来的性质。例如用淀粉生产谷氨酸钠（纯味精），经过化学变化，淀粉转化为谷氨酸钠。谷氨酸钠的性质、成分与淀粉的性质、成分完全不同。

2. 配料表引导词

配料表应以"配料"或"配料表"为引导词。当加工过程中所用的原料已改变为其他成分（如酒、酱油、食醋等发酵产品）时，可用"原料"或"原料与辅料"代替"配料""配料表"，并按 GB 7718 标准相应条款的要求标示各种原料、辅料和食品添加剂。加工助剂不需要标示。

3. 配料在标示时排列顺序

各种配料应按制造或加工食品时加入量的递减顺序一一排列；加入量不超过 2% 的配料可以不按递减顺序排列。

各种配料是指所有配料，包括水和食品添加剂，但在加工过程中已挥发的水或其他挥发性配料不需要标示。例如饼干，虽然在制作过程中有水存在，但经过烘烤水分挥发了，不需要在配料清单中标示水。可食用的包装物也应在配料表中标示原始配料，例如可食用的胶囊、糖果的糯米纸。国家另有法律法规规定的除外。加工助剂不需要标示。配料表中不能加"等"字。

4. 标示方式

预包装食品的标签上应标示配料表，配料表中的各种配料应按食品名称标识合规的要求标示具体名称，下列食品配料，可以选择标示归属名称的方式进行标示（表 4-7）。

表 4-7　配料标示方式

配料类别	标示方式
各种植物油或精炼植物油,不包括橄榄油	"植物油"或"精炼植物油";如经过氢化处理,应标示为"氢化"或"部分氢化"
各种淀粉,不包括化学改性淀粉	"淀粉"
加入量不超过 2% 的各种香辛料或香辛料浸出物(单一的或合计的)	"香辛料""香辛料类"或"复合香辛料"
胶基糖果的各种胶基物质制剂	"胶姆糖基础剂""胶基"
添加量不超过 10% 的各种果脯蜜饯水果	"蜜饯""果脯"
食用香精、香料	"食用香精""食用香料""食用香精香料"

5. 复合配料标示

(1) 复合配料定义　根据 GB 7718 的要求,由两种或两种以上的其他配料构成的配料属于复合配料,不包括复配食品添加剂。

(2) 复合配料标示形式　复合配料标示时,应在配料表中标示复合配料的名称,随后将复合配料的原始配料在括号内按加入量的递减顺序标示。例如,植脂末(氢化植物油、葡萄糖浆、酪蛋白酸钠)。当某种复合配料已有国家标准、行业标准或地方标准,且其加入量小于食品总量的 25% 时,不需要标示复合配料的原始配料。例如酱油、鸡粉调味料、胶原蛋白肠衣。

当复合配料中的原始配料与食品中的其他配料相同时,也可在配料表中直接标示复合配料中的各原始配料;各配料的排列顺序应在将同一配料合并计算后,按其在终产品中的总量决定。

6. 食品添加剂的标示

食品添加剂应当标示其在 GB2760 中的食品添加剂通用名称。食品添加剂通用名称标示有下列三种形式,分别为:①标示食品添加剂的具体名称;②标示食品添加剂的功能类别名称及具体名称;③标示食品添加剂的功能类别名称及国际编码(INS 号),若某种食品添加剂尚不存在相应的国际编码,或因致敏物质标示需要,可以标示其具体名称。

在同一预包装食品的标签上,应选择以上任一种形式标示食品添加剂。

例如:食品添加剂丙二醇可以选择标示的形式为:①丙二醇;②增稠剂(1520);③增稠剂(丙二醇)。

食品添加剂的名称不包括其制法。加入量小于食品总量 25% 的复合配料中含有的食品添加剂,若符合 GB 2760 规定的带入原则且在最终产品中不起工艺作用的,不需要标示。

配料表应当如实标示产品所使用的食品添加剂,但不强制要求建立"食品添加剂项"。

7. 配料的定量标示

① 如果在食品标签或食品说明书上特别强调添加了或含有一种或多种有价值、有特性

的配料或成分，应标示所强调配料或成分的添加量或在成品中的含量。

"有价值、有特性的配料"是指对人体有较高的营养作用，配料本身不同于一般配料的特殊配料。例如"强化钙饼干"或"高钙饼干"添加了符合《食品安全国家标准 食品营养强化剂使用标准》（GB 14880—2012）规定的"活性离子钙"（不同于一般的钙化合物），可以按以下方式标示：

产品名称：高钙饼干。

配料表：小麦粉，白砂糖，精炼植物油，奶油，全脂乳粉，柠檬汁，活性离子钙（添加量：1.5%）。

或者配料表：小麦粉，白砂糖，精炼植物油，奶油，全脂乳粉，柠檬汁，活性离子钙。

产品说明：本产品添加了1.5%活性离子钙。

② 如果在食品的标签上特别强调一种或多种配料或成分的含量较低或无时，应标示所强调配料或成分在成品中的含量。

例如，碳酸饮料的标签上标示了"低糖"，可以按以下方式标示：

产品名称：橘汁汽水。

橘汁含量：3%。

产品说明：低糖；含糖量4%。

或

产品名称：橘汁汽水。

橘汁含量：3%。

蔗糖3.8%。

③ 食品名称中提及的某种配料或成分而未在标签上特别强调，不需要标示该种配料或成分的添加量或在成品中的含量。

一般特指某些食品的香料。例如"杏仁味冰淇淋"，添加了微量杏仁油，不需要标示在成品中的含量。

五、净含量和规格标识

1. 相关概念

（1）净含量 指的是除去包装容器和其他包装材料后内装商品的量。

不论商品的包装材料，还是任何与该商品包装在一起的其他材料，均不得记为净含量。比如说带冰衣的水产品净含量标示水产品的净含量及冰衣量，也就是说像单冻虾、单冻鱼等商品的净含量不包括冰衣在内。

（2）规格 是指同一预包装内含有多件预包装食品时，对净含量和内含件数关系的表述。

2. 标示方式

净含量的标示应由净含量、数字和法定计量单位组成。为方便表述，净含量的示例统一使用质量为计量方式，使用冒号为分隔符。标签上应使用实际产品适用的计量单位，并可根据实际情况选择空格或其他符号作为分隔符，便于识读。

规格的标示应由单件预包装食品净含量和件数组成，或只标示件数，可不标示"规格"二字。单件预包装食品的规格即指净含量。

(1) 单件预包装食品的净含量（规格）标示　单件预包装食品可以只标示"净含量"，也可以同时标示"净含量"和"规格"。可以有如下标示形式：

净含量（或净含量/规格）：450g；

净含量（或净含量/规格）：225 克（200 克＋送 25 克）；

净含量（或净含量/规格）：200 克＋赠 25 克；

净含量（或净含量/规格）：（200＋25）克。

(2) 净含量和沥干物（固形物）标示形式　容器中含有固、液两相物质的食品，且固相物质为主要食品配料时，除标示净含量外，还应以质量或质量分数的形式标示沥干物（固形物）的含量。净含量和沥干物（固形物）可以有如下标示形式（以"糖水梨罐头"为例）：

净含量（或净含量/规格）：425 克沥干物（或固形物或梨块）：不低于 255 克（或不低于 60％）。

无法清晰区别固液相产品的预包装食品无须标示沥干物（固形物）的含量。在不同的温度或其他条件下呈现固、液不同形态的，如蜂蜜、食用油等产品，也无须标示沥干物（固形物）的含量。

(3) 同一预包装内含有多件预包装食品标示　同一预包装内含有多个单件预包装食品时，大包装在标示净含量的同时还应标示规格。

① 同一预包装内含有多件同种类的预包装食品时，净含量和规格均可以有如下标示形式：

净含量（或净含量/规格）：40 克×5；

净含量（或净含量/规格）：5×40 克；

净含量（或净含量/规格）：200 克（5×40 克）；

净含量（或净含量/规格）：200 克（40 克×5）；

净含量（或净含量/规格）：200 克（5 件）；

净含量：200 克　规格：5×40 克；

净含量：200 克　规格：40 克×5；

净含量：200 克　规格：5 件；

净含量（或净含量/规格）：200 克（100 克＋50 克×2）；

净含量（或净含量/规格）：200 克（80 克×2＋40 克）；

净含量：200 克　规格：100 克＋50 克×2；

净含量：200 克　规格：80 克×2＋40 克。

② 同一预包装内含有多件不同种类的预包装食品时，净含量和规格可以有如下标示形式：

净含量（或净含量/规格）：200 克（A 产品 40 克×3，B 产品 40 克×2）；

净含量（或净含量/规格）：200 克（40 克×3，40 克×2）；

净含量（或净含量/规格）：100 克 A 产品，50 克×2B 产品，50 克 C 产品；

净含量（或净含量/规格）：A产品：100克，B产品50克×2，C产品50克；

净含量/规格：100克（A产品），50克×2（B产品），50克（C产品）；

净含量/规格：A产品100克，B产品50克×2，C产品50克。

（4）赠送装或促销装预包装食品的净含量标示 赠送装或促销装预包装食品的净含量应按照 GB 7718 的规定标示，并应明示销售部分和赠送部分的净含量，可以分别标示销售部分的净含量和赠送部分的净含量，如"净含量：100克＋赠20克"；也可以标示总净含量并同时用适当的方式标示赠送部分的净含量，如"净含量：225克（200克＋送25克）"。

3. 标示位置

净含量应与食品名称在包装物或容器的同一展示版面标示。

4. 法定计量单位

净含量法定计量单位分为质量单位和体积单位。

① 固态食品，用质量克（g）、千克（kg）。

② 液态食品，用体积升（L）（l）、毫升（mL）（ml），或用质量克（g）、千克（kg）。

③ 半固态或黏性食品，用质量克（g）、千克（kg）或体积升（L）（l）、毫升（mL）（ml）。

净含量法定计量单位可以是中文，也可以是符号，如表4-8所示

表 4-8　净含量的计量单位的标示方式

计量方式	净含量（Q）的范围	计量单位
体积	$Q<1000\text{mL}$ $Q\geqslant1000\text{mL}$	毫升（mL）（ml） 升（L）（l）
质量	$Q<1000\text{g}$ $Q\geqslant1000\text{g}$	克（g） 千克（kg）

5. 字符高度的要求

净含量字符的最小高度应符合表4-9的规定。如果用符号表示法定计量单位时，字符高度应以字母 L、l、k、g 等的高度计。另外，当一件预包装食品内含有多件预包装食品时，其内含的单件预包装食品以各自的净含量计来确定字符高度，外包装以总净含量计来确定字符高度。比如，外包装净含量标注为"净含量：600mL×4"时，字高应≥6mm（以总净含量2.4L计）。

表 4-9　净含量字符的最小高度

净含量（Q）的范围	字符的最小高度/mm
$Q\leqslant50\text{mL}$；$Q\leqslant50\text{g}$	2
$50\text{mL}<Q\leqslant200\text{mL}$；$50\text{g}<Q\leqslant200\text{g}$	3
$200\text{mL}<Q\leqslant1\text{L}$；$200\text{g}<Q\leqslant1\text{kg}$	4
$Q>1\text{kg}$；$Q>1\text{L}$	6

六、生产者、经销者的名称、地址和联系方式标示

① 应当标注生产者的名称、地址和联系方式。生产者名称和地址应当是依法登记注册、能够承担产品安全质量责任的生产者的名称、地址。有下列情形之一的，应按下列要求予以标示。

a. 依法独立承担法律责任的集团公司、集团公司的子公司，应标示各自的名称和地址。

b. 不能依法独立承担法律责任的集团公司的分公司或集团公司的生产基地，应标示集团公司和分公司（生产基地）的名称、地址；或仅标示集团公司的名称、地址及产地，产地应当按照行政区划标注到地市级地域。

c. 受其他单位委托加工预包装食品的，应标示委托单位和受委托单位的名称和地址；或仅标示委托单位的名称和地址及产地，产地应当按照行政区划标注到地市级地域。

② 依法承担法律责任的生产者或经销者的联系方式应标示以下至少一项内容：电话、传真、网络联系方式等，或与地址一并标示的邮政地址。

③ 进口预包装食品应标示原产国国名或地区区名（如中国香港、中国澳门、中国台湾），以及在中国依法登记注册的代理商、进口商或经销者的名称、地址和联系方式，可不标示生产者的名称、地址和联系方式。

七、日期标示

1. 相关概念

（1）生产日期（制造日期）　食品成为最终产品的日期，也包括包装或灌装日期，即将食品装入（灌入）包装物或容器中，形成最终销售单元的日期。

（2）保质期　预包装食品在标签指明的贮存条件下，保持品质的期限。在此期限内，产品完全适于销售，并保持标签中不必说明或已经说明的特有品质。

2. 日期标示要求

① 应清晰标示预包装食品的生产日期和保质期。如日期标示采用"见包装物某部位"的形式，应标示所在包装物的具体部位。日期标示不得另外加贴、补印或篡改。

② 当同一预包装内含有多个标示了生产日期及保质期的单件预包装食品时，外包装上标示的保质期应按最早到期的单件食品的保质期计算。外包装上标示的生产日期应为最早生产的单件食品的生产日期，或外包装形成销售单元的日期；也可在外包装上分别标示各单件装食品的生产日期和保质期。

③ 应按年、月、日的顺序标示日期，如果不按此顺序标示，应注明日期标示顺序。

3. 日期标示形式

日期中年、月、日可用空格、斜线、连字符、句点等符号分隔，或不用分隔符。年代号一般应标示 4 位数字，小包装食品也可以标示 2 位数字。月、日应标示 2 位数字。日期的标示可以有如下形式：

2010 年 3 月 20 日；

2010 03 20；2010/03/20；20100320；

20 日 3 月 2010 年；3 月 20 日 2010 年；

（月/日/年）：03 20 2010；03/20/2010；03202010。

4. 保质期的标示形式

保质期可以有如下标示形式：

最好在……之前食（饮）用；……之前食（饮）用最佳；……之前最佳；

此日期前最佳……；此日期前食（饮）用最佳……；

保质期（至）……；保质期××个月（或××日，或××天，或××周，或×年）。

八、贮存条件、食品生产许可证编号、产品标准代号的标示

1. 贮存条件标示

预包装食品标签应标示贮存条件。贮存条件可以标示"贮存条件""贮藏条件""贮藏方法"等标题，或不标示标题。贮存条件可以有如下标示形式：

常温（或冷冻，或冷藏，或避光，或阴凉干燥处）保存；

××﹣×× ℃保存；

请置于阴凉干燥处；

常温保存，开封后需冷藏；

温度：≤××℃，湿度：≤××％。

2. 食品生产许可证编号标示

预包装食品标签应标示食品生产许可证编号的，标示形式按照相关规定执行。实施生产许可证管理的食品，食品标识应当标注食品生产许可证编号。《食品生产许可管理办法》第三十条：食品生产许可证编号由 SC（"生产"的汉语拼音字母缩写）和 14 位阿拉伯数字组成。数字从左至右依次为：3 位食品类别编码、2 位省（自治区、直辖市）代码、2 位市（地）代码、2 位县（区）代码、4 位顺序码、1 位校验码。

3. 产品标准代号标示

在国内生产并在国内销售的预包装食品（不包括进口预包装食品）应标示产品所执行的标准代号和顺序号。

九、其他内容标示

1. 辐照食品标示

经电离辐射线或电离能量处理过的食品，应在食品名称附近标示"辐照食品"。经电离辐射线或电离能量处理过的任何配料，应在配料表中标明。

2. 标示内容的豁免

① 酒精度大于等于10％的饮料酒、食醋、食用盐、固态食糖类、味精可以免除标示保质期。

② 当预包装食品包装物或包装容器的最大表面面积小于10cm² 时，可以只标示产品名称、净含量、生产者（或经销商）的名称和地址。

3. 推荐标示内容

(1) 批号　根据产品需要，可以标示产品的批号。

(2) 食用方法　根据产品需要，可以标示容器的开启方法、食用方法、烹调方法、复水再制方法等对消费者有帮助的说明。

(3) 致敏物质　以下食品及其制品可能导致过敏反应，如果用作配料，宜在配料表中使用易辨识的名称，或在配料表邻近位置加以提示：

① 含有麸质的谷物及其制品（如小麦、黑麦、大麦、燕麦、斯佩耳特小麦或它们的杂交品系）；

② 甲壳纲类动物及其制品（如虾、龙虾、蟹等）；

③ 鱼类及其制品；

④ 蛋类及其制品；

⑤ 花生及其制品；

⑥ 大豆及其制品；

⑦ 乳及乳制品（包括乳糖）；

⑧ 坚果及其果仁类制品。

如加工过程中可能带入上述食品或其制品，宜在配料表临近位置加以提示。

4. 营养标签标示

预包装食品营养标签上营养信息的描述和说明适用于《食品安全国家标准　预包装食品营养标签通则》（GB 28050—2011）。

(1) 相关概念

① 营养标签：预包装食品标签上向消费者提供食品营养信息和特性的说明，包括营养成分表、营养声称和营养成分功能声称。营养标签是预包装食品标签的一部分。

② 营养素：食物中具有特定生理作用，能维持机体生长、发育、活动、繁殖以及正常代谢所需的物质，包括蛋白质、脂肪、碳水化合物、矿物质及维生素等。

③ 营养成分：食品中的营养素和除营养素以外的具有营养和（或）生理功能的其他食物成分。

④ 核心营养素：营养标签中的核心营养素包括蛋白质、脂肪、碳水化合物和钠。

⑤ 营养成分表：标有食品营养成分名称、含量和占营养素参考值（NRV）百分比的规范性表格。

⑥ 营养素参考值（NRV）：专用于食品营养标签，用于比较食品营养成分含量的参考值。

⑦ 营养声称：对食品营养特性的描述和声明，如能量水平、蛋白质含量水平。营养声称包括含量声称和比较声称。含量声称是指描述食品中能量或营养成分含量水平的声称。声称用语包括"含有""高""低"或"无"等。比较声称是指与消费者熟知的同类食品的营养成分含量或能量值进行比较以后的声称。声称用语包括"增加"或"减少"等。

⑧ 营养成分功能声称：某营养成分可以维持人体正常生长、发育和正常生理功能等作用的声称。

⑨ 修约间隔：修约值的最小数值单位。

⑩ 可食部：预包装食品净含量去除其中不可食用的部分后的剩余部分。

（2）基本要求

① 预包装食品营养标签标示的任何营养信息，应真实、客观，不得标示虚假信息，不得夸大产品的营养作用或其他作用。

② 预包装食品营养标签应使用中文。如同时使用外文标示的，其内容应当与中文相对应，外文字号不得大于中文字号。

③ 营养成分表应以一个"方框表"的形式表示（特殊情况除外），方框可为任意尺寸，并与包装的基线垂直，标题为"营养成分表"。

④ 食品营养成分含量应以具体数值标示，数值可通过原料计算或产品检测获得。某食品各营养成分的营养素参考值（NRV）见表 4-10。

表 4-10 某食品各营养成分的营养素参考值（NRV）

营养成分	NRV	营养成分	NRV
能量[a]	8400kJ	叶酸	400μg DFE
蛋白质	60g	泛酸	5mg
脂肪	≤60g	生物素	30μg
饱和脂肪酸	≤20g	胆碱	450mg
胆固醇	≤300mg	钙	800mg
碳水化合物	300g	磷	700mg
膳食纤维	25g	钾	2000mg
维生素 A	800μg RE	钠	2000mg
维生素 D	5μg	镁	300mg
维生素 E	14mgα-TE	铁	15mg
维生素 K	80g	锌	15mg
维生素 B_1	1.4mg	碘	150μg
维生素 B_2	1.4mg	硒	50μg
维生素 B_6	1.4mg	铜	1.5mg
维生素 B_{12}	2.4μg	氟	1mg
维生素 C	100mg	锰	3mg
烟酸	14mg		

a 能量相当于 2000kcal；蛋白质、脂肪、碳水化合物供能分别占总能量的 13%、27% 与 60%。

⑤ 营养标签的格式有以下 6 种格式，食品企业可根据食品的营养特性、包装面积的大小和形状等因素选择使用其中的一种格式。

a. 仅标示能量和核心营养素的格式：见表 4-11。

表 4-11　仅标示能量和核心营养素的营养成分表

项目	每 100 克(g)或 100 毫升(mL)或每份	营养素参考值%或 NRV%
能量	千焦(kJ)	%
蛋白质	克(g)	%
脂肪	克(g)	%
碳水化合物	克(g)	%
钠	毫克(mg)	%

b. 标注更多营养成分的格式：见表 4-12。

表 4-12　标注更多营养成分的营养成分表

项目	每 100 克(g)或 100 毫升(mL)或每份	营养素参考值%或 NRV%
能量	千焦(kJ)	%
蛋白质	克(g)	%
脂肪	克(g)	%
——饱和脂肪	克(g)	%
胆固醇	毫克(mg)%	%
碳水化合物	克(g)	%
——糖	克(g)	%
膳食纤维	克(g)	%
钠	毫克(mg)	%
维生素 A	微克视黄醇当量(μg RE)	%
钙	毫克(mg)	%

注：核心营养素应采取适当形式使其醒目。

c. 附有外文的格式：见表 4-13。

表 4-13　附有外文的营养成分表 nutrition information

项目/Items	每 100 克(g)或 100 毫升(mL)或每份 per 100g/100mL or per serving	营养素参考值% /NRV%
能量/energy	千焦(kJ)	%
蛋白质/protein	克(g)	%
脂肪/fat	克(g)	%
碳水化合物/carbohydrate	克(g)	%
钠/sodium	毫克(mg)	%

d. 横排格式：见表 4-14。

表 4-14　横排格式的营养成分表

项目	每 100 克(g)/毫升(mL)或每份	营养素参考值%/NRV%	项目	每 100 克(g)/毫升(mL)或每份	营养素参考值%/NRV%
能量	千焦(kJ)	%	碳水化合物	克(g)	%
蛋白质	克(g)	%	钠	毫克(mg)	%
脂肪	克(g)	%	—	—	%

注：根据包装特点，可将营养成分从左到右横向排开，分为两列或两列以上进行标示。

e. 文字格式：包装的总面积小于 100cm² 的食品，如进行营养成分标示，允许用非表格的形式，并可省略营养素参考值（NRV）的标示。根据包装特点，营养成分从左到右横向排开，或者自上而下排开，如下示例。

营养成分/100g：能量××kJ，蛋白质××g，脂肪××g，碳水化合物××g，钠××mg。

f. 附有营养声称和（或）营养成分功能声称的格式：见表 4-15。

表 4-15　附有营养声称和（或）营养成分功能声称的营养成分表

项目	每 100 克(g)或 100 毫升(mL)或每份	营养素参考值%或 NRV%
能量	千焦(kJ)	%
蛋白质	克(g)	%
脂肪	克(g)	%
碳水化合物	克(g)	%
钠	毫克(mg)	%

营养声称如：低脂肪××。
营养成分功能声称如：每日膳食中脂肪提供的能量比例不宜超过总能量的 30%。

营养声称、营养成分功能声称可以在标签的任意位置。但其字号不得大于食品名称和商标。

⑥ 营养标签应标在向消费者提供的最小销售单元的包装上。

(3) 强制标示内容

① 所有预包装食品营养标签强制标示的内容包括能量、核心营养素的含量值及其占营养素参考值（NRV）的百分比。当标示其他成分时，应采取适当形式使能量和核心营养素的标示更加醒目。

② 对除能量和核心营养素外的其他营养成分进行营养声称或营养成分功能声称时，在营养成分表中还应标示出该营养成分的含量及其占营养素参考值（NRV）的百分比。

③ 使用了营养强化剂的预包装食品，除基本要求外，在营养成分表中还应标示强化后食品中该营养成分的含量值及其占营养素参考值（NRV）的百分比。

④ 食品配料含有或生产过程中使用了氢化和（或）部分氢化油脂时，在营养成分表中还应标示出反式脂肪（酸）的含量。

⑤ 上述未规定营养素参考值（NRV）的营养成分仅需标示含量。

(4) 可选择标示内容

① 除上述强制标示内容外，营养成分表中还可选择标示其他成分。

② 当某营养成分含量标示值符合表 4-16 的含量要求和限制性条件时，可对该成分进行含量声称，声称方式见表 4-16。当某营养成分含量满足表 4-17 的要求和条件时，可对该成分进行比较声称，声称方式见表 4-17。当某营养成分同时符合含量声称和比较声称的要求时，可以同时使用两种声称方式，或仅使用含量声称。含量声称和比较声称的同义语见表 4-18 和表 4-19。

表 4-16　能量和营养成分含量声称的要求和条件

项目	含量声称方式	含量要求[a]	限制性条件
能量	无能量	≤17kJ/100g(固体)或 100mL(液体)	其中脂肪提供的能量≤总能量的 50%
	低能量	≤170kJ/100g 固体 ≤80kJ/100mL 液体	
蛋白质	低蛋白质	来自蛋白质的能量≤总能量的 5%	总能量指每 100g/mL 或每份
	蛋白质来源，或含有蛋白质	每 100g 的含量≥10%NRV 每 100mL 的含量≥5%NRV 或者 每 420kJ 的含量≥5%NRV	
	高，或富含蛋白质	每 100g 的含量≥20%NRV 每 100mL 的含量≥10%NRV 或者 每 420kJ 的含量≥10%NRV	
脂肪	无或不含脂肪	≤0.5g/100g(固体)或 100mL(液体)	
	低脂肪	≤3g/100g 固体；≤1.5g/100mL 液体	
	瘦	脂肪含量≤10%	仅指畜肉类和禽肉类
脂肪	脱脂	液态乳和酸乳：脂肪含量≤0.5%； 乳粉：脂肪含量≤1.5%	仅指乳品类
	无或不含饱和脂肪	≤0.1g/100g(固体)或 100mL(液体)	指饱和脂肪及反式脂肪的总和
	低饱和脂肪	≤1.5g/100g 固体 ≤0.75g/100mL 液体	1.指饱和脂肪及反式脂肪的总和 2.其提供的能量占食品总能量的 10%以下
	无或不含反式脂肪酸	≤0.3g/100g(固体)或 100mL(液体)	
胆固醇	无或不含胆固醇	≤5mg/100g(固体)或 100mL(液体)	应同时符合低饱和脂肪的声称含量要求和限制性条件
	低胆固醇	≤20mg/100g 固体 ≤10mg/100mL 液体	
碳水化合物（糖）	无或不含糖	≤0.5g/100g(固体)或 100mL(液体)	
	低糖	≤5g/100g(固体)或 100mL(液体)	
	低乳糖	乳糖含量≤2g/100g(mL)	仅指乳品类
	无乳糖	乳糖含量≤0.5g/100g(mL)	

项目	含量声称方式	含量要求[a]	限制性条件
膳食纤维	膳食纤维来源或含有膳食纤维	≥3g/100g(固体) ≥1.5g/100mL(液体)或 ≥1.5g/420kJ	膳食纤维总量符合其含量要求;或者可溶性膳食纤维、不溶性膳食纤维或单体成分任一项符合含量要求
	高或富含膳食纤维或良好来源	≥6g/100g(固体) ≥3g/100mL(液体)或 ≥3g/420kJ	
钠	无或不含钠	≤5mg/100g 或 100mL	符合"钠"声称的声称时,也可用"盐"字代替"钠"字,如"低盐""减少盐"等
	极低钠	≤40mg/100g 或 100mL	
	低钠	≤120mg/100g 或 100mL	
维生素	维生素×来源或含有维生素×	每100g 中≥15%NRV 每100mL 中≥7.5%NRV 或 每420kJ 中≥5%NRV	含有"多种维生素"指 3 种和(或)3 种以上维生素含量符合"含有"的声称要求
	高或富含维生素×	每100g≥30%NRV 每100mL 中≥15%NRV 或 每420kJ 中≥10%NRV	富含"多种维生素"指 3 种和(或)3 种以上维生素含量符合"富含"的声称要求
矿物质(不包括钠)	×来源,或含有×	每100g≥15%NRV 每100mL 中≥7.5%NRV 或 每420kJ 中≥5%NRV	含有"多种矿物质"指 3 种和(或)3 种以上矿物质含量符合"含有"的声称要求
矿物质(不包括钠)	高,或富含×	每100g 中≥30%NRV 每100mL 中≥15%NRV 或 每420kJ 中≥10%NRV	富含"多种矿物质"指 3 种和或 3 种以上矿物质 含量符合"富含"的声称要求

[a] 用"份"作为食品计量单位时,也应符合100g (mL) 的含量要求才可以进行声称。

表 4-17　能量和营养成分比较声称的要求和条件

比较声称方式	要求	条件
减少能量	与参考食品比较,能量值减少 25% 以上	参考食品(基准食品)应为消费者熟知、容易理解的同类或同一属类食品
增加或减少蛋白质	与参考食品比较,蛋白质含量增加或减少 25% 以上	
减少脂肪	与参考食品比较,脂肪含量减少 25% 以上	
减少胆固醇	与参考食品比较,胆固醇含量减少 25% 以上	
增加或减少碳水化合物	与参考食品比较,碳水化合物含量增加或减少 25% 以上	
减少糖	与参考食品比较,糖含量减少 25% 以上	
增加或减少膳食纤维	与参考食品比较,膳食纤维含量增加或减少 25% 以上	
减少钠	与参考食品比较,钠含量减少 25% 以上	
增加或减少矿物质(不包括钠)	与参考食品比较,矿物质含量增加或减少 25% 以上	
增加或减少维生素	与参考食品比较,维生素含量增加或减少 25% 以上	

表 4-18　含量声称的同义语

标准语	同义语	标准语	同义语
不含,无	零(0),没有,100%不含,无,0%	含有,来源	提供,含,有
极低	极少	富含,高	良好来源,含丰富××、丰富(的)××,提供高(含量)××
低	少、少油ª		

ª "少油" 仅用于低脂肪的声称。

表 4-19　比较声称的同义语

标准语	同义语	标准语	同义语
增加	增加×%(×倍)	减少	减少×%(×倍)
	增、增×%(×倍)		减、减×%(×倍)
	加、加×%(×倍)		少、少×%(×倍)
	增高、增高(了)×%(×倍)		减低、减低×%(×倍)
	添加(了)×%(×倍)		降×%(×倍)
	多×%,提高×倍等		降低×%(×倍)等

③ 当某营养成分的含量标示值符合含量声称或比较声称的要求和条件时，可使用表 4-20 中相应的一条或多条营养成分功能声称标准用语。不应对功能声称用语进行任何形式的删改、添加和合并。

表 4-20　能量和营养成分功能声称标准用语

能量	人体需要能量来维持生命活动。机体的生长发育和一切活动都需要能量。适当的能量可以保持良好的健康状况。能量摄入过高、缺少运动与超重和肥胖有关
蛋白质	蛋白质是人体的主要构成物质并提供多种氨基酸。蛋白质是人体生命活动中必需的重要物质,有助于组织的形成和生长。蛋白质有助于构成或修复人体组织。 蛋白质有助于组织的形成和生长。蛋白质是组织形成和生长的主要营养素
脂肪	脂肪提供高能量。每日膳食中脂肪提供的能量比例不宜超过总能量的 30%。脂肪是人体的重要组成成分。脂肪可辅助脂溶性维生素的吸收。脂肪提供人体必需脂肪酸
饱和脂肪	饱和脂肪:可促进食品中胆固醇的吸收。饱和脂肪摄入过多有害健康。过多摄入饱和脂肪可使胆固醇增高,摄入量应少于每日总能量的 10% 反式脂肪酸:每天摄入反式脂肪酸不应超过 2.2g,过多摄入有害健康。 反式脂肪酸摄入量应少于每日总能量的 1%,过多摄入有害健康。 过多摄入反式脂肪酸可使血液胆固醇增高,从而增加心血管疾病发生的风险 胆固醇:成人一日膳食中胆固醇摄入总量不宜超过 300mg
碳水化合物	碳水化合物是人类生存的基本物质和能量主要来源。碳水化合物是人类能量的主要来源。碳水化合物是血糖生成的主要来源。膳食中碳水化合物应占能量的 60% 左右
膳食纤维	膳食纤维有助于维持正常的肠道功能。膳食纤维是低能量物质
钠	钠能调节机体水分,维持酸碱平衡。成人每日食盐的摄入量不超过 5g。钠摄入过高有害健康
维生素 A	维生素 A 有助于维持暗视力。维生素 A 有助于维持皮肤和黏膜健康

维生素 D	维生素 D 可促进钙的吸收。维生素 D 有助于骨骼和牙齿的健康。维生素 D 有助于骨骼形成
维生素 E	维生素 E 有抗氧化作用
维生素 B_1	维生素 B_1 是能量代谢中不可缺少的成分。维生素 B_1 有助于维持神经系统的正常生理功能
维生素 B_2	维生素 B_2 有助于维持皮肤和黏膜健康。维生素 B_2 是能量代谢中不可缺少的成分
维生素 B_6	维生素 B_6 有助于蛋白质的代谢和利用
维生素 B_{12}	维生素 B_{12} 有助于红细胞形成
维生素 C	维生素 C 有助于维持皮肤和黏膜健康。维生素 C 有助于维持骨骼、牙龈的健康。维生素 C 可以促进铁的吸收。维生素 C 有抗氧化作用
烟酸	烟酸有助于维持皮肤和黏膜健康。烟酸是能量代谢中不可缺少的成分。烟酸有助于维持神经系统的健康
叶酸	叶酸有助于胎儿大脑和神经系统的正常发育。叶酸有助于红细胞形成。叶酸有助于胎儿正常发育
泛酸	泛酸是能量代谢和组织形成的重要成分
钙	钙是人体骨骼和牙齿的主要组成成分,许多生理功能也需要钙的参与。钙是骨骼和牙齿的主要成分,并维持骨密度。钙有助于骨骼和牙齿的发育。钙有助于骨骼和牙齿更坚固
镁	镁是能量代谢、组织形成和骨骼发育的重要成分
铁	铁是血红细胞形成的重要成分。铁是血红细胞形成的必需元素。铁对血红蛋白的产生是必需的
锌	锌是儿童生长发育的必需元素。锌有助于改善食欲。锌有助于皮肤健康
碘	碘是甲状腺发挥正常功能的元素

(5) 营养成分的表达方式

① 预包装食品中能量和营养成分的含量应以每 100 克（g）和（或）每 100 毫升（mL）和（或）每份食品可食部中的具体数值来标示。当用份标示时，应标明每份食品的量。份的大小可根据食品的特点或推荐量规定。

② 营养成分表中强制标示和可选择性标示的营养成分的名称和顺序、标示单位、修约间隔、"0"界限值应符合表 4-21 规定。当不标示某一营养成分时，依序上移。

表 4-21 能量和营养成分名称、顺序、表达单位、修约间隔和"0"界限值

能量和营养成分的名称和顺序	表达单位[a]	修约间隔	"0"界限值（每 100g 或 100mL）[b]
能量	千焦（kJ）	1	≤17kJ
蛋白质	克（g）	0.1	≤0.5g
脂肪	克（g）	0.1	≤0.5g
饱和脂肪（酸）	克（g）	0.1	≤0.1g
反式脂肪（酸）	克（g）	0.1	≤0.3g

能量和营养成分的 名称和顺序	表达单位[a]	修约间隔	"0"界限值（每 100g 或 100mL）[b]
单不饱和脂肪（酸）	克（g）	0.1	≤0.1g
多不饱和脂肪（酸）	克（g）	0.1	≤0.1g
胆固醇	毫克（mg）	1	≤5mg
碳水化合物	克（g）	0.1	≤0.5g
糖（乳糖[c]）	克（g）	0.1	≤0.5g
膳食纤维（或单体成分， 或可溶性、不可溶性膳食 纤维）	克（g）	0.1	≤0.5g
钠	毫克（mg）	1	≤5mg
维生素 A	微克视黄醇当量（μg RE）	1	≤8μg RE
维生素 D	微克（μg）	0.1	≤0.1μg
维生素 E	毫克 α-生育酚当量（mg α-TE）	0.01	≤0.28mg α-TE
维生素 K	微克（μg）	0.1	≤1.6μg
维生素 B_1（硫胺素）	毫克（mg）	0.01	≤0.03mg
维生素 B_2（核黄素）	毫克（mg）	0.01	≤0.03mg
维生素 B_6	毫克（mg）	0.01	≤0.03mg
维生素 B_{12}	微克（μg）	0.01	≤0.05μg
维生素 C（抗坏血酸）	毫克（mg）	0.1	≤2.0mg
烟酸（烟酰胺）	毫克（mg）	0.01	≤0.28mg
叶酸	微克（μg）或微克叶酸当量 （μg DFE）	1	≤8μg
泛酸	毫克（mg）	0.01	≤0.10mg
生物素	微克（μg）	0.1	≤0.6μg
胆碱	毫克（mg）	0.1	≤9.0mg
磷	毫克（mg）	1	≤14mg
钾	毫克（mg）	1	≤20mg
镁	毫克（mg）	1	≤6mg
钙	毫克（mg）	1	≤8mg
铁	毫克（mg）	0.1	≤0.3mg
锌	毫克（mg）	0.01	≤0.30mg

能量和营养成分的名称和顺序	表达单位[a]	修约间隔	"0"界限值(每 100g 或 100mL)[b]
碘	微克(μg)	0.1	≤3.0μg
硒	微克(μg)	0.1	≤1.0μg
铜	毫克(mg)	0.01	≤0.03mg
氟	毫克(mg)	0.01	≤0.02mg
锰	毫克(mg)	0.01	≤0.06mg

[a] 营养成分的表达单位可选择表格中的中文或英文,也可以两者都使用。

[b] 当某营养成分含量数值≤"0"界限值时,其含量应标示为"0";使用"份"的计量单位时,也要同时符合每 100g 或 100mL 的"0"界限值的规定。

[c] 在乳及乳制品的营养标签中可直接标示乳糖。

③ 当标示 GB 14880 和卫生健康委和市场监管总局公告中允许强化的除表 4-21 外的其他营养成分时,其排列顺序应位于表 4-21 所列营养素之后。

④ 在产品保质期内,能量和营养成分含量的允许误差范围应符合表 4-22 的规定。

表 4-22　能量和营养成分含量的允许误差范围

能量和营养成分	允许误差范围
食品的蛋白质,多不饱和及单不饱和脂肪(酸),碳水化合物、糖(仅限乳糖),总的、可溶性或不溶性膳食纤维及其单体,维生素(不包括维生素 D、维生素 A),矿物质(不包括钠),强化的其他营养成分	≥80%标示值
食品中的能量以及脂肪、饱和脂肪(酸)、反式脂肪(酸),胆固醇,钠,糖(除乳糖外)	≤120%标示值
食品中的维生素 A 和维生素 D	80%~180%标示值

(6) 豁免强制标示营养标签的预包装食品　下列预包装食品豁免强制标示营养标签:

① 生鲜食品,如包装的生肉、生鱼、生蔬菜和水果、禽蛋等;

② 乙醇含量≥0.5%的饮料酒类;

③ 包装总表面积≤100cm² 或最大表面面积≤20cm² 的食品;

④ 现制现售的食品;

⑤ 包装的饮用水;

⑥ 每日食用量≤10g 或 10mL 的预包装食品;

⑦ 其他法律法规标准规定可以不标示营养标签的预包装食品。

豁免强制标示营养标签的预包装食品,如果在其包装上出现任何营养信息时,应按照 GB 28050 标准执行。

5. 特殊膳食用食品标签要求

预包装特殊膳食用食品的标签(含营养标签)适用于《食品安全国家标准　预包装特殊膳食用食品标签》(GB 13432—2013)。

(1) 基本要求　预包装特殊膳食用食品的标签应符合 GB 7718 规定的基本要求的内容，还应符合以下要求：

不应涉及疾病预防、治疗功能；

应符合预包装特殊膳食用食品相应产品标准中标签、说明书的有关规定；

不应对 0～6 月龄婴儿配方食品中的必需成分进行含量声称和功能声称。

(2) 强制标示内容

① 一般要求：预包装特殊膳食用食品标签的标示内容应符合 GB 7718 中相应条款的要求。

② 食品名称：只有符合特殊膳食用的食品才可以在名称中使用"特殊膳食用食品"或相应的描述产品特殊性的名称。

特殊膳食用食品是指为满足特殊的身体或生理状况和（或）满足疾病、紊乱等状态下的特殊膳食需求，专门加工或配方的食品。这类食品的营养素和（或）其他营养成分的含量与可类比的普通食品有显著不同。

特殊膳食用食品所包含的食品类别见 GB 13432 附录 A。

③ 能量和营养成分的标示

a. 应以"方框表"的形式标示能量、蛋白质、脂肪、碳水化合物和钠，以及相应产品标准中要求的其他营养成分及其含量。方框可为任意尺寸，并与包装的基线垂直，标题为"营养成分表"。如果产品根据相关法规或标准，添加了可选择性成分或强化了某些物质，则还应标示这些成分及其含量。

b. 预包装特殊膳食用食品中能量和营养成分的含量应以每 100g（克）和（或）每 100mL（毫升）和（或）每份食品可食部中的具体数值来标示。当用份标示时，应标明每份食品的量，份的大小可根据食品的特点或推荐量规定。如有必要或相应产品标准中另有要求的，还应标示出每 100kJ（千焦）产品中各营养成分的含量。

c. 能量或营养成分的标示数值可通过产品检测或原料计算获得。在产品保质期内，能量和营养成分的实际含量不应低于标示值的 80%，并应符合相应产品标准的要求。

d. 当预包装特殊膳食用食品中的蛋白质由水解蛋白质或氨基酸提供时，"蛋白质"项可用"蛋白质""蛋白质（等同物）"或"氨基酸总量"任意一种方式来标示。

④ 食用方法和适宜人群

a. 应标示预包装特殊膳食用食品的食用方法、每日或每餐食用量，必要时应标示调配方法或复水再制方法。

b. 应标示预包装特殊膳食用食品的适宜人群。对于特殊医学用途婴儿配方食品和特殊医学用途配方食品，适宜人群按产品标准要求标示。

⑤ 贮存条件

a. 应在标签上标明预包装特殊膳食用食品的贮存条件，必要时应标明开封后的贮存条件。

b. 如果开封后的预包装特殊膳食用食品不宜贮存或不宜在原包装容器内贮存，应向消费者特别提示。

⑥ 标示内容的豁免：当预包装特殊膳食用食品包装物或包装容器的最大表面面积小于 10cm² 时，可只标示产品名称、净含量、生产者（或经销者）的名称和地址、生产日期和保质期。

（3）可选择标示内容

① 能量和营养成分占推荐摄入量或适宜摄入量的质量百分比：在标示能量值和营养成分含量值的同时，可依据适宜人群，标示每 100g（克）和（或）每 100mL（毫升）和（或）每份食品中的能量和营养成分含量占《中国居民膳食营养素参考摄入量》中的推荐摄入量（RNI）或适宜摄入量（AI）的质量百分比。无推荐摄入量（RNI）或适宜摄入量（AI）的营养成分，可不标示质量百分比，或者用"—"等方式标示。

② 能量和营养成分的含量声称

a. 能量或营养成分在产品中的含量达到相应产品标准的最小值或允许强化的最低值时，可进行含量声称。

b. 某营养成分在产品标准中无最小值要求或无最低强化量要求的，应提供其他国家和（或）国际组织允许对该营养成分进行含量声称的依据。

c. 含量声称用语包括"含有""提供""来源""含""有"等。

③ 能量和营养成分的功能声称

a. 符合含量声称要求的预包装特殊膳食用食品，可对能量和（或）营养成分进行功能声称。功能声称的用语应选择使用 GB 28050 中规定的功能声称标准用语。

b. 对于 GB 28050 中没有列出功能声称标准用语的营养成分，应提供其他国家和（或）国际组织关于该物质功能声称用语的依据。

预包装食品标签
标识内容

GB 7718对
食品标签标识
的基本要求

净含量和规格

课后拓展训练

【判断题】

1. 可以对 0～6 月龄婴儿配方食品中的必需成分进行含量声称和功能声称。（　　）

2. 预包装特殊膳食用食品在产品保质期内，脂肪的实际含量≤120%标示值即可，并应符合相应产品标准的要求。（　　）

3. 婴幼儿配方乳粉的营养标签中，关于营养素和可选择成分含量需要有"100 千焦（100kJ）"含量的标示。（　　）

4. 在标识内容不豁免的情况下，特殊膳食用食品的食用方法、每日或每餐食用量是强制标识的内容。（　　）

5. 规格的标示应由单件预包装食品净含量和件数组成，或只标示件数，可不标示"规格"二字。（　　）

【单项选择题】

1. 预包装食品营养标签不包括（　　）。

A. 营养成分表　　　B. 营养声称　　　　C. 健康小贴士　　　D. 营养成分功能声称

2. 下列不属于核心营养素的是（　　）。

A. 蛋白质　　　　　B. 钠　　　　　　　C. 膳食纤维　　　　D. 脂肪

3. 在预包装食品保质期内，营养成分钠含量允许误差范围是（　　）。

A. ≥80％标示值　　　　　　　　　　　B. ≤120％标示值

C. ≥60％标示值　　　　　　　　　　　D. ≤180％标示值

4. 在预包装食品的营养成分表中，下列 NRV％标示正确的是（　　）。

A. 2％　　　　　　　B. 2.0％　　　　　C. 2.00％　　　　　D. 以上均可以

5. 采用"减少能量"的比较声称方式，要求与参考食品比较，能量值减少（　　）以上。

A. 10％　　　　　　B. 15％　　　　　　C. 20％　　　　　　D. 25％

6. 下列不属于膳食纤维单体的是（　　）。

A. 聚葡萄糖　　　　B. 菊粉　　　　　　C. 抗性淀粉　　　　D. 食用葡萄糖

7. 脂肪的"0"界限值是≤0.5g，某食品每份（20g）中含脂肪 0.4g，营养成分表若以份表示，脂肪含量应标识为（　　）。

A. 0.4g　　　　　　B. 0.0g　　　　　　C. 0g　　　　　　　D. 1g

8. 下列（　　）可能会在预包装食品的营养成分表中出现。

A. 牛磺酸　　　　　B. β-胡萝卜素　　C. 番茄红素　　　　D. 铜

9. 下列属于豁免强制标示营养标签的预包装食品是（　　）。

A. 味精　　　　　　B. 食醋　　　　　　C. 五香粉　　　　　D. 酱油

10. 若营养成分表中标示了"糖"的含量，那么其 NRV％处能标示（　　）。

A. 斜线　　　　　　B. 横线　　　　　　C. 空白　　　　　　D. ＊％

模块五
食品进出口合规

思政与职业素养目标

1. 掌握食品进出口相关法规、目标国技术壁垒应对策略。

2. 熟练运用双语标签制作、跨境合规申报等技能。

3. 厚植国家荣誉感，严守出口标准以维护"中国制造"国际声誉。

4. 增强文化自信，通过特色食品出口传播中华饮食文化。

项目一　食品进口合规管理

食品的进口
合规管理

【技能目标】　能够辨别食品是否允许进口；能够掌握作为进口商需要具备的资质，并进行办理；能够了解国外生产企业和出口商需要具备的资质并能够识别其是否符合。

【知识目标】　掌握《中华人民共和国进出口食品安全管理办法》《中华人民共和国进口食品境外生产企业注册管理规定》等重要法规的基本规定；熟悉进口食品安全管理制度、主要程序及相关法律法规；了解进口食品相关的基本概念。

案例导入

【案例】消费者王某网购进口某国家特产牛肉干10份，收到货后发现该产品无任何食品标签（食品名称、配料表、净含量和规格、生产日期和保质期等法律法规规定必须标明的事项）及检验检疫报告、无进口报关单等，因此向当地法院提起诉讼，并提交交易订单、产品实物、卖家注册信息、网络信息披露邮件截图、产品页面及产品介绍截图、物流信息等证据材料。经法院一审判决被告（网店经营者）退还原（消费者）告货款，并支付原告价款十倍的惩罚性赔偿金。

【案例解析】《中华人民共和国食品安全法》第九十二条规定，进口的食品、食品添加剂、食品相关产品应当符合我国食品安全国家标准。进口的食品、食品添加剂应当经出入境检验检疫机构依照进出口商品检验相关法律、行政法规的规定检验合格。进口的食品、食品添加剂应当按照国家出入境检验检疫部门的要求随附合格证明材料。我国《禁止从动物疫病流行国家地区输入的动物及其产品一览表》中规定禁止进口该国家产的牛及其相关产品。被告在明知进口预包装食品应当经过海关报关、检疫检验后才可销售的情况下，依旧销售其来路不明的禁止进口的预包装食品，违反了我国进口食品安全相关法律法规。

【思政解析】任何进口食品都应该以保障我国消费者饮食健康为基础，进口食品需要严格遵守我国的相关法律法规要求，了解和掌握进口食品安全的管理要求对于进口商至关重要。

一、进口食品的监管机构

海关总署作为我国进口食品安全的主管部门，负责进口食品检验检疫和监督管理，负责出入境动植物及其产品检验检疫，负责风险管理（包括组织海关贸易调查、市场调查和风险监测，建立风险评估指标体系、风险监测预警和跟踪制度、风险管理防控机制等），负责国际合作与交流等。海关总署内设的进出口食品安全局、动植物检疫司负责进口食品安全管理具体工作。进出口食品安全局负责拟订进出口食品安全和检验检疫的工作制度，承担进口食品企业备案注册和进口食品的检验检疫、监督管理工作；组织实施风险分析和紧急预防措施工作。动植物检疫司负责出入境动植物及其产品的检验检疫、监督管理工作，例如新鲜水果的进口管理。

其他各司局如风险管理司、口岸监管司、商品检验司分工合作，以全面确保进口食品安全。风险管理司负责组织海关风险监测工作，建立风险评估指标体系、风险监测预警和跟踪制度、风险管理防控机制，协调开展口岸相关情报收集、风险分析研判和处置工作等。口岸监管司负责拟订进出境运输工具、动植物、食品等的海关检查、检验、检疫工作制度并组织实施等。商品检验司负责进出口商品法定检验和监督管理的工作，承担进口商品安全风险评估、风险预警和快速反应工作等。近年来，我国口岸管理体制实现革命性变革，进行了机构改革、关检全面融合等举措，口岸管理更加集约高效。采用以风险管理为主线，加快建立风险信息集聚、统一分析研判和集中指挥处置的风险管理防控机制，监管范围从口岸通关环节向出入境全链条、宽领域拓展延伸，监管方式从分别作业向整体集约转变，进一步提高监管的智能化和精准度。

此外，海关总署与国家卫生健康委员会、国家市场监督管理总局、农业农村部之间按照职责分工密切配合，以进一步做好进口食品安全监管的衔接。以海关总署与国家市场监督管理总局的职责分工为例，明确规定海关总署负责进口食品安全监督管理，进口的食品以及食品相关产品应当符合我国食品安全国家标准。境外发生的食品安全事件可能对我国境内造成影响，或者在进口食品中发现严重食品安全问题的，海关总署应当及时采取风险预警或者控制措施，并向国家市场监督管理总局通报，国家市场监督管理总局应当及时采取相应措施。在动植物检疫方面，农业农村部会同海关总署起草出入境动植物检疫法律法规草案；农业农村部、海关总署负责确定和调整禁止入境动植物名录并联合发布；海关总署会同农业农村部制定并发布动植物及其产品出入境禁令、解禁令。

二、进口食品的相关法律法规

我国进口食品安全管理法律法规主要由法律、行政法规、部门规章和其他规范性文件四个层面构成。法律主要有《中华人民共和国食品安全法》《中华人民共和国农产品质量安全法》《中华人民共和国进出口商品检验法》《中华人民共和国进出境动植物检疫法》等。行政法规有《中华人民共和国食品安全法实施条例》《中华人民共和国进出口商品检验法实施条例》《中华人民共和国进出境动植物检疫法实施条例》《国务院关于加强食品等产品安全监督管理的特别规定》等。相关部门规章有《中华人民共和国进出口食品安全管理办法》《中华人民共和国进口食品境外生产企业注册管理规定》《进境动植物检疫审批管理办法》《食品进口记录和销售记录管理规定》《进出口商品抽查检验管理办法》《进出口商品复验办法》等。除了法律法规和规章外，公告等规范性文件也是进口食品安全监管的重要依据，如海关总署发布的《关于进出口预包装食品标签检验监督管理有关事宜的公告》《关于调整进口货物报关单申报要求的公告》。

此外，国家各相关部门也会联合发布相关文件，以加强进口食品安全管理。如海关总署、农业农村部联合发布《关于防止智利高致病性禽流感传入我国的公告》，国家市场监管总局、农业农村部、国家卫生健康委员会、海关总署联合发布《查处生产经营含金银箔粉食品违法行为规定》的公告。

1. 《中华人民共和国进出口食品安全管理办法》

《中华人民共和国进出口食品安全管理办法》（以下简称《办法》）是进口食品安全管理领域的基础法规，明确了进口食品的基本要求，对进出口食品安全监管发挥了重要作用。我国进口食品贸易量大幅增加、国际贸易摩擦、国际食品安全面临新风险新挑战等新形势新变化，对海关进口食品监管提出更高要求。2021年海关总署对该办法进行了修订，并同时废止了《出口蜂蜜检验检疫管理办法》《进出口水产品检验检疫监督管理办法》《进出口肉类产品检验检疫监督管理办法》《进出口乳品检验检疫监督管理办法》，优化了海关食品安全监管领域规章结构布局。

《办法》包括总则、食品进口、食品出口、监督管理、法律责任、附则六个章节，共七十九条。整合吸纳了进出口肉类产品、水产品、乳品以及出口蜂蜜检验检疫监督管理办法等5部单项食品规章中的共性内容，其他需进一步明确的事项以规范性文件形式发布。目前，在海关进出口食品监管领域基本形成以《进出口食品管理办法》为基础、《进口食品境外生产企业注册管理规定》为辅，相关规范性文件为补充的执法体系。

2. 《中华人民共和国进口食品境外生产企业注册管理规定》

《中华人民共和国进口食品境外生产企业注册管理规定》（以下简称《规定》）明确了进口食品境外生产企业的注册范围、要求和流程。规定实施以来通过对境外食品生产企业实施"源头监管"，对保障输华食品安全和推动贸易稳定发展发挥了重要作用。为进一步发挥进口食品境外生产企业注册制度在食品安全源头治理中的重要作用，优化注册程序，明确各方责任，2021年海关总署对该办法进行了修订。

三、进口食品的基本要求

进口食品应当符合中国法律法规和食品安全国家标准，中国缔结或者参加的国际条约、协定有特殊要求的，还应当符合国际条约、协定的要求。进口食品经营者对其经营的进口食品安全负责，应当依照中国缔结或者参加的国际条约、协定，中国法律法规和食品安全国家标准从事进口食品经营活动，依法接受监督管理，保证进口食品安全，对社会和公众负责，承担社会责任。

进口尚无食品安全国家标准的食品，应当符合国务院卫生行政部门公布的暂予适用的相关标准要求。进口无国标食品是指由境外生产经营的，我国未制定公布相应食品安全国家标准的食品，不包括食品安全国家标准中通用标准或产品标准已经涵盖的食品、国务院有关部门公告或审批的食品、由已有食品安全标准的各种原料混合而成的预混食品以及其他不属于进口尚无食品安全国家标准等情形。食品安全国家标准通用标准是指《食品安全国家标准 食品中真菌毒素限量》（GB 2761）、《食品安全国家标准 食品中污染物限量》（GB 2762）、《食品安全国家标准 食品中农药最大残留限量》（GB 2763）、《食品安全国家标准 预包装食品中致病菌限量》（GB 29921）、《食品安全国家标准 食品添加剂使用标准》（GB 2760）、《食品安全国家标准 食品营养强化剂使用标准》（GB 14880）、《食品安全国家标准 预包装食品标签通则》（GB 7718）、《食品安全国家标准 预包装食品营养标签通则》（GB

28050）等适用于各类食品的通用性标准。

食品安全国家标准中通用标准和产品标准均未涵盖的食品在进口时，境外出口商、境外生产企业或者其委托的进口商应按照《食品安全法》第九十三条的规定向国务院卫生行政部门提交相关国家（地区）标准或者国际标准，海关按照国务院卫生行政部门的要求进行检验。

四、进口食品的制度及主要程序

我国进口食品安全管理是以"安全第一、预防为主、风险管理、全程控制、国际共治"的原则为基础，建立科学严密、高效便利、协调统一、公开透明的既符合当前国际监管趋势和通行做法，又符合中国特色社会主义海关要求的进口食品安全治理体系，对进口食品实施合格评定。

进口食品主要程序包括向中国境内出口食品的境外国家（地区）食品安全管理体系评估和审查、境外生产企业注册、境外出口商和境内进口商备案、进境动植物检疫审批、随附合格证明检查、单证审核、现场查验、监督抽检、进口和销售记录检查等。

1. 食品安全管理体系评估和审查

海关总署可以对境外国家（地区）的食品安全管理体系和食品安全状况开展评估和审查，并根据评估和审查结果，确定相应的检验检疫要求。

体系评估和审查是按照风险管理原则对拟向中国境内出口食品的境外国家（地区）食品安全管理体系的完整性和有效性开展评估，以此判定该国家（地区）的食品安全管理体系和食品安全状况能否达到中国所要求的水平，以及在该体系下生产的输华食品能否符合中国法律法规要求和食品安全国家标准要求。主要是审查：食品安全、动植物检疫相关法律法规；食品安全监督管理组织机构；动植物疫情流行情况及防控措施；致病微生物、农兽药和污染物等管理和控制；食品生产加工、运输仓储环节安全卫生控制；出口食品安全监督管理；食品安全防护、追溯和召回体系；预警和应急机制；技术支撑能力；其他涉及动植物疫情、食品安全的情况。

（1）启动食品安全管理体系评估和审查 首次向中国输出某类（种）食品，需要对该国家（地区）的食品安全管理体系进行评估和审查，主要是对该类食品的安全风险状况进行全面评估，包括了解出口国对该类食品的管理体系、管理机构、管理机制和制度、相关法律法规要求、风险监测结果等情况，以确定监管与中国食品安全监管的等效性。

出口国家（地区）的食品安全、动植物检疫法律法规、组织机构等发生重大调整，或者出口国家（地区）主管部门申请对其输往中国某类（种）食品的检验检疫要求发生重大调整，需要重新进行体系评估和审查。

出口国家（地区）发生重大动植物疫情或者食品安全事件的，显示其食品安全体系未能有效防范风险，可能存在重大缺陷，需要重新进行体系评估和审查。

进口食品产品的质量安全也是需要监管的重点内容。海关发现进口食品存在严重问题，认为其可能存在动植物疫情或者食品安全隐患，需要重新进行体系评估和审查。例如，频繁发现进口食品中致病性微生物超标、农药残留、兽药残留、生物毒素、重金属等有毒有害物质超标。

（2）**评估和审查的内容** 食品安全管理体系评估和审查内容包括：食品安全、动植物检疫相关法律法规；食品安全监督管理组织机构；动植物疫情流行情况及防控措施；致病微生物、农兽药和污染物等管理和控制；食品生产加工、运输仓储环节安全卫生控制；出口食品安全监督管理；食品安全防护、追溯和召回体系；预警和应急机制；技术支撑能力；其他涉及动植物疫情、食品安全的情况。

（3）**评估和审查的方式** 评估和审查的方式主要包括资料审查、视频检查、现场检查等形式及其组合。资料审查要求出口食品的国家（地区）主管部门应按要求如实填写有关问卷，海关总署对其提供的答卷开展评估和审查。视频检查要求出口食品国家（地区）主管部门和企业按要求提供文件、记录等，接受、配合海关总署开展的视频检查，并为检查提供必要的技术支持和便利。现场检查是指出口食品国家（地区）主管部门和输华食品企业应接受、配合海关总署组织的现场检查，并为检查提供必要的支持和便利。海关总署根据实际情况采取以上一种或多种组合的方式开展评估和审查。

海关总署组织专家对接受评估和审查的国家（地区）递交的申请资料、书面评估问卷等资料实施审查，审查内容包括资料的真实性、完整性和有效性。根据资料审查情况，海关总署可以要求相关国家（地区）的主管部门补充缺少的信息或者资料。对已通过资料审查的国家（地区），海关总署可以组织专家对其食品安全管理体系实施视频检查或者现场检查。对发现的问题可以要求相关国家（地区）主管部门及相关企业实施整改。

（4）**评估和审查的终止** 接受评估和审查的国家（地区）如果出现以下情况，海关总署可以终止评估和审查，并通知相关国家（地区）主管部门：收到书面评估问卷 12 个月内未反馈的；收到海关总署补充信息和材料的通知 3 个月内未按要求提供的；突发重大动植物疫情或者重大食品安全事件的；未能配合中方完成视频检查或者现场检查、未能有效完成整改的；主动申请终止评估和审查的。

（5）**评估和审查结果通报** 评估和审查完成后，海关总署向接受评估和审查的国家（地区）主管部门通报评估和审查结果。

2. 进口境外食品生产企业注册

为了有效保障进口食品的安全，加强进口食品的把关，在进口前准入阶段，我国对境外生产企业实施注册制度。

海关总署统一负责进口食品境外生产企业的注册管理工作，内容包括：进行风险分析，确定进口食品境外生产企业注册方式和申请材料；与相关国家（地区）主管当局商定进口食品境外生产企业注册方式和申请材料；确定企业注册申请书等注册申请材料内容及填报要求等；对申请注册的进口食品境外生产企业实施评估审查；对进口食品境外生产企业是否持续符合注册要求的情况开展复查，对企业整改情况进行审查；根据评估审查情况，作出予以注册、不予注册、予以变更、予以延续注册、注销注册、撤销注册、暂停进口、恢复进口等决定，并发出书面通知、公布或予以公告等；对获得注册的进口食品境外生产企业给予在华注册编号，统一公布获得注册的进口食品境外生产企业名单。

（1）**注册范围** 向中国境内出口食品的境外生产、加工、贮存企业（以下统称为进口食品境外生产企业）需要办理注册，不包括食品添加剂、食品相关产品的生产、加工、贮存企业。食品生产加工及食品贮存，均是影响食品安全的重要环节。例如，对于需特定保藏条件以及散装的食品，如温湿度、贮存环境控制不当，易引起食品腐败变质或污染产品，导致食品安全问题。食品生产、加工是指将食品原料或半成品经过劳动力、机器、能量等处理，把它们转变成适用于消费者消费的或食用的产品的过程。因此，从事食品生产加工活动的相应企业、场所、渔船等，属于食品生产加工企业。具有适合食品贮存的场所、容器，按照食品贮存安全卫生要求对食品实施贮存的企业，属于食品贮存企业。

从 2022 年 1 月 1 日起，注册范围扩展至全类别食品的生产企业，以充分发挥注册制度在食品安全治理中的源头预防作用。

(2) 注册条件 进口食品境外生产企业注册条件包括：所在国家（地区）的食品安全管理体系通过海关总署等效性评估、审查；经所在国家（地区）主管当局批准设立并在其有效监管下；建立有效的食品安全卫生管理和防护体系，在所在国家（地区）合法生产和出口，保证向中国境内出口的食品符合中国相关法律法规和食品安全国家标准；符合海关总署与所在国家（地区）主管当局商定的相关检验检疫要求。

(3) 注册方式 根据风险分析，对不同类别进口食品境外生产企业，分类采取不同的注册方式。进口食品境外生产企业注册方式分为所在国家（地区）主管当局推荐注册和企业申请注册。依据《进口食品境外生产企业注册管理规定》，海关总署根据对食品的原料来源、生产加工工艺、食品安全历史数据、消费人群、食用方式等因素的分析，并结合国际惯例，确定对 18 类食品的境外生产企业采用"官方推荐注册"模式，对 18 类以外其他食品的境外生产企业采用程序较简化的"企业自主申请"模式。

18 类需要由所在国家（地区）主管当局向海关总署推荐注册的食品为肉与肉制品、肠衣、水产品、乳品、燕窝与燕窝制品、蜂产品、蛋与蛋制品、食用油脂和油料、包馅面食、食用谷物、谷物制粉工业产品和麦芽、保鲜和脱水蔬菜以及干豆、调味料、坚果与籽类、干果、未烘焙的咖啡豆与可可豆、特殊膳食食品、保健食品。

具体注册要求应以进口食品境外生产企业注册系统的要求为准。

(4) 官方推荐注册需要提交的资料 进口食品境外生产企业所在国家（地区）主管当局对其推荐注册的企业进行审核检查，确认符合注册要求后，向海关总署推荐注册并提交以下申请材料：

所在国家（地区）主管当局推荐函；企业名单与企业注册申请书；企业身份证明文件，如所在国家（地区）主管当局颁发的营业执照等；所在国家（地区）主管当局推荐企业符合《规定》要求的声明；所在国家（地区）主管当局对相关企业进行审核检查的审查报告。必要时，海关总署可以要求提供企业食品安全卫生和防护体系文件，如企业厂区、车间、冷库的平面图，以及工艺流程图等。

(5) 企业申请注册需要提交的资料 进口食品境外生产企业自行申请注册的，应当自行或者委托代理人向海关总署提出注册申请并提交以下申请材料：

企业注册申请书；应当包括企业名称、所在国家（地区）、生产场所地址、法定代表人、联系人、联系方式、所在国家（地区）主管当局批准的注册编号、申请注册食品种类、生产类型、生产能力等信息。

企业身份证明文件，如所在国家（地区）主管当局颁发的营业执照等。

企业承诺符合《规定》要求的声明。

此外，海关总署可以根据某类食品风险变化情况对相关企业注册方式和申请材料进行调整。

（6）注册审查　海关总署自行或者委托有关机构组织评审组，通过书面检查、视频检查、现场检查等形式及其组合，对申请注册的进口食品境外生产企业实施评估审查。对于不同国家（地区）不同类型的境外企业，根据风险分析及实际工作需要，进行不同形式的评估审查。

书面检查是指对企业或所在国家（地区）主管当局申请文件材料实施检查。视频检查是指评审组通过互联网视频连线的方式，对企业食品安全卫生管理体系及其食品安全卫生状况等实施检查。现场检查是指评审组到实地现场对企业食品安全卫生管理体系及其食品安全卫生状况等实施检查验证。对于视频检查和现场检查中发现的相关问题，可要求其进行整改并提交相应整改情况。

（7）审查结果　海关总署根据评估审查情况，对符合要求的进口食品境外生产企业予以注册并给予在华注册编号，书面通知所在国家（地区）主管当局或进口食品境外生产企业；对不符合要求的进口食品境外生产企业不予注册，书面通知所在国家（地区）主管当局或进口食品境外生产企业。海关总署统一公布获得注册的进口食品境外生产企业名单。

（8）注册后的监管　已获注册的境外生产企业需持续符合注册要求，在注册后的监管方面，海关总署、主管当局及境外生产企业均有相关职责。

海关总署自行或者委托有关机构组织评审组，对进口食品境外生产企业是否持续符合注册要求的情况开展复查。进口食品境外生产企业所在国家（地区）主管当局应当对已注册企业实施有效监管，督促已注册企业持续符合注册要求，发现不符合注册要求的，应当立即采取控制措施，暂停相关企业向中国出口食品，直至整改符合注册要求。进口食品境外生产企业自行发现不符合注册要求时，应当主动暂停向中国出口食品，立即采取整改措施，直至整改符合注册要求。

海关总署发现已注册进口食品境外生产企业不再符合注册要求的，应当责令其在规定期限内进行整改，整改期间暂停相关企业食品进口。所在国家（地区）主管当局推荐注册的企业被暂停进口的，主管当局应当监督相关企业在规定期限内完成整改，并向海关总署提交书面整改报告和符合注册要求的书面声明。自行或者委托代理人申请注册的企业被暂停进口的，应当在规定期限内完成整改，并向海关总署提交书面整改报告和符合注册要求的书面声明。海关总署应当对企业整改情况进行审查，审查合格的，恢复相关企业食品进口。

（9）注册的变更、延续、注销及撤销　进口食品境外生产企业注册有效期为 5 年，海关总署对境外生产企业注册进行动态的管理，持续保证通过注册的企业名单的有效性。

在注册有效期内，进口食品境外生产企业注册信息发生变化的，应当通过注册申请途径，向海关总署提交变更申请，并提交以下材料：注册事项变更信息对照表；与变更信息有关的证明材料。海关总署评估后认为可以变更的，予以变更。

生产场所迁址、法定代表人变更或者所在国家（地区）授予的注册编号改变的应当重新申请注册，在华注册编号自动失效。

进口食品境外生产企业需要延续注册的，应当在注册有效期届满前 3 至 6 个月内，通过注册申请途径，向海关总署提出延续注册申请。延续注册申请材料包括：延续注册申请书；

承诺持续符合注册要求的声明。海关总署对符合注册要求的企业予以延续注册，注册有效期延长 5 年。

已注册进口食品境外生产企业有下列情形之一的，海关总署注销其注册，通知所在国家（地区）主管当局或进口食品境外生产企业，并予以公布：未按规定申请延续注册的；所在国家（地区）主管当局或进口食品境外生产企业主动申请注销的；不再符合《规定》第五条第（二）项要求的。

已注册的进口食品境外生产企业有下列情形之一的，海关总署撤销其注册并予以公告：因企业自身原因致使进口食品发生重大食品安全事故的；向中国境内出口的食品在进境检验检疫中被发现食品安全问题，情节严重的；企业食品安全卫生管理存在重大问题，不能保证其向中国境内出口食品符合安全卫生要求的；经整改后仍不符合注册要求的；提供虚假材料、隐瞒有关情况的；拒不配合海关总署开展复查与事故调查的；出租、出借、转让、倒卖、冒用注册编号的。

(10) 其他要求 已获得注册的企业向中国境内出口食品时，应当在食品的内、外包装上标注在华注册编号或者所在国家（地区）主管当局批准的注册编号。

(11) 境外出口商或代理商和食品进口商备案 为掌握进口食品进出口商信息及进口食品来源和流向，保障进口食品可追溯性，有效处理进口食品安全事件，保障进口食品安全，《进出口食品安全管理办法》规定进口食品的境外出口商或者代理商应当向海关总署备案，食品进口商应当向其住所地海关备案。

出口商或者代理商应当通过备案管理系统填写并提交备案申请表，提供出口商或者代理商名称、所在国家或者地区、地址、联系人姓名、电话、经营食品种类、填表人姓名、电话等信息，并承诺所提供信息真实有效。

进口商应当于食品进口前向所在地检验检疫机构申请备案，提供以下材料：收货人备案申请表；与食品安全相关的组织机构设置、部门职能和岗位职责；拟经营的食品种类、存放地点；2 年内曾从事食品进口、加工和销售的，应当提供相关说明（食品品种、数量）。办理备案前需要取得《营业执照》《海关进出口货物收发货人备案证明》。

境外出口商或者代理商、食品进口商备案名单由海关总署公布。备案完成后，取得备案号。境外出口商或者代理商、食品进口商备案内容发生变更的，应当在变更发生之日起 60日内，向备案机关办理变更手续。

3. 进境动植物源性食品检疫审批

我国对需要进境动植物检疫审批的进口食品实施检疫审批管理。食品进口商应当在签订贸易合同或者协议前取得进境动植物检疫许可证。

进口食品需要办理进境动植物检疫审批手续的，应当取得中华人民共和国进境动植物检疫许可证后方可进口。需办理检疫审批的进境食品包括：

① 动物源性食品：肉类及其产品（含脏器、肠衣）、鲜蛋类（含食用鲜乌龟蛋、食用甲鱼蛋）、乳品（包括生乳、生乳制品、巴氏杀菌乳、巴氏杀菌工艺生产的调制乳）、水产品（包括两栖类、爬行类、水生哺乳类动物及其他养殖水产品及其非熟制加工品、日本输华水产品等）、可食用骨蹄角及其产品、动物源性中药材、燕窝等。

② 植物源性食品：各种杂豆、杂粮、茄科类蔬菜、植物源性中药材等具有疫情疫病传播风险的。

此外，海关还会发布取消部分产品进境动植物检疫审批的公告，取消后，这部分食品进口不需要办理进境动植物检疫。

申请条件包括：申请办理检疫审批手续的单位应当是具有独立法人资格并直接对外签订贸易合同或者协议的单位；输出和途经国家或者地区无相关的动物疫情；符合《中华人民共和国进出境动植物检疫法》及实施条例，以及《进境动植物检疫审批管理办法》规定；符合中国与输出国家或者地区签订的双边检疫协定（包括检疫协议、议定书、备忘录等）；肉类及其产品、蛋类、燕窝、乳品、可食用骨蹄角及其产品、动物源性中药材、水产品的输出国家（地区）和生产企业应在海关总署公布的相关检验检疫准入名单内。

为进一步优化口岸营商环境，海关总署将部分进境动植物及其产品检疫审批终审权限，授权给具备条件和资质的直属海关。被授权的直属海关具有本关区相关授权产品进境动植物检疫审批终审权限。

4. 指定口岸、监管场地管理

我国部分食品实行指定口岸管理制度。海关根据风险管理需要，对进口食品实施指定口岸进口，指定监管场地检查。例如冰鲜水产品、粮食、水果等需要指定监管场地。指定口岸、指定监管场地名单由海关总署公布。

进口食品运达口岸后，应当存放在海关指定或者认可的场所；需要移动的，必须经海关允许，并按照海关要求采取必要的安全防护措施。指定或者认可的场所应当符合法律、行政法规和食品安全国家标准规定的要求。

5. 报关

食品进口商或者其代理人进口食品时应当向海关进行申报。2018 年，我国机构改革后，进出口食品安全管理的职责全部划入海关，同时进行了关检融合改革，将报关和报检整合，向企业端整合形成"四个一"，即"一张报关单、一套随附单证、一组参数代码、一个申报系统"。

进口商或代理人向海关报关地报关，海关对其提交的材料进行审核，可通过"互联网＋海关"、国际贸易"单一窗口"申报。自 2019 年起启动"两步申报"试点同时保留现有申报模式，企业可自行选择上述两种模式之一进行申报。"两步申报"通关模式：第一步，企业概要申报后经海关同意即可提离货物。企业向海关申报进口货物是否属于禁限管制、是否依法需要检验或检疫（是否属法检目录内商品及法律法规规定需检验或检疫的商品）、是否需要缴纳税款。第二步，企业在规定时间内完成完整申报。企业自运输工具申报进境之日起 14 日内完成完整申报，办理缴纳税款等其他通关手续。

食品进口商或其代理人负有依法如实申报的义务，对其真实性、准确性、完整性和规范性承担相应的法律责任。以进口肉类为例，进口商申报需要提交：

① 有效的进境动植物检疫许可证；

② 输出国家/地区官方出具的兽卫生证书正本原件、原产地证（如有必要）；

③ 输出国家/地区官方出具的或第三方检测机构出具的检测报告（总署警示通报或相关

文件中有明确规定时）；

④ 贸易合同、发票、提单、装箱单或产品清单（进口商或境外生产商、出口国提供，列明品种、厂号和生产批号，如果卫生证书上已明确生产批号的除外）等必要单证；

⑤ 承诺书（进口商或境外生产商、出口商对产品安全卫生质量等的承诺，如有必要）；

⑥ 上一批次的进口和销售记录。

6. 进口检验检疫

海关对应当实施入境检疫的进口食品实施检疫。

（1）现场查验　海关根据监督管理需要，对进口食品实施现场查验，包括运输工具、存放场所是否符合安全卫生要求；集装箱号、封识号、内外包装上的标识内容、货物的实际状况是否与申报信息及随附单证相符；动植物源性食品、包装物及铺垫材料是否存在《进出境动植物检疫法实施条例》第二十二条规定的情况；内外包装是否符合食品安全国家标准，是否存在污染、破损、湿浸、渗透；内外包装的标签、标识及说明书是否符合法律、行政法规、食品安全国家标准以及海关总署规定的要求；食品感官性状是否符合该食品应有性状；冷冻冷藏食品的新鲜程度、中心温度是否符合要求、是否有病变、冷冻冷藏环境温度是否符合相关标准要求、冷链控温设备设施运作是否正常、温度记录是否符合要求，必要时可以进行蒸煮试验。

其中，对于标签、标识的具体要求，进口食品的包装和标签、标识应当符合中国法律法规和食品安全国家标准；依法应当有说明书的，还应当有中文说明书。对于进口鲜冻肉类产品，内外包装上应当有牢固、清晰、易辨的中英文或者中文和出口国家（地区）文字标识，标明以下内容：产地国家（地区）、品名、生产企业注册编号、生产批号；外包装上应当以中文标明规格、产地（具体到州/省/市）、目的地、生产日期、保质期限、储存温度等内容，必须标注目的地为中华人民共和国，加施出口国家（地区）官方检验检疫标识。对于进口水产品，内外包装上应当有牢固、清晰、易辨的中英文或者中文和出口国家（地区）文字标识，标明以下内容：商品名和学名、规格、生产日期、批号、保质期限和保存条件、生产方式（海水捕捞、淡水捕捞、养殖）、生产地区（海洋捕捞海域、淡水捕捞国家或者地区、养殖产品所在国家或者地区）、涉及的所有生产加工企业（含捕捞船、加工船、运输船、独立冷库）名称、注册编号及地址（具体到州/省/市）、必须标注目的地为中华人民共和国。进口保健食品、特殊膳食用食品的中文标签必须印制在最小销售包装上，不得加贴。进口商应当负责审核其进口预包装食品的中文标签是否符合我国相关法律、行政法规规定和食品安全国家标准要求。审核不合格的，不得进口。

（2）监督抽查　海关制定年度国家进口食品安全监督抽检计划和专项进口食品安全监督抽检计划，并组织实施。境外发生食品安全事件可能导致中国境内食品安全隐患，或者海关实施进口食品监督管理过程中发现不合格进口食品，或者发现其他食品安全问题的，海关总署和经授权的直属海关可以依据风险评估结果对相关进口食品实施提高监督抽检比例等控制措施。

对进口食品采取提高监督抽检比例等控制措施后，再次发现不合格进口食品，或者有证据显示进口食品存在重大安全隐患的，海关会要求食品进口商逐批向海关提交有资质的检验机构出具的检验报告。

7. 分段实施准入监管

为进一步优化营商环境，促进贸易便利化，提升通关整体效能，我国对进口货物分段实施准入监管，加快口岸验放。将进口货物准予提离口岸视为口岸放行，以口岸放行为界，根据货物"是否准予提离"和"是否准予销售或使用"，分段实施"准许入境""合格入市"监管。

8. 不合格产品处置

进口食品经海关合格评定合格的，准予进口。进口食品经海关合格评定不合格的，由海关出具不合格证明；涉及安全、健康、环境保护项目不合格的，由海关书面通知食品进口商，责令其销毁或者退运；其他项目不合格的，经技术处理符合合格评定要求的，方准进口。相关进口食品不能在规定时间内完成技术处理或者经技术处理仍不合格的，由海关责令食品进口商销毁或者退运。海关总署会定期发布进口食品未准入境信息。

9. 进口商召回、销售记录及不良记录制度

（1）召回 食品进口商发现进口食品不符合法律、行政法规和食品安全国家标准，或者有证据证明可能危害人体健康，应当按照《食品安全法》第六十三条和第九十四条第三款规定，立即停止进口、销售和使用，实施召回，通知相关生产经营者和消费者，记录召回和通知情况，并将食品召回、通知和处理情况向所在地海关报告。

（2）食品进口和销售记录制度 食品进口商应当建立食品进口和销售记录制度，如实记录食品名称、净含量/规格、数量、生产日期、生产或者进口批号、保质期、境外出口商和购货者名称、地址及联系方式、交货日期等内容，并保存相关凭证。记录和凭证保存期限不得少于食品保质期满后6个月；没有明确保质期的，保存期限为销售后2年以上。

（3）进出口商和生产企业不良记录 《食品安全法》第一百条规定，国家出入境检验检疫部门应当收集、汇总下列进出口食品安全信息，并及时通报相关部门、机构和企业：

① 出入境检验检疫机构对进出口食品实施检验检疫发现的食品安全信息；

② 食品行业协会和消费者协会等组织、消费者反映的进口食品安全信息；

③ 国际组织、境外政府机构发布的风险预警信息及其他食品安全信息，以及境外食品行业协会等组织、消费者反映的食品安全信息；

④ 其他食品安全信息。

国家出入境检验检疫部门应当对进出口食品的进口商、出口商和出口食品生产企业实施信用管理，建立信用记录，并依法向社会公布。对有不良记录的进口商、出口商和出口食品生产企业，应当加强对其进出口食品的检验检疫。

10. 进口商审核制度

食品进口商应当建立境外出口商、境外生产企业审核制度，重点审核下列内容：

一是，制定和执行食品安全风险控制措施情况。

包括境外食品生产企业建立并运行有效的食品安全卫生管理和防护体系的情况；主管部

门对境外食品生产企业和出口商的监管情况；向中国出口的相关食品符合出口国官方主管部门与海关总署签订的双边议定书的情况以及其他食品安全风险控制措施情况等。

二是，保证食品符合中国法律法规和食品安全国家标准的情况。

包括是否按中国食品安全法律法规和食品安全国家标准实施生产，原料、辅料是否符合中国食品安全法律法规和食品安全国家标准的相关规定。必要时，可抽取相关产品的样品，送至有资质实验室检验，相关检验结果符合中国食品安全法律法规和食品安全国家标准的规定后，方可向中国出口。预包装食品标签应符合中国食品安全法律法规和食品安全国家标准等相关规定。

海关对食品进口商实施审核活动的情况进行监督检查。

11. 食品安全风险预警通报

境内外发生食品安全事件或者疫情疫病可能影响到进出口食品安全，或者在进出口食品中发现严重食品安全问题，海关会根据情况进行风险预警，在海关系统内发布风险警示通报，并向国务院食品安全监督管理、卫生行政、农业行政部门通报，必要时向消费者发布风险警示通告。根据风险警示通报要求对进出口食品采取退货或者销毁处理、有条件地限制进口、暂停或者禁止进口等控制措施。

课后拓展训练

以小组为单位，完成一种进口食品的文件申报，登录中国海关总署其下属部门进出口食品安全局的官方网站，点击"信息服务"按钮，找到"进口食品境外生产企业注册信息"，查看拟定国家产品生产企业注册信息。

项目二　食品出口合规管理

【技能目标】	掌握《进出口食品安全管理办法》等法规关于食品出口的要求；掌握我国主要贸易国家对我国食品进口合规要求。
【知识目标】	能够组织办理出口食品企业备案；能够判定食品出口合规性；掌握我国食品出口流程。

食品的出口合规管理

案例导入

【案例】 2025 年，宁波市××食品有限公司生产的袋装油焖笋（宁波市级非物质文化遗产）凭借独特风味获加拿大消费者认可，但需符合当地食品标准。企业调整工艺和包装（如优化防腐剂使用、升级过敏原标签），海关实施"产季监管"模式，指导企业落实食品防护计划，提供"即到即检"服务，最终成功出口货值10万元的首批产品。

【案例解析】企业在生产加工过程中严格遵循《食品安全国家标准　食品添加剂使用标准》（GB 2760—2024），如调整防腐剂用量以符合加拿大标准与法规，优化生产工艺，强化标签标识，确保符合进口国过敏原标注要求；同时，海关通过"亲清直通车·企需关应"机制，提供技术指导与通关便利，促成食品出口订单的顺利完成。

【思政解析】在本次案例中清晰地体现了"社会主义市场经济是法治经济"的核心要义。企业严守国内外食品安全法规，彰显诚信经营理念；海关依法监管，筑牢质量安全防线，维护消费者权益。非遗油焖笋出口是中华饮食文化国际传播的缩影，通过产品输出促进跨文化理解，增强文化软实力。

一、中国出口食品安全监管机制

中国出口食品的监管由海关总署负责。2021年4月13日，海关总署发布第249号令，公布了《中华人民共和国进出口食品安全管理办法》（以下简称《办法》），自2022年1月1日起实施。《办法》规定了出口食品的安全监管措施。目前，中国出口食品安全管理体系主要涉及原料种植养殖环节、生产加工环节、出口检验检疫环节。原料种植养殖环节主要是出口食品原料种植养殖场备案制度。生产加工环节涉及出口食品生产企业备案制度，出口食品生产企业安全管理责任制度。出口检验检疫环节涉及出口食品检验检疫申报制度，出口抽查检验制度，风险监测制度，风险预警制度。

《办法》也进一步明确了出口食品监督管理措施，包括：出口食品原料种植养殖场备案、出口食品生产企业备案、企业核查、单证审核、现场查验、监督抽检、口岸抽查、境外通报核查以及各项的组合。

1. 出口食品标准要求

《办法》第三十八条规定，出口食品生产企业应当保证其出口食品符合进口国家（地区）的标准或者合同要求；中国缔结或者参加的国际条约、协定有特殊要求的，还应当符合国际条约、协定的要求。

进口国家（地区）暂无标准，合同也未作要求，且中国缔结或者参加的国际条约、协定无相关要求的，出口食品生产企业应当保证其出口食品符合中国食品安全国家标准。

2. 原料种植养殖环节

出口食品需要建立食品原料种植养殖场备案制度。

《办法》第四十条规定，出口食品原料种植、养殖场应当向所在地海关备案。海关总署统一公布原料种植、养殖场备案名单，备案程序和要求由海关总署制定。

第四十一条规定，海关依法采取资料审查、现场检查、企业核查等方式，对备案原料种植、养殖场进行监督。

出口备案的具体要求见《出口食品原料种植场备案管理规定》。

3. 生产加工环节

(1) 出口食品生产企业实施备案制度 《办法》第四十二条规定，出口食品生产企业应当向住所地海关备案，备案程序和要求由海关总署制定。目前，"出口食品生产企业备案"已由许可审批项目调整为备案管理，企业可按照《关于开展"证照分离"改革全覆盖试点的公告》（海关总署公告 2019 年第 182 号）附件 2 "出口食品生产企业备案核准"指导进行备案。出口食品生产企业备案核准主管司局为企业管理和稽查司。改革后，企业开展生产出口食品经营活动应持有营业执照并按要求进行备案，并取消许可证有效期，改为长期有效。

(2) 备案要素

① 中华人民共和国境内拟从事出口的食品生产企业。

② 已建立和实施以危害分析和预防控制措施为核心的食品安全卫生控制体系，该体系还应当包括食品防护计划。出口食品生产企业应当保证食品安全卫生控制体系有效运行，确保出口食品生产、加工、储存过程持续符合我国相关法律法规和出口食品生产企业安全卫生要求，以及进口国（地区）相关法律法规要求。

③《出口食品生产企业备案申请表》。

(3) 材料要求 按照要求，完整填写《出口食品生产企业备案申请表》。

(4) 办理流程

① 申请备案：申请人向所在地主管海关提出申请并递交材料。主管海关对申请人提出的申请进行审核，对材料齐全、符合法定条件的，核发出口食品生产企业备案证明。

② 备案变更：出口食品生产企业的名称、法定代表人、生产企业地址发生变化的，申请人应当自发生变更之日起 15 日内，向原发证海关递交申请材料，原发证海关对申请变更内容进行审核。变更申请材料齐全、证明材料真实有效的，准予变更。

③ 备案注销：申请人需要注销备案证明的，向主管海关提出书面申请，经主管海关审核后，办理注销手续。

(5) 办理方式

① 海关行政审批一个窗口现场办理；

② 互联网＋海关一体化网上办事平台；

③ 中国出口食品生产企业备案管理系统。

(6) 监管措施

① 健全出口食品生产企业备案管理系统，建立系统与通关系统有效链接，在通关过程中校验出口食品生产企业备案结果，强化海关系统内部信息共享。

② 强化与市场监管等部门之间的信息共享，积极建立和市场监管等部门沟通渠道。

③ 各主管海关要加强信用监管，多渠道完善信用信息采集，综合运用稽查等方面数据，及时调整企业信用等级，按照"诚信守法便利、失信违法惩戒"原则，对企业进行信用监管。

④ 各主管海关要通过企业年报、现场检查等方式，加强对出口食品生产企业的监管。

4. 出口食品注册管理

《办法》第四十三条规定，境外国家（地区）对中国输往该国家（地区）的出口食品生产企业实施注册管理且要求海关总署推荐的，出口食品生产企业须向住所地海关提出申请，住所地海关进行初核后报海关总署。海关总署结合企业信用、监督管理以及住所地海关初核情况组织开展对外推荐注册工作，对外推荐注册程序和要求由海关总署制定。

5. 出口食品生产企业安全管理责任制度

《办法》第四十四条规定，出口食品生产企业应当建立完善可追溯的食品安全卫生控制体系，保证食品安全卫生控制体系有效运行，确保出口食品生产、加工、贮存过程持续符合中国相关法律法规、出口食品生产企业安全卫生要求；进口国家（地区）相关法律法规和相关国际条约、协定有特殊要求的，还应当符合相关要求。

出口食品生产企业应当建立供应商评估制度、进货查验记录制度、生产记录档案制度、出厂检验记录制度、出口食品追溯制度和不合格食品处置制度。相关记录应当真实有效，保存期限不得少于食品保质期期满后 6 个月；没有明确保质期的，保存期限不得少于 2 年。

海关会对辖区内出口食品生产企业的食品安全卫生控制体系运行情况进行监督检查。监督检查包括日常监督检查和年度监督检查。监督检查可以采取资料审查、现场检查、企业核查等方式，并可以与出口食品境外通报核查、监督抽检、现场查验等工作结合开展。

6. 出口食品包装和运输要求

《办法》第四十五条规定，出口食品生产企业应当保证出口食品包装和运输方式符合食品安全要求。

第四十六条规定，出口食品生产企业应当在运输包装上标注生产企业备案号、产品品名、生产批号和生产日期。

进口国家（地区）或者合同有特殊要求的，在保证产品可追溯的前提下，经直属海关同意，出口食品生产企业可以调整前款规定的标注项目。

7. 出口检验检疫环节

（1）出口食品检验检疫申报制度　《办法》第四十八条规定，出口食品应当依法由产地海关实施检验检疫。海关总署根据便利对外贸易和出口食品检验检疫工作需要，可以指定其他地点实施检验检疫。

第四十九条规定，出口食品生产企业、出口商应当按照法律、行政法规和海关总署规定，向产地或者组货地海关提出出口申报前监管申请。产地或者组货地海关受理食品出口申报前监管申请后，依法对需要实施检验检疫的出口食品实施现场检查和监督抽检。

第五十二条规定，食品出口商或者其代理人出口食品时应当依法向海关如实申报。

（2）出口抽查检验制度　《办法》第五十一条规定，出口食品经海关现场检查和监督抽检符合要求的，由海关出具证书，准予出口。进口国家（地区）对证书形式和内容要求有变化的，经海关总署同意可以对证书形式和内容进行变更。

出口食品经海关现场检查和监督抽检不符合要求的，由海关书面通知出口商或者其代理人。相关出口食品可以进行技术处理的，经技术处理合格后方准出口；不能进行技术处理或者经技术处理仍不合格的，不准出口。

第五十三条规定，海关对出口食品在口岸实施查验，查验不合格的，不准出口。

第五十四条规定，出口食品因安全问题被国际组织、境外政府机构通报的，海关总署应当组织开展核查，并根据需要实施调整监督抽检比例、要求食品出口商逐批向海关提交有资质的检验机构出具的检验报告、撤回向境外官方主管机构的注册推荐等控制措施。

对于出口食品生产经营者来说，出口食品存在安全问题，已经或者可能对人体健康和生命安全造成损害的，应当立即采取相应措施，避免和减少损害发生，并向所在地海关报告。

(3) 风险监测和风险预警制度 中国对出口食品实施风险监测和风险预警制度。在风险监测方面，海关制定年度国家出口食品安全监督抽检计划并组织实施。

在风险预警方面，海关会根据食品安全情况发布预警通报并采取控制措施。《办法》第五十六条规定，海关在实施出口食品监督管理时发现安全问题的，应当向同级政府和上一级政府食品安全主管部门通报。第五十九条规定，境内外发生食品安全事件或者疫情疫病可能影响到进出口食品安全的，或者在进出口食品中发现严重食品安全问题的，直属海关应当及时上报海关总署；海关总署根据情况进行风险预警，在海关系统内发布风险警示通报，并向国务院食品安全监督管理、卫生行政、农业行政部门通报，必要时向消费者发布风险警示通告。海关总署发布风险警示通报的，应当根据风险警示通报要求对进出口食品采取本办法第三十四条、第三十五条、第三十六条和第五十四条规定的控制措施。

出口企业除了需要了解中国出口的管理要求，还需要了解目标国家（地区）对进口食品的管理要求，本项目主要就美国、澳大利亚、新西兰、欧盟、日本对进口食品的管理要求进行介绍。

二、美国进口食品安全监管机制

在美国，美国海关及边境保卫局（CBP）与农业部（USDA）和食品药品监督管理局（FDA）共同负责进口食品安全，确保进口食品符合美国法律法规要求。所有商业进口的食品和饮料产品（除肉类、禽类和蛋制品之外大部分食品）需符合FDA的监管要求，肉、禽和蛋产品需符合农业部（USDA）下属食品安全检验局（FSIS）的监管要求。

1. FDA监管食品进口制度

根据美国《联邦食品、药品和化妆品法》规定，打算将食品进口至美国的食品进口商有责任确保产品安全、卫生并依法进行标识。进口商需在FDA注册并向FDA发送食品进口预先通知，便可在未经FDA事先批准的情况下将食品进口到美国。

(1) 食品企业注册制度 任何外国或本土食品企业，若生产加工、包装储存以在美国出售的食品，必须依据相关程序每两年在FDA进行注册，并获得注册码。企业注册除了需要提供相关资料和信息外，还需要接受FDA的现场检查，检查的主要依据为美国的相关法规要求，因此企业在申请注册之前，需要确保自身符合美国的相关法规要求。

如果是酸化罐装食品和低酸罐装食品还需要向FDA进行酸化/低酸罐头食品注册，获得

FCE-SID 注册号。

（2）食品企业进口预先通知　预先通知是指在食品到达美国边境之前，向 FDA 发布的关于食品（包括动物食品）正在进口或准备进口到美国的通知。进口到美国在美国使用、储存或分销的所有食品，包括以邮寄的方式寄往美国的食品（个人寄送的非商业用途的食品除外），在食品到达抵达港前要求提交进口食品的预先通知。

通知需要提交的资料包括：个人姓名及其公司地址、电话号码和电子邮件地址以及提交公司的名称和地址（如适用）、入境类型、美国海关及边境保护局（CBP）条目识别码等。

预先通知审核通过后，FDA 将回复包含有预先通知确认码（prior notice confirmation，简称 PNC）的信息。需要注意的是：在提交进口食品的预先通知时，需报告产品曾被拒绝入境的任何国家的名称。如果食品到达抵达港并且事先没有通知（包括没有事先通知、不准确的事先通知或不合时宜的事先通知），则食品可能会被拒绝入境。

（3）供应商验证计划　根据《FDA 食品安全现代化法》进口商需建立国外供应商验证计划（FSVP），FSVP 要求进口商进行基于风险的国外供应商核查活动，以核实：食品的生产方式能够提供与《联邦食品、药品和化妆品法》（FD&C 法）第 418 节条（关于危害分析与基于风险的预防控制）或第 419 条（关于某些作为农业初级商品的水果和蔬菜的安全生产和收获标准）同等的公共健康保护的条件下进行生产；根据 FD&C 法第 402 条，该食品没有掺假；根据 FD&C 法第 403 节（w）款，人类食品不存在标签错误（关于食品过敏原标签）。

若进口商没有建立实施 FSVP，其进口的食品将被拒绝入境美国。该计划不适用鱼类产品、果汁、某些酒精饮料以及由 FSIS 监管的大部分肉、禽和蛋制品。

2. FSIS 监管食品进口制度

FSIS 负责的肉类、家禽及蛋制品进口，应安全，卫生，无杂质并贴有标签和包装。只有经过认证的国家和企业的产品才有资格进入美国。

FSIS 通过文件分析和现场审查来评估出口国的食品监管系统。FSIS 进行文件分析以评估出口国的法律、法规和其他书面信息。审查集中在六个风险领域，即：

a. 政府监督；

b. 法定机构和食品安全条例；

c. 卫生；

d. 危害分析和关键控制点系统；

e. 化学残留物；

f. 微生物测试计划。

如果文件审核过程表明该国的系统令人满意，则 FSIS 的技术团队将对该国进行现场审核。考察通过后，FSIS 会发布一份将该国列入合格供应商名单的法规草案供公众评议。评议期内公众的评议意见将帮助 FSIS 在发布最终法规时决定是否将该国列入向美国出口肉、禽和蛋产品的合格国家。

所有想对美国出口肉、禽和蛋产品的国外企业，必须向所在国家的政府主管部门提出申请，由该国的首席检验官向 FSIS 提交一份由该国注册的、能满足美国进口要求的所有企业名单。FSIS 在其网站上公布允许向美国出口肉、禽和蛋产品的国家/企业名单。

3. CBP 监管流程（进口）

由于美国进口食品监管分为两部分，所有进入美国食品都需到 CBP 申报，进口商或代理商在货物到达五日之内向入境口岸海关递交入境申报单，符合 CBP 要求后，按食品分类分别提交给 FSIS 和 FDA。

货物进口商向 CBP 提交入关信息，如入关编号、入关日期、进口商身份标识、入关港口、船舶/空运信息、申报人身份标识、进口文件所述产品的"协调关税税则"（HTS）编码（关税代码）、外国承运人信息、原产国、数量和价值等。

4. FDA 监管食品进口流程

海关通知 FDA，并附上有关商业发票。FDA 将对海关提交的文件进行审阅，FDA 审阅文件后，会根据相关规定对进口食品采取直接放行、抽查和自动扣留三种措施。

如果 FDA 在审阅文件后确认无须检查，它会分别向海关和进口商发出放行通知，不过食品进入市场后 FDA 还会对其进行抽查和监管。

如果 FDA 决定对食品进行抽样检查，它会分别向海关和进口商发出抽样通知。抽样后FDA 将样品送往所在地区实验室检验，符合法定要求，FDA 会通知海关和进口商，同意放行被抽样食品，如果检验结果表明食品可能违反有关法规，FDA 将发出扣留和听证通知，进口商必须在收到通知后在规定期限内提交辩护证据并在听证时进行作证，如果辩护证据不足以说明食品符合法定要求，FDA 会发出拒绝放行通知。如果 FDA 对食品进行检查时发现存在如下三种情况时，将会对食品实施自动扣留：

① 至少有一个样品经检验发现对人体健康有明显危害；

② 多个样品经检验不合格，尽管这种不合格未存在对人体健康的明显危害；

③ 有资料记载，或有历史记载，或接到其他国家有关部门的通告，表明某一国家或地区的产品有可能对人体健康产生危害，并经 FDA 对上述消息来源进行评估，确认该类产品在美国也可能造成同样的危害。

5. FSIS 监管食品进口流程

对于肉、禽和蛋产品 FSIS 官方检验人员实施进境口岸查验。

FSIS 进口检查员首先检查文件，以确保该产品已被外国正确认证。检验人员接下来检查每批货物的一般状况和标签，然后执行检验任务。

FSIS 将根据统计抽样系统进行其他类型的检查，例如检查产品缺陷，对选定货件的产品成分和微生物污染进行实验室分析。FSIS 还随机抽取产品样本进行药物和化学残留物测试。

通过复检的产品将加贴 USDA 检验标志，允许进入美国市场。没有通过复检的加贴"美国拒绝入境"标签，需在 45 天内离境，销毁或申请按动物食品进口。

三、澳大利亚进口食品安全监管机制

澳大利亚由农业、渔业和林业部负责进口食品的监管，确保进口食品符合澳大利亚公众健康与安全要求。对进口食品进行安全检查的法律依据主要是《进口食品控制法》，同时进口食品需要符合《澳新食品标准法典》（以下简称《法典》）中的要求，进口商要确保进口到澳大利亚的所有食品均符合《法典》中的相关标准。根据食品风险程度分类，农业、渔业和林业部对进口食品的监管实行分类监管，既能有效地控制风险，又能减少资源的盲目投入。各部门严格执行进口食品检验计划（imported food inspection scheme，简称 IFIS），对进口食品合规协议（FICA）也定期审计，一旦发现违规的食品，则迅速实施召回或销毁，全面保障澳大利亚消费者的食品安全。另外，农业、渔业和林业部可以与国外出口到澳大利亚的当局政府签订政府间的认证协议，经过认证的产品在通关时需要提交证明文件，拥有国外政府认证书的出口商检查频率会降低，出入境过关程序也会减少。

1. 进口食品的基本要求

澳大利亚进口食品必须要符合生物安全和食品安全两方面的要求，即检疫和检验要求。

（1）在生物安全方面　必须要符合《生物安全法》的要求，澳大利亚是个岛国，整个国土被大洋包围，与大陆隔绝，相对疫病较少，生态环境较为脆弱，易受外来生物的侵害，所以非常重视检疫工作，严防各种疫情疫病传入澳大利亚。因此进口食品符合生物安全要求是首要条件。

澳大利亚农业、渔业和林业部负责控制抵达澳大利亚食品的病虫害和疾病风险。进口商可以借助生物安全进口系统（BICON），查询进口产品的具体条件。BICON 是进口商的有效指导工具，它提供了大部分产品的进口基本要求，包括是否允许进口；适用的进口条件；需要提交的文档；需要的处理手段；是否需要进口许可证等。

根据《生物安全法》，一些限制进口货物（例如，鸡蛋和蛋制品、新鲜水果和蔬菜、肉类和其他一些含有动物产品的食品等）需要满足生物安全风险评估、批准和签发许可证等条件才允许进口。若经过 BICON 查询，确认进口的产品需要进口许可证，则必须在货物抵达澳大利亚之前取得进口许可证。企业可以利用 BICON 系统进行网上申请，大多数进口许可证将在 20 个工作日内完成申请，但若遇到复杂的申请情况，如需要技术评估或申请人提供的信息不完整或申请的是新资源食品，将会需要更长的时间。货物抵达之后，若许可证仍在办理中或仍未申请，则会要求货物立即离开澳大利亚或销毁。

（2）在食品安全方面　必须要符合《进口食品控制法》以及《澳新食品标准法典》的要求。根据《进口食品控制法》的规定，进口食品必须实施基于风险分析基础上的边境检验和控制，农业、渔业和林业部通过运行进口食品检验计划（IFIS）来完成这项工作。产品入市后，由州/领地监管部门负责监管，保证其符合《澳新食品标准法典》的要求。

另外，根据《进口食品控制法》，食品在进口前，需要提交相关资料，申请食品控制证书，农业、渔业和林业部会根据食品检验计划和食品类别颁发食品控制证书。食品控制证书中规定了食品是否检验，若需要检验，则会列明检验项目。若食品控制证书中规定该食品不需要检验，但若检验人员有理由怀疑产品不合格时，仍可对该食品进行检验。《进口食品控

制法》中详细介绍了进口食品控制证书如何获取。2018 年 9 月，农业、渔业和林业部发布《进口食品控制法修正案》，规定自 2019 年 9 月起某些食品在进口时将需要持有食品安全管理证书，食品安全管理证书可以是出口国政府认可证书，或者指定的其他证书，目前需要食品安全管理证书的食品尚未确定。

2. 基于风险的进口食品分类及合规要求

所有进口食品必须遵守进口食品检验计划（IFIS），IFIS 对进口到澳大利亚的食品进行检验和控制。农业、渔业和林业部负责管理进口食品检验计划（IFIS），澳新食品标准局（FSANZ）为农业、渔业和林业部提供与食品相关的公共健康风险建议，移民与边境保护部根据国际约定的关税代码，对送检食品按 IFIS 的规定进行检查。此外，各州和地方政府制定自己的食品法，由地方政府执行，确保包括进口食品在内的所有食品符合《法典》的要求。不符合《法典》要求的食品必须退货、销毁、酌情进行合规处理，或降低级别。澳大利亚农业、渔业和林业部会定期公布进口不合格食品报告，不合格原因包括含有不允许的添加剂或成分、属于违禁植物或真菌等。这些报告没有列出因标签不符合要求而不合格的食品，如果一种食品的标签检查不合格，进口商可以修改标签，重新出口食品或销毁。

澳大利亚对进口食品采用基于风险的监管模式，FSANZ 负责评估进口食品的风险程度，农业、渔业和林业部对不同的食品类别按照风险程度不同进行分级管理。进口食品的类别主要分为风险食品、监视食品和合规协议食品。风险食品是指经 FSANZ 检验具有潜在微生物和化学危害的中高级风险的食品；监视食品是指对人体健康风险较低的食品；合规协议食品是指进口商与农业、渔业和林业部签订食品进口合规协议的食品。IFIS 按照食品的风险程度不同，规定了每类食品的检疫方式和检验频次。

(1) 风险类食品 澳大利亚《风险类食品的检验标准》中列举了具有潜在风险的食品种类，其中规定的具有高风险项目的食品为风险食品。如芝麻和芝麻制品存在沙门菌的高风险项，因此芝麻和芝麻制品为风险食品。

移民与边境保护部负责对风险类食品的检查，并将检查结果通知农业、渔业和林业部。对风险类食品采用"检验和待放行"的方针，在得知检验结果之前不得放行销售。不合格的食品不得进口，若经复检或处理后仍不符合要求，这些食品将被退货或销毁。

根据公布的潜在隐患（包括微生物和污染物）清单，整批风险类食品需要接受 100％ 的初步检查和检验。如果连续 5 批货物检查都合格，抽检率可以降至 25％；如果后续 20 批货物检查都合格，则抽检率可以降至 5％。如果任何一批货物检查出不合格项，其产品都将强制恢复 100％ 的检验，直至该食品的生产商重新建立起合规记录。

适用于风险类食品的检验中规定了对风险食品进行检验的程序及项目、进口相应风险食品需满足的条件以及所需的相关证明材料等，针对风险类食品，授权的工作人员将进行：

a. 目视检查，查看食品外观是否安全、是否适合人类食用，以及是否符合《1992 年进口食品控制法》相关要求；

b. 检查标签、添加剂及其他成分是否符合《澳新食品标准法典》的要求；

c. 对需要进行分析的食品进行抽样。

出于监控目的，大多数风险食品也需要接受监视食品的检验项目（包括标签、感官、微生物、化学、过敏原检验等）。

（2）监视类食品　除风险类食品以外的其他所有食品都视为对人体健康与安全有低风险而列为"监视类食品"，如食用植物油为监视类食品，其抽检项目为芥子酸。每批监视类食品都有 5% 的送检概率，以评估其是否符合澳大利亚的食品标准。监视类食品的抽检是随机的，可能会对监视类食品的样品进行杀虫剂和抗生素超标、微生物污染物、天然毒素、金属污染物和食品添加剂分析。

由于监视类食品被认为是低风险食品，因此采用"检验和放行"的方针，并可在知道检验结果前进行销售配送。如果检验出现不良结果，农业、渔业和林业部将通知相关州及其下属的食品监管机构，以便其决定是否需要召回产品。对于进口商投放市场的货物所采取的任何措施，例如召回或撤回，费用均由进口商承担。检查不合格的监视类食品的抽检率也将提高至 100%，直至该食品的生产商或进口商建立起合规记录。增加监视类食品检查的过程被称作是采用"待放行令"。"待放行令"在得出良好的检查结果前一直有效。连续五次检查合格后，该货物的抽检率将恢复到 5%。

澳大利亚农业、渔业和林业部制定的适用于监视类的食品检验中针对不同的食品种类，规定了需要进行如标签、感官、微生物、化学成分和过敏原等不同的检验项目，以及检验依据的标准等。如果没有分析检验的项目，食品仍然需要进行感官和标签评估。

农业、渔业和林业部虽然规定了适用于监视类食品的检验指标，但仍可根据实际情况对某种食品进行其他项目的检验。进口食品检验前，允许进口商更正、更改或更换标签。授权工作人员认为食品可能不符合《法典》要求时，则会按照指示进行附加检验。

根据《进口食品控制法》，检验必须由指定的实验室进行。进口商在向指定的实验室预约进口食品的检验之前，需要查看食品控制证书上指定要进行检验的项目，并确保该实验室可以进行所有项目的检验。然后联系实验室，核实样品的检验、送检、费用等问题。填写 IFIS 实验室表格，并将表格转发给该实验室。在实验室接收表格并通知农业、渔业和林业部之前，不能预先检查。

（3）合规协议类食品　进口食品合规协议（FICA）是进口商与农业、渔业和林业部建立的协议，在该协议下，食品进口商采取了食品安全控制措施，进口食品管理体系已经建立，并根据 FICA 得到认可，根据 FICA 进口的食品只需根据 IFIS 做选择性的检查，而不必做常规抽查，澳大利亚目前在 FICA 下运营的进口商名单可在官网上查询。签订进口食品合规协议的进口商需要接受农业、渔业和林业部定期进行的进口食品管理体系的审计。审计频率因食品类型和前次审计结果而有所不同。

农业、渔业和林业部与进口商签订 FICA 之前，需要确保进口商的食品管理体系符合要求，包含所有必需元素。食品进口商建立食品管理体系可以基于标准 ISO22000：2005；澳新食品标准法典-Part 3.2 食品安全要求；综合考虑澳大利亚其他食品管理体系。FICA 需要包括生产保证、食品安全评估、可追溯性和验证性信息。所有进口食品，包括 FICA 的食品，均需遵守澳大利亚《生物安全法》中的生物安全要求。

农业、渔业和林业部经过审计后认为不符合 FICA 规定，将会暂停或者取消 FICA，随着协议取消，进口食品将根据 IFIS 恢复正常的检验。

3. 食品进口程序

(1) 进口前 查看适用于企业商品的进口条件。

(2) 准备进口时 离开出口国时，应满足澳大利亚包装要求。满足进口步骤，减少清关时间。

(3) 运输 在计划进口货物时，需要确保首次到达的机场或海港获准降落货物，并向农业、渔业和林业部以及国家事务部提交货物信息，做好货物抵达目的地和文件准备计划。

(4) 货物到达时 对货柜采取基于风险的检查方法，重点是评估有害生物和疾病的风险。

(5) 清关和检验货物 农业、渔业和林业部会向进口商发出指令，说明货物已经通过生物安全检查或者需要如检查、处理、隔离等进一步措施。不符合进口要求且无法处理的货物由进口商自费出口或销毁。

四、新西兰进口食品安全监管机制

1. 食品进口制度

新西兰初级产业部（MPI）负责进口食品的监管，确保进口食品符合新西兰公众健康与安全要求。新西兰通过进口申报系统管理进口食品，确保实现产品及企业的溯源；同时要求进口商进口前须向 MPI 申请注册成为进口商，否则无法从事进口食品贸易。根据食品风险程度不同，MPI 对进口食品的监管实行分类监管，对所有高风险进口食品实施许可证管理，在进口前应申请进口许可证，货到口岸时实施口岸现场抽检，并根据每一个进口商的抽样和检测历史记录来确定进口高风险食品的抽样频率。对不合格进口食品采取预警、拒绝进境、退运、召回、销毁等处理方式。对不涉及食品质量安全卫生的不合格食品，如标签等可以实施技术处理后重新申请检验。

2. 对进口商的要求

为确保进口食品安全，MPI 对食品进口商实施注册登记管理，只有在进口商名录内的食品企业或者作为注册进口商的代理商才能经营进口食品，注册进口者必须是新西兰居民。

食品进口商必须满足新西兰食品进口商法规，包括《食品法 2014》第三部分以销售为目的的进口食品中关于进口商的法规要求、《食品条例 2015》第五部分进口食品中注册进口商的职责部分。

进口商应向 MPI 提交企业的相关详细信息，如公司名称、地址、联系人的详细信息等。同时做好销售用进口食品的记录管理，记录应证明进口食品符合所有新西兰法规，注明进口食品的生产方式、运输方式、储存方式以及销售记录和相关供应商信息。进口商还应建立完善的召回系统，当需要召回时需通知 MPI。

3. 进口食品的要求

(1) 一般要求 进口食品必须符合《食品法 2014》《食品条例 2015》《动物产品法

1999》《农业化合物和兽药法 1997》《海关和税收法》《生物安全法 1993》《公平交易法 1986》，满足《澳新食品标准法典》和新西兰的食品标准要求，如《农业化合物最大残留限量 2016》，以及针对某些特定进口食品制定的进口卫生标准。

进口的食品均应按照销售用进口食品的同等要求进行管理，除非有足够的理由证明其不用于消费。此外，进口商所采购的食品应在合格环境下生产，能提供食品安全、卫生、合法进口的证明文件。

（2）进口食品的具体要求

① 禁止进口至新西兰的食品：新西兰禁止带入濒危植物或动物以及一些被视为对新西兰的环境、植物和动物或人有安全风险的食品。禁止进口的食品包括以下所列：

a. 新西兰海关网站上关于禁止进口产品的信息。例如，濒危物种。

b. 是否有相应进口食品的"进口卫生标准"（IHS）（初级产业部网站）。IHS 标准概述了食品进口的各种限制条件和要求。如果没有 IHS 标准，那么该食品不可以进口。

c. 《澳新食品标准法典》中，列出的禁止和限制的植物和菌类以及其他相关限制性规定。

② 进口食品的分类：MPI 使用基于风险的方法来管理进口食品的食品安全。因此进口食品根据风险等级主要分为：高度监管食品、增强监管食品和低度监管食品。

新西兰《进口食品通知》中附表 1 列明了属于高度监管的进口食品，如芝麻酱、芝麻粉以及含有这两种物质的其他制品，其风险因子为沙门菌。附表 2 列出了属于增强监管的进口食品，其中，从澳大利亚进口的食品不在此列。

低度监管食品是指既不是高度监管食品也不是增强监管食品的食品。

③ 食品安全许可：食品安全许可是进口食品进入新西兰的许可。食品安全官员根据《食品法 2014》给予食品安全许可，并由食品安全官员进行检查，确保食品符合通关要求。

需要取得食品安全许可的食品主要包括：

a. 已知会增加人类健康风险的食品被称为高度监管（high regulatory interest，简称 HRI）食品并且确定需要食品安全许可。

b. 存在不确定性或担心它们对人类健康造成风险的食品属于增强监管（increased regulatory interest，简称 IRI）食品。部分 IRI 食品需要取得食品安全许可。

c. HRI 和 IRI 食品均列在《进口食品通知》中，并附有通关要求，包括确保食品是安全和适合人类食用的相关证明材料。

④ 如何确定食品是否需要食品安全许可：《进口食品通知》附表 1（HRI 食品）和 2（IRI 食品）中列出了需要食品安全许可的食品。

⑤ 如何满足许可要求：《进口食品通知》中制定了详细的所需要的证明文件和材料等。可能需要的证明材料类型如下：

新西兰进口商保证：如果注册进口商的业务经过审计并合规，MPI 将发出一份新西兰进口商保证，可用于促进通关。

制造商声明：制造商关于产品、产地或加工的声明。

官方证书：对于已经签订国家协议的某些食品，MPI 将承认来自这些国家的某些机构的官方证书。有关新西兰认可并接受的各个国家不同产品的官方证书（详见食品进口新西兰指导文件附录2）。

抽样和检验的结果：如果抽样和检验是必需的，由 MPI 工作人员决定对从特定供应商到特定进口商的食品进行抽样和检验的频率。

4. 食品进口程序

新西兰的食品由 MPI 负责管理，在 MPI 的官方网站详细介绍了对进口食品的相关规定和要求，公布了可以从事进口食品检测的实验室名单供进口商选择，并专门建立一个栏目来发布进口食品预警，告知进口商有关海外召回及正在发生的食品安全紧急事件，帮助进口商规避贸易风险，保障本国消费者安全。

进口商进口食品前首先需要在网上向 MPI 列明进口产品明细，对于某些可能带来风险的进口食品（某些规定的商品），MPI 会对其进行监控。进口流程共分 7 个步骤：

第一步，进口前须向 MPI 申请注册成为进口商，否则无法从事进口食品。MPI 在网站上公布注册进口者的名单。

第二步，掌握新西兰海关和 MPI 生物安全部对进口食品的控制规定。根据《生物安全法 1993》，任何有生物安全风险的产品进口到新西兰都需要有进口卫生标准（IHS），只有当货物和相关资料文件符合相关产品的 IHS 的所有要求时，MPI 检验员才能对进口货物给予生物安全许可。对于无进口卫生标准、有检疫风险的动植物源性产品等，可以申请制定相应产品的进口卫生标准，在取得进口卫生标准后方可进口。

如果进口的产品不含任何牛肉或仅含有极少量的牛肉（少于 5% 的牛肉）需要考虑进口时对进口商品上进行非牛肉产品宣称，否则可能被认为含有牛肉（如果被认为含有牛肉，则需提供食品安全许可），如人造黄油、香肠、意大利面酱等。需要进行非牛肉产品宣称的食品名单详见《新西兰食品进口指南》附录1。

第三步，对进口食品进行准确归类，MPI 对存在风险的部分食品进行特定风险监控，风险食品应在进口前取得进口许可。大多数食品只要符合新西兰海关和 MPI 生物安全要求便可以进入新西兰（不需要食品安全许可）。但是对于风险类的食品需要在进口前取得进口许可。如果对进口食品归类出现误差，海关将会通知进口商或进口代理商其产品可能需要进口许可。

第四步，许可证办理：填写食品安全许可申请表、提交相关文件材料（如货物发票、提货单或空运单、相关官方证书或制造商的声明）、由 MPI 食品安全工作人员进行抽样和检测。

第五步，缴纳相关费用。对需要进行抽样检测的食品，MPI 中央结算室负责收取相关费用，包括许可证费、抽样检查费、消毒处理费、MPI 检查员交通费、货物检验费、销毁、运输、装卸处置费以及隔离检疫费等。

第六步，确保进口销售的食品的标签合格，符合食品安全许可的各种具体标准要求。

第七步，通关。

五、欧盟进口食品安全监管机制

欧盟是当今食品安全管理体系完善的地区之一，其食品安全管理体系以风险预防为主，一旦在第三国境内出现动物疾病、传染病或者其他任何对人或动物安全造成危害的现象，欧盟都能够立即做出反应，根据事态的严重程度和风险，迅速采取相应的预防措施，做到防患于未然。

欧盟食品安全管理机构的职责分工明确，欧洲议会、欧盟理事会和欧盟委员会是欧盟食品安全管理的主体，并对其下属部门和各成员国食品安全执行机构起到监督作用。

其中，具体对食品安全进行管理的欧盟机构主要有：欧盟委员会健康和消费者保护总司（DG SANCO）、欧盟食品安全局（EFSA）和欧盟食品与兽医办公室（FVO）。

根据欧盟规定，欧盟成员国之间的所有货物可以在成员国之间自由流通，同时，欧盟委员会规定从第三国进口食品的卫生条件应至少等同于欧盟内部市场产品的卫生条件。

针对进口食品，欧盟按照不同的品种制定不同的监管模式。通常情况下，欧盟对进口食品按品种分为三类：动物产品和动物源性产品、非动物源性产品和动植物复合食品。

除按品种进行分类监管，欧盟还建立了食品和饲料快速预警系统（RASFF），及时捕捉常规监管模式状态下发现的食品风险信息，并根据风险信息调整监管模式。

1. 动物产品和动物源性产品

出口动物产品和动物源性产品到欧盟，必须符合以下五个方面的要求。

① 第三国须经欧盟核准可向欧盟出口此类产品。

② 生产企业须经出口国相关主管机构批准，并在欧盟出口准入的企业名单中。

③ 出口双壳贝类产品必须来自污染受到严格控制的此类产品丰产地区，并且该地区建立了有毒浮游有机物的监管体系。

④ 不同的动物产品有不同的卫生证书格式和内容，必须符合欧盟的有关规定。证书由出口国获得欧盟认可的食品主管机构签发，并经过欧委会的评估核准。

⑤ 动物产品进入欧盟前必须接受边境检查站的检查，如果检查中出现问题，边境检查站将对此后来自该产地的每批货物实行更为严格的检查。如果反复出现同样的问题并对公众健康构成威胁，将采取临时安全措施保证该产品经过系统化的检查。在货物抵达目的地或进入销售环节后，成员国有权对其随时进行检查，保证符合欧盟标准。

2. 非动物源性产品

非动物源性产品的进口除了满足欧盟（EC）No 178/2002《通用食品法》的相关规定，还要满足（EC）No 852/2004 中规定的卫生要求，欧盟现有的法律法规没有制定批准向欧盟进口非动物源性产品的国家和企业名单。大部分非动物源性食品可以从欧盟任何口岸进入欧盟市场，没有预先通知及相关证书的要求。如果进口产品被列入高风险的非动物源性产品，则欧盟将会增加这部分产品的控制水平。

欧盟（EU）2019/1793《临时增加某些第三国的某些商品进入欧盟的官方管制和紧急措施实施法规（EU）2017/625 和（EC）No 178/2002》规定了高风险的非动物源性食品的特殊进口控制要求，其中附录一制定了高风险食品列表，涉及中国的茶、枸杞、花生，并在指定的口岸进入欧盟市场。同时规定了非动物源性食品的进口企业应填写"共同健康进口文件（CHED）"。

虽然非动物源性产品在边境管制站不一定被检查，但进入欧盟市场之后，在进口或销售环节都有可能被检查。欧盟法规未对进口到欧盟的非动物源性产品的证书进行规范，但进口产品如果反复出现不合格情况，欧盟委员会有权要求提供证书。

3. 动植物复合食品

动植物复合食品的基本卫生要求应符合（EC）No 852/2004 中规定的卫生要求。对相关生产企业的要求同对动物产品的生产企业要求大体一致。欧盟内部的食品经营者在进口动植物复合食品时，必须确保该产品所含经过加工的动物源性产品成分符合动物源性产品的卫生要求，并且能够提供相关的证明。对动植物复合食品一般不会进行植物卫生检查。

4. 食品和饲料快速预警系统（RASFF）

欧盟食品和饲料快速预警系统（RASFF）根据风险的严重和紧急程度将信息分为 3 类：警示通报（alert notifications）、信息通报（information notifications）和拒绝入境通报（border rejection notifications）。

一旦检查出问题，该系统将快速发布预警信息通知各成员国。

5. 食品进口程序（海关申报）

为了有效管理进口企业，（EU）2015/2446《关于欧盟海关法的某些规定的细则（EU）952/2013 的补充条例》规定境外的生产企业想要在欧盟海关提交报关单，必须向欧盟海关当局申请 EORI 码（economic operators registration and identification number）。

出口欧盟的食品应满足相应的法规要求，当产品满足相应的准入条件并通过海关入境前，进口商或代理人须向海关提交"欧盟统一报关单"（SAD）。"欧盟统一报关单"可由进口商或其代理人提交欧盟成员国海关当局。SAD 需要详细描述产品的名称、产品的运输方式、产品的货物代码（commodity code）、海关程序码（CPC）。

企业申报后，海关批准企业对货物进行处理或使用的手续一般应在以下期限内完成：运输工具进境申报提交之日起 45 天之内（海运货物）；运输工具进境申报提交之日起 20 天之内（非海运货物）。

申报时，进口商或其代理人应根据进口国规则对商品进行归类（可以查看欧盟进口贸易平台查找）。确定正确的商品编码和海关手续代码非常重要，归类错误有可能被处以罚款。海关接受申报并根据相应规则审核确定商品归类和完税价格后，进口货物应根据相关法律法规缴纳关税、增值税、特别消费税、农业税和（或）其他税费。报关文件齐全、足额缴纳税费或按规定提供担保的进口货物，海关将予以放行。部分货物需进行查验（如根据风险分析确定的高风险货物等）。查验后单货相符的货物，海关将予以放行。

6. 进口检验

（1）非动物源性食品 欧盟（EU）2017/625《为确保饲料和食品法、动物健康和动物福利规则、植物卫生和植物保护产品规则的应用而进行的官方控制和其他官方活动》规定了非动物源性食品检查的类别，主要涉及文件检查、随机识别检查以及在适当情况下进行物理检查（physical check）。

（2）动植物复合食品　需要在边境检查站进行检查的动植物复合食品应按照欧盟（EU）2017/625 采取文件检查、身份检查和实物检查，以确保符合法规（Article 49、50 和 51）所规定的边境管制站的官方控制、托运时所附证书和文件的具体要求。对于具体的实施行为应按照该法规所述的审查程序通过。

六、日本进口食品安全监管机制

1. 食品等的进口制度

日本农林水产省基于《家畜传染病预防法》《植物防疫法》《水产资源保护法》及其配套法规的相关规定，对进口动物及其制品和新鲜果蔬实施严格的准入制度，并负责对以上食品进行检验检疫，预防传染病等的入侵和蔓延。《家畜传染病预防法》及其配套的实施令和实施规则规定了禁止出口日本的产品，以及来源国家和地区。对于与日本签订协议的国家，可以按照两国之间确定的家畜卫生条件向日本出口某些畜产品，同时部分向日本出口畜产品的企业还需要在日本的农林水产省进行备案，成为日本农林水产省的指定处理设施，否则相关畜产品将不能出口日本。日本对进口乳及乳制品的监管方式可分为列表国家和非列表国家。《水产资源保护法》及其配套实施令和实施规则规定了需要取得进口许可的水产动物。《植物防疫法》及其配套的实施令和实施规则规定了禁止向日本出口生鲜植物及其制品的国家（或地区）及相关产品。对于其他的一般加工食品，日本并没有规定特殊的准入制度。

2. 食品进口程序

日本厚生劳动省主要依据《食品卫生法》开展进口食品相关业务。日本进口商在进口食品前应事先与厚生劳动省下设的检疫所进行洽谈，准备进口申报相关文件，向检疫所提交进口申报，进口检查合格后颁发进口通知书，方可上市流通。《食品卫生法》规定了进口食品申报和检查的相关要求。为确保进口食品的安全性，进口商进口食品用于销售时，应向厚生劳动省检疫所提交进口申报，不得销售未获得进口申报许可的食品。进口商可以运用提前申报制度、计划输入制度、接受外国公共检查机构的检查结果、同一食品等的连续进口、进口食品等事前确认制度、品类备案制度、接受实施不进行进口申报的食品等的检查结果制度快速办理且简化进口申报手续。日本厚生劳动省开设了 FAINS 系统，进口商可以通过该系统提交进口申报，并由厚生劳动省检疫所的相关工作人员审查。

3. 一般加工食品的进口程序

日本进口商在进口食品前应准备进口食品申报书、原材料及生产工艺相关说明书等文件，并将这些文件在货物到港的 7 天前提交给检疫所。检疫所对申报文件进行审查，确定该食品是否需要接受检查；当检疫所认为没有检查必要时，发放进口通知书；如果检疫所认为需要检查进口产品，可采取以下检查方式。

（1）命令检查　对于自主检查、监控检查及日本国内的没收检查等行动中发现违反或涉嫌违反《食品卫生法》的食品，注册检查机关进行批批检查，检查合格后方可通关。

出现以下任一情况时，进口产品将被列为命令检查对象：①进口产品对出口国或日本公众健康已经或可能造成损害，或者基于监控检查结果等发现黄曲霉毒素和病原性微生物超标时，立即将该生产商、加工商等或该出口国的同种产品作为命令检查的对象。②基于监控检查结果，若同一生产商、加工商或某出口国的相同产品多次出现农药残留等超标的情况，结合该国的卫生控制水平以及以往该进口食品的守法记录等情况，将该进口食品的全部或部分作为命令检查的对象。

当符合以下任一条件时，将解除命令检查：①出口国已经查明原因，并基于检查结果发布了新的规定，强化农药等监管或检查措施等，并且通过双边磋商、实地考察或进口检查等方式证明该措施有效，可解除命令检查。②由于农药残留超标等被作为命令检查对象的进口食品，从通报命令检查之日起（若被通报后仍出现违反事例，则从最近违规日期算起）2年内未发生新的违反事例、或1年内未再发生新的违反事例，且实施命令检查的件数在300件以上时，解除命令检查。在解除命令检查之后的一段时间内，当基于统计学数据认为该产品的相关检查项目可能超标时，将提高该产品的检查频率，若出现违规问题，则立即将其作为命令检查对象。

（2）指导检查（自主检查）　进口商以该产品是否有产品标准、农药和添加剂等的使用状况、同类食品违反《食品卫生法》信息等为参考，将该检查作为自主卫生管理的一环；由国家指导进口商对进口食品进行定期（包括首次进口时）检查。检查机构为注册检查机关。等待检查结果，判断为合格之前通关。

（3）监控检查　针对各种各样的进口食品以及食品卫生方面的状况进行大范围的监督视查，必要时采取强化进口时的检查等对策，是日本厚生劳动省根据每年制定的"监控指导计划"实施的一项检查，检查机构为检疫所。

接受监控检查的食品，不需要等待检查结果，即可通关上市流通，若检出不合格情况，通知进口商对产品进行召回等处理等。

在对进口食品进行监控检查时，第一次发现违规，则监控检查等的频率将被提高至30％，强化对该产品的监控检查，若出口国已经查明原因，并采取了有效对策的，或强化监控检查日起1年期间或连续检查60件以上未出现相同违规情况的产品则解除对该产品的强化监控检查。

（4）行政检查（不包括监控检查）　作为监控检查以外的行政检查，在食品首次进口时、发现违反《食品卫生法》或在运输途中发生事故等情况下，根据需要，由检疫所的食品卫生监视员实施现场检查。未判定结果前也不允许通关。

另外，此项检查也会检查提交的进口申报和实际进口产品是否相符合。

4. 动植物及其制品的进口程序

根据日本《植物检疫法》和《动物传染病预防法》的相关规定，部分动物、植物及其加工品在出口至日本时，需要接受农林水产省的动物检疫所和植物检疫所的病虫害、传染病等的检疫检查。

（1）**动物及其制品**　《家畜传染病预防法》第37条的相关规定，日本农林水产大臣指定的产品（以下简称指定检疫物）进口时必须提供出口国政府机关发行的检查结果为确定该产品不会扩散监视病原体的检查证明书或副本，否则不能进口，即指定检疫物在进口时需要先接受日本农林水产省的检疫检查。

检疫检查的程序如下。

① 进口商向动物检疫所提交进口检查申请：包括提交进口检查申请书、提交检查证明书，并根据情况提交加工工序说明书、海运提单等其他资料。

② 进行进口检查：进口检查原则上应在官方指定的场所进行，进口检查的内容主要为文件审查；文件审查合格后将对产品进行飞行检查、实物检查，基于上述审查的结果，还可能对部分产品实施精密检查。

③ 检查不合格，产品将被进行焚烧或填埋等处理；检查合格的产品将为其发放进口检疫证明书。

④ 检疫检查结束后，部分产品可能需接受厚生劳动省的相关检查，检查流程详见"一般加工食品的进口程序"。

（2）**水产动物及其制品**　根据《水产资源保护法》的相关规定，进口商进口部分水产动物时应提交出口国政府机关颁发的卫生证书或副本，还应接受日本农林水产省的检疫。

① 如果进口活体水产动物用于食品，且需在公共水面或直接排水的设施中保管时，进口商应提前向水产安全室确认，然后申报进口许可。

② 文件审查和实物检查，根据检查结果可能会对部分水产动物进行进一步检查。

③ 检查不合格时对相关产品进行退运等措施；检查合格的发放进口许可。

④ 检疫检查结束后，部分产品可能需接受厚生劳动省的相关检查。

⑤ 检疫对象不包括用于食用的水产品（不包括活体水产动物）或直接在门店进行销售或消费的活体水产动物，这些产品只需接受厚生劳动省的相关检查。

（3）**植物及其制品**　《植物检疫法》第6条的规定，进口植物（《植物检疫法实施规则》中规定的不需要卫生证书的产品除外）及其容器包装必须随附出口国政府机关颁发的卫生证书，并接受日本农林水产省的检疫。检疫的程序如下：①进口商向植物检疫所提交进口检查申请，包括提交进口检查申请书、检查证明书等相关资料。②进口检查原则上应在官方指定的场所进行，主要就是否附着害虫或疾病进行检疫。③发现附着害虫或疾病时判定为不合格产品，并采取消毒、废弃或退运等措施，检查结果合格或经消毒处理并检疫合格后可发放进口合格证明书。④检疫结束后，部分产品可能还需接受厚生劳动省的检查。

课后拓展训练

【判断题】

1. 所有进口食品必须加贴中文标签，标明生产日期、保质期、成分表等信息后方可销售。（　　）

2. 首次进口的保健食品无须进行安全性评估，可直接通过一般贸易程序进口。（　　）

3. 进口食品的检验检疫工作由海关总署负责，市场监管部门仅负责后续流通环节监管。（　　）

【单项选择题】

1. 我国进口食品的主要监管机构是：

A. 国家卫生健康委员会
B. 农业农村部
C. 海关总署
D. 国家市场监督管理总局

2. 进口食品报关时，必须提供的文件不包括以下哪项？

A. 原产地证明
B. 境外生产企业注册信息
C. 进口食品的广告宣传方案
D. 检验检疫合格证明

3. 进口食品通关的核心程序顺序是：

A. 检验检疫→备案→放行
B. 备案→检验检疫→放行
C. 放行→备案→检验检疫
D. 检验检疫→放行→备案

模块六
食品企业风险管理

思政与职业素养目标

1. 掌握风险评估工具，提升系统性风险防控能力。

2. 培养危机公关与舆情应对的综合素质。

3. 树立底线思维，将"人民健康高于利润"融入风险管理决策。

4. 强化责任担当，主动承担食品安全事故的社会修复义务。

项目一　食品企业风险监测

【技能目标】　了解国家标准法规的相关要求，结合企业实际情况，能够配合监管机构开展制定本机构的风险监测方案。

【知识目标】　了解食品安全风险监测的基本含义；熟悉食品安全风险监测计划与监测方案的区别；掌握《食品安全法》中有关食品安全风险监测管理相关规定。

案例导入

【案例】2010 年 1 月，为有效实施食品安全风险监测制度，规范国家食品安全风险监测工作，根据《中华人民共和国食品安全法》和《中华人民共和国食品安全法实施条例》，国家食品药品监督管理局等 5 部门联合制定了《食品安全风险监测管理规定（试行）》，自此我国在风险监测方面有了明确的法规依据，可通过系统和持续地收集食源性疾病、食品污染以及食品中有害因素的检测数据及相关信息，进行综合分析和及时通报。

2020 年 5 月，内蒙古自治区卫生健康委员会发布《关于印发 2020 年内蒙古自治区食品安全风险监测方案的通知》。

【案例解析】依据《中华人民共和国食品安全法》第十四条规定，国家建立食品安全风险监测制度，对食源性疾病、食品污染以及食品中的有害因素进行监测。为有效实施食品安全风险监测制度，规范国家食品安全风险监测工作，我国在开展风险监测方面有了明确的法规依据。《关于印发 2020 年内蒙古自治区食品安全风险监测方案的通知》，明确食品安全风险监测，本区域方案主要依据本区域的食源性疾病信息和食品中污染物及有害因素污染的数据制定。

【思政解析】正确食品安全风险监测是政府实施食品安全监督管理的重要手段，要严格履行食品安全风险监测义务。食品安全风险监测人员应尊重事实，具备食品安全意识，做到知规、懂规，准确执行法规的要求至关重要。

一、风险监测基本知识

食品安全风险监测是政府实施食品安全监督管理的重要手段，主要为政府承担以下职能：全面了解食品污染状况；发现食品安全隐患，协助确定需重点监管的食品环节，为监管工作提供科学佐证；为风险评估、标准制定修订提供基础数据；了解食源性疾病发生情况，以便尽早识别和防控食源性疾病等。

1. 术语定义

（1）食品安全风险监测 指系统和持续收集食源性疾病、食品污染、食品中有害因素等相关数据信息，并应用医学、卫生学原理和方法进行监测。

（2）食源性疾病 指食品中致病因素进入人体引起的感染性、中毒性等疾病，包括食物中毒。

（3）食品污染 指食品及其原料在生产、加工、运输、包装、贮存、销售、烹调等过程中，因农药、废水、污水、病虫害和家畜疫病所引起的污染，以及霉菌毒素引起的食品霉变，运输、包装材料中有毒物质等对食品所造成的污染的总称。

（4）食品安全事故 指食源性疾病、食品污染等源于食品，对人体健康有危害或者可能有危害的事故。

2. 食品安全风险监测的对象

食品安全风险监测的对象主要为食源性疾病、食品污染、食品中有害因素。食品中可能存在的有害因素按来源可分为食品污染物、食品中天然存在的有害物质、食品加工和保藏过程中产生的有害物质。

二、国家相关法律法规等对风险监测的规定

1. 《中华人民共和国食品安全法》

《中华人民共和国食品安全法》在很多方面强化了风险管理的要求。其中，食品安全风险监测方面，增加了风险监测计划调整、监测结果通报等规定。

《中华人民共和国食品安全法》第五条规定：国务院卫生行政部门依照本法和国务院规定的职责，组织开展食品安全风险监测和风险评估，会同国务院食品安全监督管理部门制定并公布食品安全国家标准。

《中华人民共和国食品安全法》第十四条规定：国家建立食品安全风险监测制度，对食源性疾病、食品污染以及食品中的有害因素进行监测。

国务院卫生行政部门会同国务院食品安全监督管理等部门，制定、实施国家食品安全风险监测计划。

国务院食品安全监督管理部门和其他有关部门获知有关食品安全风险信息后，应当立即核实并向国务院卫生行政部门通报。对有关部门通报的食品安全风险信息以及医疗机构报告的食源性疾病等有关疾病信息，国务院卫生行政部门应当会同国务院有关部门分析研究，认为必要的，及时调整国家食品安全风险监测计划。

省、自治区、直辖市人民政府卫生行政部门会同同级食品安全监督管理等部门，根据国家食品安全风险监测计划，结合本行政区域的具体情况，制定、调整本行政区域的食品安全风险监测方案，报国务院卫生行政部门备案并实施。

《中华人民共和国食品安全法》第十五条规定：承担食品安全风险监测工作的技术机构应当根据食品安全风险监测计划和监测方案开展监测工作，保证监测数据真实、准确，并按

照食品安全风险监测计划和监测方案的要求报送监测数据和分析结果。

食品安全风险监测工作人员有权进入相关食用农产品种植养殖、食品生产经营场所采集样品、收集相关数据。采集样品应当按照市场价格支付费用。

《中华人民共和国食品安全法》第十六条规定：食品安全风险监测结果表明可能存在食品安全隐患的，县级以上人民政府卫生行政部门应当及时将相关信息通报同级食品安全监督管理等部门，并报告本级人民政府和上级人民政府卫生行政部门。食品安全监督管理等部门应当组织开展进一步调查。

《中华人民共和国食品安全法》第二十条规定：省级以上人民政府卫生行政、农业行政部门应当及时相互通报食品、食用农产品安全风险监测信息。

国务院卫生行政、农业行政部门应当及时相互通报食品、食用农产品安全风险评估结果等信息。

《中华人民共和国食品安全法》第二十一条规定：食品安全风险评估结果是制定、修订食品安全标准和实施食品安全监督管理的科学依据。

经食品安全风险评估，得出食品、食品添加剂、食品相关产品不安全结论的，国务院食品安全监督管理等部门应当依据各自职责立即向社会公告，告知消费者停止食用或者使用，并采取相应措施，确保该食品、食品添加剂、食品相关产品停止生产经营；需要制定、修订相关食品安全国家标准的，国务院卫生行政部门应当会同国务院食品安全监督管理部门立即制定、修订。

《中华人民共和国食品安全法》第二十二条规定：国务院食品安全监督管理部门应当会同国务院有关部门，根据食品安全风险评估结果、食品安全监督管理信息，对食品安全状况进行综合分析。对经综合分析表明可能具有较高程度安全风险的食品，国务院食品安全监督管理部门应当及时提出食品安全风险警示，并向社会公布。

《中华人民共和国食品安全法》第二十三条规定：县级以上人民政府食品安全监督管理部门和其他有关部门、食品安全风险评估专家委员会及其技术机构，应当按照科学、客观、及时、公开的原则，组织食品生产经营者、食品检验机构、认证机构、食品行业协会、消费者协会以及新闻媒体等，就食品安全风险评估信息和食品安全监督管理信息进行交流沟通。

2. 《食药总局关于印发食品安全风险监测管理规范（试行）等四个文件的通知》

2013年10月10日，为加强和规范食品安全风险监测工作，根据《中华人民共和国食品安全法》《中华人民共和国食品安全法实施条例》等法律法规和国务院赋予原国家食品药品监督管理总局的职责，原食品药品监管总局制定了《食品安全风险监测管理规范（试行）》《食品安全风险监测问题样品信息报告和核查处置规定（试行）》《食品安全风险监测承检机构管理规定（试行）》和《食品安全风险监测样品采集技术要求》。

为有效实施食品安全风险监测制度，规范食品安全风险监测工作，根据《中华人民共和国食品安全法》（以下简称《食品安全法》）及其实施条例，国家卫生健康委员会制定《食品安全风险监测管理规定（2021）》，本规定自发布之日起实施。原卫生部、工业和信息化部、原工商总局、原质检总局、原国家食品药品监管局印发的《食品安全风险监测管理规定

（试行）》（卫监督发〔2010〕17号）同时废止。

（1）《食品安全风险监测问题样品信息报告和核查处置规定（试行）》 规定中提及的"食品药品监管总局"为现"国家市场监督管理总局"。

① 食品安全风险监测问题样品信息报告管理

《食品安全风险监测问题样品信息报告和核查处置规定（试行）》第四条规定：承检机构在食品安全风险监测中发现问题样品并经复核确认后，应当按照本规定第五条、第六条要求及时报告相关部门。报告信息应当包括问题样品的详细信息、检验结果及发现的问题等内容。

第五条规定：承检机构检出非食用物质或其他可能存在较高风险的样品，应在确认后24小时内报告问题样品采集地省级食品药品监管部门，同时报告食品药品监管总局，并抄报食品药品监管总局食品安全风险监测工作秘书处（以下简称秘书处）。问题样品为加工食品的，还应报告生产地省级食品药品监管部门。

秘书处每月编制高风险问题样品分析报告。

第六条规定：承检机构检出除第五条之外的问题样品，应及时报告采集地省级食品药品监管部门，同时抄报秘书处。问题样品为加工食品的，还应报告生产地省级食品药品监管部门。

秘书处组织有关单位和专家进行初步分析研判，并报告食品药品监管总局。

② 食品安全风险监测问题样品的核查处置管理

《食品安全风险监测问题样品信息报告和核查处置规定（试行）》第七条规定：省级食品药品监管部门在收到有关问题样品的报告后，应及时组织开展调查、核实和处理工作。对问题样品含有非食用物质或其他可能存在较高风险的，核查处置工作应当在24小时之内启动。

问题样品为加工食品的，核查处置工作由生产企业所在地省级食品药品监管部门会同样品采集地省级食品药品监管部门共同完成。

第八条规定：省级食品药品监管部门根据问题样品的风险情况，可以直接开展或者指定问题样品所在地的市、县食品药品监管部门开展核查处置工作。

省级食品药品监管部门应当对市、县食品药品监管部门的核查处置工作进行督导检查，认为情况未核查清楚、处理不到位的，应当提出意见，要求继续核查处置。

第九条规定：经调查核实，对由于原料把关、生产工艺失控、设备设施失准等系统性原因造成问题的，负责核查处置的食品药品监管部门应当监督问题样品生产经营者进行整改。

对确认不符合食品安全标准或存在严重食品安全风险隐患的食品，负责核查处置的食品药品监管部门应当依法监督企业查清产品生产数量、销售数量、销售去向等，实施召回，并予以销毁；企业未召回的，可以依法责令其召回。对于进入流通消费环节的，应通报相关省级食品药品监管部门，按有关规定进行下架销毁处理。

对食品生产经营者存在违法行为的，负责核查处置的食品药品监管部门应当依法进行查处；涉嫌犯罪的，依法移交公安机关。

第十条规定：核查处置过程中，对情况严重的或者可能会造成较大影响的食品安全问题，负责核查处置的食品药品监管部门应当及时将有关情况报告上一级食品药品监管部门，同时报告当地政府。报告可分阶段进行，应以书面形式报告，紧急情况下，可先电话报告，再补充书面报告。

第十一条规定：省级食品药品监管部门应当对非食用物质或其他可能存在较高风险问题样品的核查处置结果及时书面报告食品药品监管总局；并定期对核查处置的问题样品品种、发生原因、生产经营者所在区域等情况进行综合分析，对发现可能存在区域性、系统性食品安全苗头性问题的，研究开展本行政区域范围内专项整治。

第十二条规定：食品药品监管总局应当对省级食品药品监管部门的核查处置工作进行督导检查，认为情况未核查清楚、处理不到位的，应当提出意见，要求继续核查处置。

第十三条规定：各有关食品药品监管部门应当及时整理问题样品核查处置的有关资料、报告，予以存档。未经食品药品监管总局批准，任何单位和个人不得擅自泄露和对外发布相关数据和信息。

(2)《食品安全风险监测承检机构管理规定（试行）》

① 承检机构应符合的条件

a. 拥有完善的实验室质量管理体系，具备食品检验机构资质认定条件和按照规范进行检验的能力，原则上应当按照有关认证认可的规定取得资质认定（非常规的风险监测项目除外）；

b. 具有符合承担食品安全风险监测工作任务所需的人员、仪器设备、实验室环境设施、安全有效的信息管理体系；

c. 具备与承担的食品安全风险监测任务相关的产品品种、检验项目、样品数量相适应的采样、检验能力；

d. 检验活动中无重大差错，能够保证检验结果质量，参加与检验任务相关的能力验证并取得满意结果。

② 原食品药品监管总局对承检机构的考察

a. 针对食品安全风险监测的产品与相关项目，核查承检机构实验室环境、仪器设备、样品存放等检验相关硬件条件，以及管理体系、检验能力的符合性情况；

b. 抽查食品安全风险监测问题样品报告、数据报送及结果分析报告等材料；

c. 抽查食品安全风险监测的原始记录、实验室内部质量控制、能力验证和实验室间比对结果等材料；

d. 盲样测试和留样复测，通过提供盲样或抽取承检机构风险监测样品留样，进行检验，考核承检机构检验结果的可靠性；

e. 检查食品安全风险监测相关经费使用情况；

f. 与食品安全风险监测相关的其他工作。

③ 对承检机构的处罚

承检机构出现以下情况：a. 不能持续满足第二条规定的相关条件的；b. 样品采集、检验等工作不符合食品安全风险监测计划要求的；c. 检验工作出现差错的；d. 风险监测检验原始记录不完整的；e. 不按要求报送问题样品报告、监测数据和风险监测结果分析报告的；f. 瞒报、谎报、漏报食品安全风险监测数据、结果等信息的；g. 盲样考核、留样复测结果不符合要求的；h. 违反食品安全风险监测经费管理相关规定的；i. 其他违反食品安全风险监测工作有关要求的，则会视情节严重程度，给予警告、暂停或终止承担风险监测工作任务。

三、食品安全风险监测管理

1. 食品安全风险监测计划及方案

（1）食品安全监测计划 国家食品安全风险监测计划由国家卫生健康委会同工业和信息化部、商务部、海关总署、市场监管总局、国家粮食和物资储备局等部门制定实施。

（2）食品安全监测方案 省级卫生健康行政部门会同同级食品安全监督管理等部门，根据国家食品安全风险监测计划，结合本行政区域的具体情况，制定本行政区域的食品安全风险监测方案，报国家卫生健康委备案并实施。

监测方案针对的是一定时期、一定区域内食品安全风险监测的重要工作、重大活动，更明确、具体、更有针对性。因此，在制定食品安全风险监测方案时，要根据国家食品安全风险监测计划，结合本行政区域的具体情况，如本地区人口特征、主要生产和消费食物种类、预期的保护水平以及经费支持能力等，使其明确、具体、可操作，既与食品安全风险监测计划相符，又与食品安全风险监测计划相区分。

① 食品安全风险监测应当将以下情况作为优先监测内容：a. 健康危害较大、风险程度较高以及风险水平呈上升趋势的；b. 易于对婴幼儿、孕产妇等重点人群造成健康影响的；c. 以往在国内导致食品安全事故或者受到消费者关注的；d. 已在国外导致健康危害并有证据表明可能在国内存在的；e. 新发现的可能影响食品安全的食品污染和有害因素；f. 食品安全监督管理及风险监测相关部门认为需要优先监测的其他内容。

② 当出现下列情况，有关部门应当及时调整国家食品安全风险监测计划和省级监测方案，组织开展应急监测：a. 处置食品安全事故需要的；b. 公众高度关注的食品安全风险需要解决的；c. 发现食品、食品添加剂、食品相关产品可能存在安全隐患，开展风险评估需要新的监测数据支持的；d. 其他有必要进行计划调整的情形。

（3）监测结果处理 国家食品安全监督管理部门和其他有关部门获知有关食品安全风险信息后，应当立即核实并向国家卫生行政部门通报。对有关部门通报的食品安全风险信息以及医疗机构报告的食源性疾病等有关疾病信息，国家卫生行政部门应当会同国务院有关部门分析研究，认为必要的，及时调整国家食品安全风险监测计划。

县级以上卫生健康行政部门会同同级食品安全监督管理等部门，落实风险监测工作任务，建立食品安全风险监测会商机制，及时收集、汇总、分析本辖区食品安全风险监测数据，研判食品安全风险，形成食品安全风险监测分析报告，报本级人民政府和上一级卫生健康行政部门。

卫生健康行政部门重点对食源性疾病、食品污染物和有害因素基线水平、标准制定修订和风险评估专项实施风险监测。海关、市场监督管理、粮食和储备部门根据各自职责，配合开展不同环节风险监测。各部门风险监测结果数据共享、共用。

食品安全风险
监测计划
制定和实施

食源性疾病监测报告工作实行属地管理、分级负责的原则。县级以上地方卫生健康行政部门负责辖区内食源性疾病监测报告的组织管理工作。

县级以上地方卫生健康行政部门负责制定本辖区食源性疾病监测报告工作制度，建立健全食源性疾病监测报告工作体系，组织协调疾病预防控制机构开展食品安全事故的流行病学调查。涉及食品安全的突发公共卫生事件相关信息，除按照突发公共卫生事件的报告要求报告突发公共卫生事件管理信息系统，还应当及时向同级食品安全监督管理部门通报，并向上级卫生健康行政部门报告，其中重大事件信息应当向国家卫生健康委报告。

接到食品安全事故报告后，县级以上食品安全监督管理部门应当立即会同同级卫生健康、农业行政等部门依法进行调查处理。食品安全监督管理部门应当对事故单位封存的食品及原料、工具、设备、设施等予以保护、封存，并通知疾病预防控制机构对与事故有关的因素开展流行病学调查。

疾病预防控制机构应当在调查结束后向同级食品安全监督管理、卫生健康行政部门同时提交流行病学调查报告。

2. 监测计划的实施

国家食品安全风险监测计划的实施由具备相关监测能力的技术机构承担。

技术机构应当根据食品安全风险监测计划和监测方案开展监测工作，保证监测数据真实、准确，并按照食品安全风险监测计划和监测方案的要求及时报送监测数据和分析结果。国家食品安全风险评估中心负责汇总分析国家食品安全风险监测计划结果数据。

县级以上疾病预防控制机构确定本单位负责食源性疾病监测报告工作的部门及人员，建立食源性疾病监测报告管理制度，对辖区内医疗机构食源性疾病监测报告工作进行培训和指导。

县级以上卫生健康行政部门应当委托具备条件的技术机构，及时汇总分析和研判食品安全风险监测结果，发现可能存在食品安全隐患的，及时将已获悉的食品安全隐患相关信息和建议采取的措施等通报同级食品安全监督管理、相关行业主管等部门。食品安全监督管理等部门经进一步调查确认有必要通知相关食品生产经营者的，应当及时通知。

县级以上卫生健康行政部门、农业行政部门应当及时相互通报食品、食用农产品安全风险监测信息。

县级以上卫生健康行政部门接到医疗机构或疾病预防控制机构报告的食源性疾病信息，应当组织研判，认为与食品安全有关的，应当及时通报同级食品安全监督管理部门，并向本级人民政府和上级卫生健康行政部门报告。

总之，食品安全风险监测仅仅是发现食品安全问题的第一步，后续还需要结合科学数据和有关信息开展评估、调查等工作，对食品安全问题作出进一步判断。

课后拓展训练

【判断题】

1. 对承检机构的风险监测检验原始记录不完整的情况可以不予处罚。（　　）
2. 食品安全风险监测工作人员有权进入相关食用农产品种植养殖、食品生产经营场所

采集样品、收集相关数据。（　　）

3. 食品安全风险监测工作人员采集样品可以不支付费用。（　　）

4. 食品安全风险监测方案应该根据国家食品安全风险监测计划，结合本行政区域的具体情况来制定。（　　）

5. 国家食品安全风险监测计划的实施由具备相关监测能力的技术机构承担。（　　）

【单项选择题】

1. 食品安全风险监测主要对象是（　　）。

A. 食源性疾病　　　　　　　　　　B. 食品污染

C. 食品中的有害因素　　　　　　　D. 以上都不是

2. 根据《食品生产经营风险分级管理办法》，食品生产企业风险等级从低到高划分为（　　）。

A. A级、B级、C级、D级　　　　　B. D级、C级、B级、A级

C. Ⅰ级、Ⅱ级、Ⅲ级　　　　　　　D. A级、B级、C级

3. 食源性疾病监测报告工作实行属地管理、分级负责的原则。负责辖区内食源性疾病监测报告的组织管理工作的部门是（　　）。

A. 县级以上地方卫生健康行政部门　B. 省级以上地方卫生健康行政部门

C. 县级以上地方食品安全监管部门　D. 省级以上食品安全监管部门

4. 有权进入相关食用农产品种植养殖、食品生产经营场所采集样品、收集相关数据的人员是（　　）。

A. 食品安全风险监测工作人员　　　B. 县级以上政府工作人员

C. 食品企业检测人员　　　　　　　D. 风险评估专家

5. 食品安全年度监督管理计划的重点内容包括（　　）。

A. 专供婴幼儿和其他特定人群的主辅食品

B. 保健食品生产过程中的添加行为和按照注册或者备案的技术要求组织生产的情况，保健食品标签、说明书以及宣传材料

C. 发生食品安全事故风险较高的食品生产经营者

D. 食品安全风险监测结果表明可能存在食品安全隐患的事项

项目二　食品企业风险评估

【技能目标】　了解国家标准法规的相关要求，结合企业实际情况，能够配合监管机构开展风险评估。学会利用各种外部及内部数据，评估具体风险因子对企业或消费者的影响。

【知识目标】　掌握《食品安全法》中有关食品安全风险评估管理规定及相关要求；了解风险评估基本概念和一般流程；能够初步对企业的食品安全风险开展评估。

案例导入

【案例】 2014 年，英国食品标准局发布消息，称其对 248 份食品样品进行检测，发现 13 种食品中的致癌物质丙烯酰胺含量有上升趋势。许多知名食品公司都遭到英国食物标准局的警告，超标品种涉及速溶咖啡、薯片和薄脆饼干等。

英国食品标准局表示，这些产品对公众不构成任何实时风险，民众无须改变饮食习惯。但长时间的摄取可能会增加患癌风险，因此要求食品公司减少丙烯酰胺含量。

【案例解析】 第一阶段，确定丙烯酰胺的化学性质。丙烯酰胺是一种白色晶体化学物质，主要存在于食物中，由还原糖和某些氨基酸在油炸、烘焙和烤制过程中，通过美拉德反应产生。科学研究表明，食物中丙烯酰胺的含量主要与食材、加工温度、加工时间和加工方式有关。比如咖啡、土豆、谷物等的食材加工产生的丙烯酰胺就比较多，通常在食物蒸煮温度超过 120℃时，便会产生丙烯酰胺。还可通过饮水、吸烟接触到丙烯酰胺。

第二阶段，应明确丙烯酰胺对健康的影响，进行剂量-反应和剂量-效应关系及其各自伴随的不确定性的研究。

第三阶段，根据欧盟食品安全局发布的风险评估报告，婴儿、幼儿和其他儿童是高暴露人群。

第四阶段，这一阶段的主要任务是将危害识别、危害特征描述和暴露评估中收集到的证据、理由和结论进行综合考虑，并评估丙烯酰胺对人群食用后发生不良作用的可能性和严重性，包括伴随的不确定性。

【思政解析】 食品安全无小事，准确评估食品的风险，更好地担负起保障食品安全的重要责任。

一、风险评估基本知识

《食品安全风险评估管理规定》规定了食品安全风险评估的基本定义和组成。《食品安全风险评估工作指南》是根据《食品安全法》和《食品安全风险评估管理规定》，参照国际食品法典委员会等国际组织的风险评估相关程序和规范制定的，规定了食品安全风险评估实施过程的一般要求，可为我国风险评估机构及资源提供单位开展食品安全风险评估及其相关工作提供参考。

食品企业风险评估概述

1. 定义

（1）危害 指食品中所含有的对健康有潜在不良影响的生物、化学、物理因素或食品存在状况。

（2）食品安全风险评估 指对食品中生物性、化学性和物理性危害对人体健康可能造成的不良影响及其程度进行科学评估的过程。

2. 风险评估的目的和作用

风险评估旨在为有效的风险应对提供基于证据的信息和分析。风险评估的主要作用包括：

① 认识风险及其对目标的潜在影响；
② 为决策者提供相关信息；
③ 增进对风险的理解，以利于风险应对策略的正确选择；
④ 识别导致风险的主要因素，以及系统和组织的薄弱环节；
⑤ 沟通风险和不确定性；
⑥ 有助于建立风险管理的优先顺序；
⑦ 帮助确定风险是否可接受；
⑧ 有助于通过事后调查来进行事故预防；
⑨ 选择风险应对的不同方式；
⑩ 满足监管要求。

3. 食品安全风险评估基本原则

食品安全风险评估应以现有科学数据和相关信息为基础，遵循科学、公正、透明和个案处理的原则，在实施过程中应保证风险评估工作的独立性。

4. 食品安全风险评估组成部分

食品安全风险评估包括危害识别（hazard identification）、危害特征描述（hazard characterization）、暴露评估（exposure assessment）和风险特征描述（risk characterization）四部分。

（1）危害识别　根据流行病学、动物试验、体外试验、结构-活性关系等科学数据和文献信息确定人体暴露于某种危害后是否会对健康造成不良影响、造成不良影响的可能性，以及可能处于风险之中的人群和范围。

（2）危害特征描述　对与危害相关的不良健康作用进行定性或定量描述。可以利用动物试验、临床研究以及流行病学研究确定危害与各种不良健康作用之间的剂量-反应关系、作用机制等。如果可能，对于毒性作用有阈值的危害应建立人体安全摄入量水平。

（3）暴露评估　描述危害进入人体的途径，估算不同人群摄入危害的水平。根据危害在膳食中的水平和人群膳食消费量，初步估算危害的膳食总摄入量，同时考虑其他非膳食进入人体的途径，估算人体总摄入量并与安全摄入量进行比较。

（4）风险特征描述　在危害识别、危害特征描述和暴露评估的基础上，综合分析危害对人群健康产生不良作用的风险及其程度，同时应当描述和解释风险评估过程中的不确定性。

5. 食品安全风险评估分类

（1）根据采用的评估方法　风险评估一般可分为确定性评估（deterministic assessment）和概率性评估（probabilistic assessment）两种方法。与确定性评估相比，概率性评估程序相对复杂，但评估结果能够为风险管理决策提供更多信息。在开展风险评估前，应根据数据可及性和评估目的，遵循避繁就简的原则选择合适方法。

（2）根据结果的产出形式　风险评估可分为定性评估（qualitative assessment）和定量评估（quantitative assessment）。定性评估是用高、中、低等描述性词语来表示风险；而定量评估是以量化的数值表示风险大小及其伴随的不确定性。

二、国家相关法律、法规等对风险评估的规定

1.《中华人民共和国食品安全法》

《中华人民共和国食品安全法》第十七条规定：国家建立食品安全风险评估制度，运用科学方法，根据食品安全风险监测信息、科学数据以及有关信息，对食品、食品添加剂、食品相关产品中生物性、化学性和物理性危害因素进行风险评估。

国务院卫生行政部门负责组织食品安全风险评估工作，成立由医学、农业、食品、营养、生物、环境等方面的专家组成的食品安全风险评估专家委员会进行食品安全风险评估。食品安全风险评估结果由国务院卫生行政部门公布。

对农药、肥料、兽药、饲料和饲料添加剂等的安全性评估，应当有食品安全风险评估专家委员会的专家参加。

食品安全风险评估不得向生产经营者收取费用，采集样品应当按照市场价格支付费用。

第十八条规定：有下列情形之一的，应当进行食品安全风险评估：

① 通过食品安全风险监测或者接到举报发现食品、食品添加剂、食品相关产品可能存在安全隐患的；

② 为制定或者修订食品安全国家标准提供科学依据需要进行风险评估的；

③ 为确定监督管理的重点领域、重点品种需要进行风险评估的；

④ 发现新的可能危害食品安全因素的；

⑤ 需要判断某一因素是否构成食品安全隐患的；

⑥ 国务院卫生行政部门认为需要进行风险评估的其他情形。

第十九条规定：国务院食品安全监督管理、农业行政等部门在监督管理工作中发现需要进行食品安全风险评估的，应当向国务院卫生行政部门提出食品安全风险评估的建议，并提供风险来源、相关检验数据和结论等信息、资料。属于本法第十八条规定情形的，国务院卫生行政部门应当及时进行食品安全风险评估，并向国务院有关部门通报评估结果。

第二十条规定：省级以上人民政府卫生行政、农业行政部门应当及时相互通报食品、食用农产品安全风险监测信息。

国务院卫生行政、农业行政部门应当及时相互通报食品、食用农产品安全风险评估结果等信息。

2.《中华人民共和国食品安全法实施条例》

《中华人民共和国食品安全法实施条例》第八条规定：国务院卫生行政、食品安全监督

管理等部门发现需要对农药、肥料、兽药、饲料和饲料添加剂等进行安全性评估的，应当向国务院农业行政部门提出安全性评估建议。国务院农业行政部门应当及时组织评估，并向国务院有关部门通报评估结果。

第九条规定：国务院食品安全监督管理部门和其他有关部门建立食品安全风险信息交流机制，明确食品安全风险信息交流的内容、程序和要求。

3. 《食品安全风险评估管理规定》

2021年11月，国家卫生健康委员会印发了《食品安全风险评估管理规定》。原卫生部、原国家食品药品监管局等印发的《食品安全风险评估管理规定（试行）》（卫监督发〔2010〕8号）同时废止。

《食品安全风险评估管理规定》主要修订内容如下：

(1) 增加适用范围和工作定位 不仅适用于国家食品安全风险评估、应急风险评估，还适用于省级卫生健康行政部门依据《食品安全法》和部门职责规定组织开展的食品安全风险评估和风险研判工作。并相应明确了食品安全风险评估、应急风险评估和风险研判的定位。

(2) 明确风险评估的工作机制和地方职责 明确国家卫生健康委统一组织和管理风险评估工作，统筹风险评估制度、工作机构和能力建设，组织实施国家风险评估。省级卫生健康行政部门根据法律要求和部门职责规定，结合工作需要，分别组织开展省级风险评估、风险研判。

(3) 明确风险评估计划组织实施的有关要求 明确国家风险评估项目应当列入国家风险评估计划，可以列入国家风险评估计划的内容范围与《食品安全法》保持一致。国家食品安全风险评估中心组织起草国家风险评估计划草案，提交国家食品安全风险评估专家委员会审议通过后，报送国家卫生健康委。国家卫生健康委审定后下达执行。

(4) 明确国家食品安全风险评估中心在国家食品安全风险评估工作体系中的定位与职责 国家食品安全风险评估中心承担国家食品安全风险评估专家委员会秘书处工作，负责拟定风险评估计划和规划草案，研究建立完善风险评估技术和方法，收集国家风险评估科学信息数据和构建管理信息数据库，对风险评估技术机构进行指导培训和技术支持。

(5) 调整完善风险评估项目实施机制 根据风险评估任务需要，选定承担风险评估项目的技术机构，由其组建工作组，制定工作方案，组织开展评估工作。其工作方案应当报国家食品安全风险评估中心备案，按照规定的技术文件开展工作，接受国家食品安全风险评估专家委员会和国家食品安全风险评估中心的技术指导和监督以及对结果的审核。

(6) 细化风险评估结果信息发布要求 国家风险评估结果由国家卫生健康委通报相关部门，委托国家食品安全风险评估中心分级分类有序向社会公布。风险评估结果公布后，国家食品安全风险评估专家委员会、国家食品安全风险评估中心及承担风险评估项目的技术机构负责对风险评估结果进行解释和风险交流。风险评估结果涉及重大食品安全信息的按照《食品安全法》及相关规定处理。

三、食品安全风险评估基本程序

食品安全风险评估原则上应按照确定风险评估项目、组织成立风险评估项目组、制定风险评估政策、制定风险评估实施方案、采集和确定风险评估所需数据、开展风险评估、起草和审议风险评估报告、记录归档等程序逐步实施。

1. 确定风险评估项目

风险评估项目来源包括风险管理者委托的评估任务和委员会根据目前食品安全形势和需要自行确定的评估项目。

在正式委托或确定风险评估项目前，委员会原则上需与风险管理者合作，对拟评估的食品安全问题进行分析，以确定风险评估的必要性。

分析时应着重考虑如下问题：食品安全问题的起因、可能的危害因素及所涉及的食品、消费者的暴露途径及其可能风险、消费者对风险的认识以及国际上已有的风险控制措施等。

当分析结果提示风险可能较高但其特性尚不明确、风险受到社会广泛关注，或符合《食品安全法》《食品安全风险评估管理规定》中关于开展风险评估的条件时，可确定风险评估项目并下达风险评估任务书。

2. 组建风险评估项目组

委员会在接到风险评估任务后，应成立与任务需求相适应且尽可能包括具有不同学术观点的专家的风险评估项目组。必要时可分别成立风险评估专家组和风险评估工作组。

专家组主要负责审核评估方案、提供工作建议、作出重要决定、讨论评估报告草案等工作；工作组主要负责起草评估方案、收集评估所需数据、开展风险评估、起草评估报告、征集评议意见等工作。

3. 制定风险评估政策

项目组需要在任务实施前与风险管理者积极合作，共同制定适于本次评估的风险评估政策，以保证风险评估过程的透明性和一致性。

风险评估政策应对管理者、评估者以及其他与本次风险评估有关的相关方的职责进行明确规定，并确认本次评估所用的默认假设、基于专业经验所进行的科学判断、可能影响风险评估结果的政策性因素及其处理方法等。

4. 制定风险评估实施方案

风险评估项目组应根据风险评估任务书要求制定风险评估实施方案，内容包括风险评估的目的和范围、评估方法、技术路线、数据需求及采集方式、结果产出形式、项目组成员及分工、工作进程、经费匡算等。必要时需要写明所有可能影响评估工作的制约因素（如费用、资源或时间）及其可能后果。

风险评估实施方案在实施过程中可根据评估目标的变化进行必要的调整。调整的内容需与风险评估报告一同备案。

风险评估目的应针对风险管理者的需求，根据风险评估的任务规定解决项目设定的主要问题，也包括有助于达到风险评估目的的阶段性目标。

风险评估范围应对评估对象及其食品载体以及所关注的敏感人群进行明确界定。

　　根据管理需要、评估目的和有效数据等因素确定风险评估方法后，应制定合理、可行的技术路线。

　　在风险评估数据需求中，应根据评估目的和所选择的评估方法，尽可能列出完成本次风险评估所需的详细数据及表示方式、来源、采集途径、质量控制措施等。对于缺失的关键数据，需提出解决办法或相关建议。

　　实施方案应根据评估任务量、项目组成员的专业特长及对项目内容的熟悉程度进行明确分工，制定工作进度计划、具体的阶段性目标及经费需求。

　　风险评估结果原则上应在充分利用现有数据的基础上达到风险评估目的，满足风险管理需求。

5. 采集风险评估所需数据

　　风险评估者需要采集的数据种类取决于评估对象和评估目的，应在科学合理的前提下，尽可能采集与评估内容相关的所有定量和定性数据。具体要求见国家食品安全风险评估中心发布的《食品安全风险评估数据需求及采集要求》。

　　对可能存在版权或所有权争议的数据，风险评估者应与数据所有方签署使用和保密协议。

　　对于严重缺失的关键数据，可建议风险管理者组织相关单位开展专项数据采集工作。

　　所采集的数据在正式用于风险评估前，应组织专业人员对数据的适用性和质量进行审核。

　　膳食暴露评估所需的消费量、有害因素污染水平、营养素或添加剂含量数据原则上应在保证科学性的前提下，优先选用国内数据；特殊情况下可选用全球环境监测系统/食品部分（GEMS/FOOD）区域性膳食数据或其它替代数据，但必须提供充足理由。

　　除了膳食暴露评估所需数据之外，还应尽可能采集基于流行病学或临床试验的内暴露或生物监测数据。

6. 开展风险评估

　　（1）危害识别和危害特征描述　危害识别是根据现有数据进行定性描述的过程。对于大多数有权威数据的危害因素，可以直接在综合分析世界卫生组织（WHO）、FAO/WHO食品添加剂联合专家委员会（JECFA）、美国食品药品监督管理局（FDA）、美国环保署（EPA）、欧洲食品安全局（EFSA）等国际权威机构最新的技术报告或述评的基础上进行描述。

　　对于缺乏上述权威技术资料的危害因素，可根据在严格试验条件（如良好实验室操作规范等）下所获得的科学数据进行描述。但对于资料严重缺乏的少数危害因素，可以视需要根据国际组织推荐的指南或我国相应标准开展毒理学研究工作。

　　若危害因素是化学物质，危害识别应从危害因素的理化特性、吸收、分布、代谢、排泄、毒理学特性等方面进行描述。若是微生物，需要特别关注微生物在食物链中的生长、繁殖和死亡的动力学过程及其传播/扩散的潜力。

　　危害特征描述应从危害因素与不同健康效应（毒性终点）的关系、作用机制等方面进行定性或定量描述。对于微生物，需要考虑环境变化对微生物感染率和致病力的影响、宿主的易感性、免疫力、既往暴露史等。

对于大多数危害因素，通过直接采用国内外权威评估报告及数据，可以确定化学物的膳食健康指导值或微生物的剂量-反应关系。

对于少数尚未建立膳食健康指导值的化学物，可利用文献资料或试验获得的未观察到不良作用水平（NOAEL）、观察到不良作用的最低水平（LOAEL）或基准剂量低限值（BM-DL）等毒理学剂量参数，根据上述风险评估关键点中所确定的不确定系数，推算出膳食健康指导值。

对于无法获得剂量-反应关系资料的微生物，可根据专家意见确定危害特征描述需要考虑的重要因素（如感染力等）；也可利用风险排序获得微生物或其所致疾病严重程度的特征描述。

（2）膳食暴露评估　膳食暴露评估以食物消费量（和/或频率）与食物中危害因素含量（或污染率）等有效数据为基础，根据所关注的目标人群，选择能满足评估目的的最佳统计值计算膳食暴露量，同时可根据需要对不同暴露情景进行合理的假设。

在化学物的急性（短期）暴露评估中，食物消费量和物质含量（浓度）通常分别选用高端值（如 P90）或最大值；而在慢性（长期）暴露评估中，食物消费量和物质含量（浓度）可以分别选用平均值、中位数或 P90 等百分位数的不同组合。营养素的膳食暴露评估应同时关注 P25 等低端值。

在概率性暴露评估中，需要利用食物消费量和食物中物质含量（浓度）的所有个体数据，通过相关软件的模拟运算，计算人群危害因素膳食暴露水平的分布。

在进行微生物的暴露评估时，还需要考虑从生产到消费过程中微生物的消长变化，可通过构建有效模型预测不同环节、不同环境条件以及不同处理方法对微生物暴露水平的影响。

（3）风险特征描述　风险特征描述应在危害识别、危害特征描述和暴露评估的基础上，对评估结果进行综合分析，描述危害对人群健康产生不良作用的风险及其程度以及评估过程中的不确定性。

风险特征描述有定性和（半）定量两种，定性描述通常将风险表示为高、中、低等不同程度；（半）定量描述以数值形式表示风险和不确定性的大小。

化学物的风险特征描述通常是将膳食暴露水平与健康指导值（如 ADI、TDI、ARfD等）相比较，并对结果进行解释。微生物的风险特征描述通常是根据膳食暴露水平估计风险发生的人群概率，并根据剂量-反应关系估计危害对健康的影响程度。

风险特征描述的对象一般包括个体和人群。对于个体的风险描述，可分别根据高端（或低端）估计和集中趋势估计结果，描述处于高风险的个体以及大部分个体的平均风险。

人群的风险特征描述依评估目的和现有数据不同而异，可描述危害对总人群、亚人群（如将人群按地区、性别或年龄别分层）、特殊人群（如高暴露人群和潜在易感人群）或风险管理所针对的特定目标人群可能造成某种健康损害的人数或处于风险的人群比例。

风险评估过程中应从物质的毒理学特性、暴露数据的可靠性、评估模型和假设情形的可信度等方面全面描述评估过程中的不确定性及其对评估结果的影响，必要时可提出降低不确定性的技术措施。

7. 起草和审议风险评估报告

风险评估项目组可按照评估步骤指定各部分内容的起草人和整个报告统稿人。

风险评估报告撰写格式和内容参见《食品安全风险评估报告撰写指南》。

风险评估报告草案经国家食品安全风险评估专家委员会审议通过后方可报送风险管理者。具体审议程序及要求参见《国家食品安全风险评估专家委员会管理文件——风险评估报告审议程序》。

8. 记录

为了保证风险评估的公开、透明，整个风险评估过程的各环节需要以文字、图片或音像等形式进行完整且系统的记录并归档。

为了保证与评估相关各类文件的可追溯性，对于风险评估的制约因素、不确定性和假设及其处理方法、评估中的不同意见和观点、直接影响风险评估结果的重大决策等内容要进行详尽记录，必要时可商请专家签名。

记录应与风险评估过程中产生的其它材料（包括正式报告）妥善存档，未经允许不得泄露相关内容。具体保密要求可参见《国家食品安全风险评估专家委员会管理文件——档案管理》。

食品安全风险
评估的程序

开展风险评估

课后拓展训练

【判断题】

1. 食品企业可自行决定是否开展食品安全风险评估，国家法律法规未作强制要求。（　　）

2. 食品安全风险评估程序的第一步是"风险识别"，需明确危害来源及潜在影响。（　　）

3. 企业完成风险评估后，必须向社会公开全部评估报告内容。（　　）

【单项选择题】

1. 下列哪项不属于食品安全风险评估的核心步骤？

A. 风险识别　　　　　　　　　　B. 风险分析

C. 风险管理　　　　　　　　　　D. 风险交流

2. 根据《食品安全法》，食品安全风险评估的主要责任主体是：

A. 食品生产企业　　　　　　　　　　　B. 行业协会

C. 消费者协会　　　　　　　　　　　　D. 县级以上人民政府

3. 风险评估中"风险交流"的主要目的是：

A. 降低企业生产成本　　　　　　　　　B. 协调各方信息，辅助科学决策

C. 扩大企业市场宣传　　　　　　　　　D. 简化监管流程

项目三　食品企业追溯和召回

【技能目标】　能够追溯与召回食品。

【知识目标】　掌握食品追溯与召回的要求；掌握食品追溯的流程；掌握食品召回的规定和流程。

案例导入

【案例】2023 年，上海某餐饮管理有限公司涉嫌未按要求向食品安全信息追溯平台上传追溯信息被上海市长宁区市场监督管理局罚款 0.4 万元。经查，当事人进货单产品（五花肉、迷你小土豆等）未录入相关追溯信息。

【案例解析】当事人的行为涉嫌违反了《上海市食品安全信息追溯管理办法》第十七条第一款第（一）项、第（二）项"集体用餐配送单位、中央厨房、学校食堂、中型以上饭店及连锁餐饮企业应当将下列信息上传至食品安全信息追溯平台：（一）采购的追溯食品和食用农产品的名称、数量、进货日期、配送日期，以及供货者的名称、地址、联系方式等；（二）采购的追溯食品的生产企业名称、生产日期或者生产批号、保质期；"的规定。

《中华人民共和国食品安全法实施条例》第十八条规定：食品生产经营者应当建立食品安全追溯体系，依照食品安全法的规定如实记录并保存进货查验、出厂检验、食品销售等信息，保证食品可追溯。

【思政解析】食品的追溯与召回制度是为了确保食品的安全性，保障消费者健康。切实履行企业责任，既能防范食品安全事故，又可避免面临行政处罚。知规、懂规、准确执行法规要求，食品的合规管理至关重要。

一、食品追溯

1. 食品追溯的由来

英国 1986 年的"疯牛病"和比利时、荷兰、德国、法国四国 1999 年的"二噁英"事件损害了消费者对政府部门管理食品链的能力的信心、对

食品追溯由来、要求

整个食品链的安全性的信心、对食品行业的信心，促成了追溯体系的建立。

针对以上事件，政府相继出台了法规要求。2000 年欧盟出台了 1760 号法规又称"新牛肉标签法规"，要求 2002 年 1 月 1 日起所有在欧盟上市销售的牛肉产品必须具备可追溯性。2002 年又制定了 178 号法规，从法律上确定了食品的可追溯要求。

增加对食品追溯的法律规定只是当时诸多主要措施之一，这些措施的目标是确保食品供应链的安全性、重塑消费者的信心。

目前一些产品上附有二维码，消费者通过扫描二维码即可获得产品信息、产品检测、基地信息、基地检测、加工工厂、问题反馈等信息，非常方便。建立可追溯体系能够连接生产和消费，让消费者了解符合卫生安全的生产和流通过程，提高消费者放心程度的信息管理系统。建立食品追溯可以确保原材料来源可控；确保生产过程干净卫生；确保企业建立监督供货商的标准。

2. 追溯的定义

《质量　术语》（GB/T 6583—92）标准中对可追溯性的定义为：通过记载的标志追查某项目或活动或同类项目或活动的历史、应用情况或场所的能力。

《质量管理和质量保证　术语》（GB/T 6583—1994）标准中对可追溯性的定义为：根据记载的标识，追踪实体的历史、应用情况和所处场所的能力。

《质量管理体系　基础和术语》（GB/T 19000—2000）对可追溯性的定义为：追溯所考虑对象的历史、应用情况或所处场所的能力。

《质量管理体系　基础和术语》（GB/T 19000—2008）对可追溯性的定义为：追溯所考虑对象的历史、应用情况或所处位置的能力。

《质量管理体系　基础和术语》（GB/T 19000—2016）对可追溯性的定义为：追溯客体的历史、应用情况或所处位置的能力。

在以上标准更替的过程中，追溯的表述也慢慢发生了变化，由实体变成了客体，由场所变成了位置。涵盖的范围更广了。

实体可以是一项活动或过程、一项产品、一个机构或一个人。

客体为可感知或可想象的任何事物，如产品、服务、过程、人员、体系、资源。客体可能是物质的（如一台发动机），非物质的（如一个项目计划）或想象的（如，组织未来的状态）

3. 《食品安全法》中对追溯的相关要求

《食品安全法》规定国家建立食品安全全程追溯制度。

食品生产经营者应当依照本法的规定，建立食品安全追溯体系，保证食品可追溯。国家鼓励食品生产经营者采用信息化手段采集、留存生产经营信息，建立食品安全追溯体系。

国务院食品安全监督管理部门会同国务院农业行政等有关部门建立食品安全全程追溯协作机制。

《食品安全法》明确提出企业应建立追溯制度，在《食品安全法实施条例》中对食品全程追溯的要求又做了进一步细化。

《条例》规定，食品生产经营者应当建立食品安全追溯体系，依照食品安全法的规定如实记录并保存进货查验、出厂检验、食品销售等信息，保证食品可追溯。同时明确国务院食品安全监督管理部门会同国务院农业行政等有关部门明确食品安全全程追溯基本要求，指导食品生产经营者通过信息化手段建立、完善食品安全追溯体系。食品安全监督管理等部门应当将婴幼儿配方食品等针对特定人群的食品以及其他食品安全风险较高或者销售量大的食品的追溯体系建设作为监督检查的重点。

为加强对追溯的管理，国家监管部门陆续发布了各自的标准法规。在发布通用要求法规的同时，针对几个特殊的产品类别如白酒、植物油、婴幼儿配方乳粉和农产品的追溯体系建立也相继发布了相应的法规要求，如农产品追溯体系的建立可参照原农业部的相关要求。

原食品药品监管总局关于发布食品生产经营企业建立食品安全追溯体系若干规定做出了公告，公告规定了生产企业应当记录的基本信息包括：产品信息、原辅料信息、生产信息、销售信息、设备信息、设施信息、人员信息、召回信息、销毁信息、投诉信息。销售企业应当记录的基本信息包括：进货信息、贮存信息、销售信息。并且应当记录运输、贮存、交接环节等信息。

可追溯性国内标准主要有：《饲料和食品链的可追溯性 体系设计与实施的通用原则和基本要求》《食品冷链物流追溯管理要求》等。

4. 追溯的类别

追溯分为正向追踪和反向溯源。正向追踪的定义是从供应链的上游至下游，跟随追溯单元运行路径的能力。反向溯源的定义是从供应链的下游至上游，识别追溯单元来源的能力。不论是正向追踪还是反向溯源目的在于做到风险可控。

追溯分为追溯演练和实际追溯。在日常的监督检查/飞行检查、二方客户审计和三方认证中都会查阅到模拟追溯演练的相关信息，开展的频次根据相关的规定进行即可，建议企业正向反向都模拟演练一下。

审查的方式有往期追溯资料档案和现场追溯演练。为有效测试公司追溯系统的有效性，建议企业在上班时间以外的时间进行测试，并且最好在 2h 内能够完成追溯。因此企业需要建立好追溯的相关文件，定期畅通上下游联系渠道，方便在第一时间联系到相关方，以防在实际追溯时，出现各种问题。

实际追溯一般发生在有产品投诉或者发生食品安全事件时。有些企业在实际追溯时往往不知道应该追溯到哪一环节，判定原则是根据产品发生问题确定追溯范围，如包装破损可只追溯到物流；如有异物需进行全过程追溯。

5. 追溯的流程

追溯的过程其实就是信息记录追查的过程，一定要做到及时、全面、准确。

通过产品标签或者生产计划单来选择合适批次的成品或者原辅包材，假设其出现相关问题，通过对原辅包材、生产过程、成品相关记录进行追溯来找出问题成品或者原辅包材的去向并进行控制，同时找出问题发生的缘由，并针对性地制定纠正/预防措施。

具体关于追溯记录的制度、形式、填写、保存期限等要求，以《食品追溯 信息记录要求》（GB/T 37029—2018）标准的相关内容为准。

追溯率的相关计算主要遵循物料平衡的原则。物料平衡定义是产品或物料实际产量或实际用量及收集到的损耗之和与理论产量或理论用量之间的比较，并适当考虑可允许的正常偏差范围。物料平衡是生产过程中物料控制水平的重要指标（100％为理想完美状态）。

在生产过程中使用物料平衡核查，可以准确地反映物料的来和去，监控生产质量的稳定性，避免物料的混淆或错用。具体的计算公式参考表6-1。

表6-1 物料平衡计算

A	B	C
接收的原料量	已使用、剩余库存和已废弃的原料量	B/A＊100％＝原料退货追溯率％
D	E	F
生产的产品总量	退货的产品总量	E/D＊100％＝成品退货追溯率％

追溯完成后对追溯过程信息进行全记录，找出问题发生原因制定纠正/预防措施，如购买新设备、增加岗位设置、完善操作规程等等。

企业应根据追溯过程发生的流程问题不断完善《食品追溯管理制度》。

二、食品的召回

1. 《食品安全法》对食品召回的规定

《食品安全法》及其实施条例中对召回管理的相关规定，对问题食品，

食品召回管理

食品生产者发现其生产的食品不符合食品安全标准或者有证据证明可能危害人体健康的，应当立即停止生产，召回已经上市销售的食品，通知相关生产经营者和消费者，并记录召回和通知情况。

召回的食品应采取无害化处理、销毁等措施，防止其再次流入市场。对因标签、标志或者说明书不符合食品安全标准而被召回的食品，食品生产者在采取补救措施且能保证食品安全的情况下可以继续销售；销售时应当向消费者明示补救措施。

《食品安全法实施条例》对市场退出食品的管理进行了强化。

针对实践中"未定期检查库存食品，及时清理变质或者超过保质期的食品"与"生产经营标注虚假生产日期、保质期或者超过保质期的食品"难以查证区分的问题，《条例》规定，食品生产经营者应当对变质、超过保质期或者回收的食品进行显著标示或者单独存放在有明确标志的场所，及时采取无害化处理、销毁等措施并如实记录。同时，针对实践中回收食品概念模糊、法律责任不清晰的问题，《条例》明确，食品安全法所称回收食品，是指已经售出，因违反法律、法规、食品安全标准或者超过保质期等原因，被召回或者退回的食品，不包括依照食品安全法第六十三条第三款的规定可以继续销售的食品。食品生产经营者应当对召回的食品采取无害化处理、销毁等措施，防止其再次流入市场。但是，对因标签、标志或者说明书不符合食品安全标准而被召回的食品，食品生产者在采取补救措施且能保证食品安全的情况下可以继续销售；销售时应当向消费者明示补救措施。

2. 《食品召回管理办法》的具体规定

主要包括适用范围及不安全食品的定义、职责、召回分级、召回计划、召回公告等内容。

《食品召回管理办法》第四十五条规定：本办法适用于食品、食品添加剂和保健食品。

之所以单独把保健食品单独列出来是因为有些食品法规不适用保健食品；单独列出来是为了明确说明保健食品适用本法规规定。

《食品召回管理办法》适用于不安全食品的停止生产经营、召回和处置及其监督管理。在《食品召回管理办法》第二条中有提到不安全食品是指食品安全法律法规规定禁止生产经营的食品以及其他有证据证明可能危害人体健康的食品。

其中需要注意，食品生产经营者对进入批发、零售市场或者生产加工企业后的食用农产品的停止经营、召回和处置，参照本办法执行。

3. 各监管部门和企业的职责

食品生产经营者应依法承担食品安全第一责任人的义务；建立健全相关管理制度；依法履行不安全食品的停止生产经营、召回和处置义务。

县级以上地方市场监督管理部门负责本行政区域的不安全食品的管理工作；组织建立食品安全专家，提供专业支持；负责收集、分析和处理本行政区域不安全食品的相关信息，监督食品生产经营者落实主体责任。

国家市场监督管理总局负责指导全国不安全食品的管理工作；负责汇总分析召回相关信息，根据食品安全风险因素，完善食品安全监督管理措施。

4. 停止生产经营的食品范围

食品生产经营者发现其生产经营的食品属于不安全食品的，应当立即停止生产经营，采取通知或者公告的方式告知相关生产经营者停止生产经营、消费者停止食用，并采取必要的措施防控食品安全风险。食品生产经营者未依法停止生产经营不安全食品的，县级以上市场监督管理部门可以责令其停止生产经营不安全食品。

食品集中交易市场的开办者、食品经营柜台的出租者、食品展销会的举办者发现食品经营者经营的食品属于不安全食品的，应当及时采取有效措施，确保相关经营者停止经营不安全食品。

网络食品交易第三方平台提供者发现网络食品经营者经营的食品属于不安全食品的，应当依法采取停止网络交易平台服务等措施，确保网络食品经营者停止经营不安全食品。

食品生产经营者生产经营的不安全食品未销售给消费者，尚处于其他生产经营者控制中的食品生产经营者，应当立即追回不安全食品，并采取必要的措施消除风险。

5. 召回的类别及召回的工作流程、要求

根据食品安全风险的严重和紧急程度，食品召回分为三级：一级召回、二级召回和三级召回。

一级召回的定义为食用后已经或者可能导致严重健康损害甚至死亡的，食品生产经营者应当在知悉食品安全风险后24小时内启动召回，并向县级以上地方市场监督管理部门报告召回计划。

二级召回的定义为食用后已经或者可能导致一般健康损害。食品生产经营者应当在知悉食品安全风险后48小时内启动召回，并向县级以上地方市场监督管理部门报告召回计划。

三级召回的定义为标签、标识存在虚假标注的，食品生产经营者应当在知悉食品安全风

险后 72 小时内启动召回，并向县级以上地方市场监督管理部门报告召回计划。标签、标识存在瑕疵，食用后不会造成健康损害的食品，食品生产者应当改正，可以自愿召回。

确定了召回等级需要按照各等级完成召回的时限来完成整个召回工作。

实施一级召回的，食品生产者应当自公告发布之日起 10 个工作日内完成召回工作。实施二级召回的，食品生产者应当自公告发布之日起 20 个工作日内完成召回工作。实施三级召回的，食品生产者应当自公告发布之日起 30 个工作日内完成召回工作。

在启动召回时，首先应当制定食品召回计划，县级以上地方市场监督管理部门负责对召回计划的适宜性进行评估，并提出修改意见，合格后方可按照召回计划实施召回。

召回计划应当包括下列内容：

① 食品生产者的名称、住所、法定代表人、具体负责人、联系方式等基本情况。
② 食品名称、商标、规格、生产日期、批次、数量以及召回的区域范围。
③ 召回原因及危害后果。
④ 召回等级、流程及时限。
⑤ 召回通知或者公告的内容及发布方式。
⑥ 相关食品生产经营者的义务和责任。
⑦ 召回食品的处置措施、费用承担情况。
⑧ 召回的预期效果。

食品召回公告应当包括下列内容：

① 食品生产者的名称、住所、法定代表人、具体负责人、联系电话、电子邮箱等。
② 食品名称、商标、规格、生产日期、批次等。
③ 召回原因、等级、起止日期、区域范围。
④ 相关食品生产经营者的义务和消费者退货及赔偿流程。

具体公告形式可参考图 6-1。

食品追溯的类别、流程、相关计算和报告

图 6-1　食品召回公告示例

课后拓展训练

【判断题】

1. 所有食品生产企业必须留存生产信息，建立食品安全追溯体系，保证食品可追溯。国家鼓励食品生产企业采用信息化手段实现食品可追溯。（　　）

2. 食品安全监督管理等部门应当将婴幼儿配方食品等针对特定人群的食品以及其他食品安全风险较高或者销售量大的食品的追溯体系建设作为监督检查的重点。（　　）

3. 《食品召回管理办法》不适用于保健食品。（　　）

4. 不安全食品是指食品安全法律法规规定禁止生产经营的食品以及其他有证据证明可能危害人体健康的食品。（　　）

5. 食品生产者自公告发布之日起完成召回工作的时限：一级召回为 10 个工作日内、二级召回为 15 个工作日内、三级召回为 20 个工作日内。（　　）

【单项选择题】

1. 根据食品安全风险的严重和紧急程度，食品召回分为（　　）级。

A. 1　　　　　　　　B. 2　　　　　　　　C. 3　　　　　　　　D. 4

2. 关于食品召回的说法，以下表述不正确的是（　　）。

A. 发现其生产的食品不符合食品安全标准或者有证据证明可能危害人体健康的，应当立即停止生产

B. 通知相关生产经营者和消费者，并记录召回和通知情况

C. 先对召回的食品进行无害化处理、销毁，再向所在地县级人民政府食品安全监督管理部门报告

D. 对因标签、标志或者说明书不符合食品安全标准而被召回的食品，食品生产企业在采取补救措施且能保证食品安全的情况下可以继续销售

3. 《食品召回管理办法》中，食品召回的主体是（　　）。

A. 食品生产经营者　　　　　　　　B. 县级以上人民政府

C. 食品行业协会　　　　　　　　　D. 各级食品安全监督管理部门

4. 食品生产企业停止生产、召回和处置的不安全食品存在较大风险的，应当在停止生产、召回和处置不安全食品结束后（　　）个工作日内向县级以上地方市场监督管理部门书面报告情况。

A. 15　　　　　　　　B. 10　　　　　　　　C. 5　　　　　　　　D. 7

参考文献

［1］ 邓毛程，汤高奇 . 食品合规管理职业技能教材（中级）［M］. 北京：化学工业出版社，2022.

［2］ 杨兆艳 . 食品标准与法规［M］. 北京：中国医药科技出版社，2019.

［3］ 杨玉红，魏晓华 . 食品标准与法规［M］. 北京：中国轻工业出版社，2018.

［4］ 国家食品药品监督管理总局高级研修学院 . 食品安全管理人员培训教材　食品生产［M］. 北京：中国法制出版社，2017.

［5］ 国家食品药品监督管理总局高级研修学院 . 食品安全管理人员培训教材　餐饮服务［M］. 北京：中国法制出版社，2017.

［6］ 袁杰，徐景和 . 中华人民共和国食品安全法释义［M］. 北京：中国民主法制出版社，2015.

［7］ 邹翔 . 食品企业现代质量管理体系的建立［M］. 北京：中国质检出版社，中国标准出版社，2016.

［8］ 杜宗绪 . 食品标准与法规［M］. 北京：中国质检出版社，中国标准出版社，2018.

［9］ 刘录民 . 我国食品安全监管体系研究［M］. 北京：中国质检出版社，中国标准出版社，2013.

［10］ 李冬霞，李莹 . 食品标准与法规［M］. 北京：化学工业出版社，2020.

［11］ 冯力更 . 农产品质量管理［M］. 北京：国家开放大学出版社，2009.

［12］ 李红 . 食品安全政策与标准［M］. 北京：中国商业出版社，2008.

［13］ 王竹天，樊永祥 . 食品安全国家标准常见问题解答［M］. 北京：中国质检出版社，2016.

［14］ 樊永祥，丁绍辉 . GB 14881—2013《食品安全国家标准　食品生产通用卫生规范》实施指南［M］. 北京：中国质检出版社，中国标准出版社，2016.

［15］ 韩军花，李晓瑜 . 特殊食品国内外法规标准比对研究［M］. 北京：中国医药科技出版社，2017.

［16］ 刘环，焦阳，张锡全 . 主要贸易国家和地区食品安全监控机制［M］. 北京：中国质检出版社，2013.

［17］ 李宇，曹高峰 . 食品合规管理职业技能教材（高级）［M］. 北京：化学工业出版社，2023.

［18］ 张爽，杨雪 . 食品合规管理职业技能教材（初级）［M］. 北京：化学工业出版社，2025.